FAMILLES, MARIAGE, DIVORCE
Une sociologie des comportements
familiaux contemporains

PSYCHOLOGIE ET SCIENCES HUMAINES

Bernadette Bawin-Legros

familles, mariage, divorce

Une sociologie des comportements familiaux contemporains

Préface de Jean KELLERHALS,
professeur à l'Université de Genève

PIERRE MARDAGA, EDITEUR
LIEGE - BRUXELLES

© Pierre Mardaga, éditeur
12, rue Saint-Vincent, 4020 Liège
D. 1988-0024-37

Pour Laurence et Julie

Préface

Faire le point, dans le climat d'effervescence que connaît ces temps la sociologie de la famille, est plus qu'ailleurs nécessaire. Bernadette Bawin-Legros nous en offre ici, avec talent, une occasion trop rare.

Probablement parce qu'elle est à la fois immédiatement quotidienne et radicalement archaïque (et, en ce sens, hiératique), la famille tend aujourd'hui trois pièges à son analyste. Vient d'abord la tentation de substituer aux quiètes vulgarisations fonctionnalistes le carcan de l'économisme : tout réduire à l'échange de ressources étroitement comptabilisées, hiérarchisées, optimalisées, sans voir assez que, dans la stratégie même des acteurs, le mouvement des choses rencontre toujours le mythe, le projet, et la mémoire bien sûr. En d'autres termes, sans prendre au sérieux le fait que l'on produit des hommes et de l'affiliation (de la parenté si l'on préfère), et que cela ne peut pas se lire comme la seule équilibration de choses. Naguère trop angélique — ne refusait-elle pas les comptes, les hiérarchies, les violences ? — la sociologie de la famille occidentale se fait ces temps un peu démoniaque, transformant sexes et générations en gestionnaires et stratèges.

Vient ensuite le risque de lire «à plat», dans l'instant en somme, un groupe qui, par nature, se transforme constamment, change, au fil de ses âges, de composition, de structure des rôles, de liens avec l'environnement. Or, bien que la famille soit en principe un observatoire idéal des manières dont s'interinfluencent, dans la durée, les styles de cohésion, d'intégration et de régulation du groupe, le spécialiste de ce domaine — et plus encore s'il doit enseigner cette branche à des non-sociologues — souffre vite du statisme des concepts et des théories prévalant en sociologie de la famille. Pour le dire autrement, la famille « se débat » avec son temps, avec ses temps. Il faut donc en débattre à l'aide du temps. Mais attention : cela ne revient pas à se résoudre en Histoire, à faire — sorte de sociologue coucou — son nid dans la magie des Chroniques. Il convient, pour bien comprendre le maillage du système familial, que la nécessaire prise en compte de la longue durée s'accompagne de l'analyse des moments-charnières de la vie des familles (naissances, déménagements, changements professionnels ou scolaires, etc.), toutes périodes intenses et brèves — et donc méthodologiquement praticables — où peuvent se décrypter, dans le mouvement des rôles et des droits, les règles d'identité et de transformation du groupe. A cet égard, le foisonnement contemporain des ruptures, des recompositions, des réseaux familiaux est une occasion précieuse d'étude de la dynamique du groupe familial.

On court enfin le risque de confondre la privatisation des idées sur la famille (y compris celles de ses membres) avec la privatisation du groupe. Comme si la rame supprimait le courant. A trop insister sur la dimension expressive des finalités familiales contemporaines, on a fait de l'analyse de la famille une façon d'enclave, sorte de Principauté du Liechtenstein de la pensée sociologique, où n'auraient pas cour(s) les notions de travail, de conflit, de pouvoir. La famille est ainsi devenue, paradoxalement, à la fois un chapitre obligé des cours d'introduction à la sociologie (ce groupe n'est-il pas « premier »?!) et une sorte de trou noir de la sociologie générale. Or plus que d'autres peut-être, le « domaine » familial permet (je devrais dire : offre l'occasion méthodologique) d'étudier certaines articulations tout à fait cruciales pour la connaissance sociologique : celle de l'analyse stratégique et des idéologies, celle du groupe comme système et des Institutions, celle des processus de production matérielle et de l'identité subjective de l'acteur. Or il faut pour cela se placer « à la frontière », refusant de considérer trop exclusivement la logique interne des interactions aussi bien que d'analyser les seules institutions. Jamais peut-être le sociologue ne fait-il si bien son métier que lorsqu'il se fait « passeur », c'est-à-dire lorsqu'il montre comment la vie sociale traverse, ou transgresse, ces frontières-là que pourtant elle désigne.

Il faut remercier Bernadette Bawin-Legros de nous avoir gardés, dans cet ouvrage intelligent, vif, informé, des pièges courants de la sociologie de la famille, et plus encore de nous montrer combien le champ familial peut se révéler d'une rare fécondité pour la sociologie générale. Non que le travail soit achevé. Ni les théories du changement familial, ni celles des systèmes d'interactions dans lesquels il se manifeste ne sont aujourd'hui complètes, voire même solidement fondées. Mais la démarche que l'auteur nous propose, en «travaillant» le groupe familial dans son temps, dans ses institutions et dans la diversité de ses expressions, rend les sociologues de la famille un peu moins orphelins.

Jean KELLERHALS
Professeur à l'Université
de Genève

Introduction

Comme l'écrivent Jean Kellerhals et Louis Roussel[1] (1987) dans leur présentation du numéro spécial de l'*Année sociologique* consacré à la sociologie de la famille, celle-ci occupa jusqu'à la fin des années 1960 une place relativement mineure dans le découpage de la sociologie générale en différents objets.

Etudiée par les démographes selon l'angle privilégié que constituent les courbes de nuptialité et de fécondité, la famille intéressa psychologues et psychiatres dans le cadre d'études cliniques portant sur le développement de l'enfant ou encore dans la mouvance du mouvement antipsychiatrique (Cooper, 1971)[2] en tant que lieu privilégié d'enfermement et de répression, générateur de désordres psychiques. Comme terrain où se nouent des relations sociales complexes, tissu de liens et de rapports sociaux, la famille avait été depuis toujours l'objet d'étude favori, sinon unique des anthropologues. Ceux-ci, en effet, avaient basé leur connaissance des sociétés primitives sur la compréhension des systèmes d'alliance et de parenté qui en constituaient le fondement même.

Les sociologues, quant à eux, semblaient se préoccuper essentiellement de la configuration des rôles conjugaux et parentaux à travers une grille de lecture mise au point par Talcott Parsons en 1955, mais qui ressemblait à s'y méprendre à la division sexuelle des tâches fondée sur un ordre naturel des choses. Si l'on veut pousser plus loin l'analyse de la production de la sociologie de la famille et de sa place dans le champ sociologique, on peut dire qu'en tant qu'objet, la famille ne figurait pas parmi les plus prestigieux d'entre eux, à l'encontre du pouvoir, du travail, de la stratification sociale. La famille occupait un domaine où l'on publiait essentiellement dans des revues spécialisées de second rang. Le secteur tout entier était d'ailleurs occupé, surtout en Europe, par des sociologues de moindre renom, quand ce n'était pas tout simplement par des femmes.

Il faut dire que la période 1950-1970 se caractérise par un «triomphalisme familial». Le mariage est le mode principal de régulation des relations sexuelles, le bonheur de l'enfant devient progressivement la préoccupation principale des familles, tandis que les rapports de sexe restent marqués par la tradition, c'est-à-dire basés sur une division sexuelle des rôles et des tâches fondée sur l'ordre de la nature. Le modèle de la «famille conjugale» défini par Durkheim (1892)[3], dans des termes juridiques et moraux et repris par Parsons (1955)[4] dans une perspective fonctionnaliste mécanique semblait se porter bien et n'était généralement analysé dans la littérature sociologique qu'à travers ses déviances et ses dysfonctionnements. Car, paradoxalement, pendant les années de croissance, les études sur les familles traitaient surtout de la crise de l'institution familiale ou des dangers que risquait de lui faire subir l'émergence de comportements «nouveaux», particulièrement dans le domaine de la sexualité et du travail professionnel des femmes mariées. Entre les partisans d'une orthodoxie familiale impliquant une intimité exclusive mère-enfant et ceux qui voyaient dans le travail salarié des mères un moyen de libération, le dialogue était difficile. Si l'on désignait toujours une victime, les uns pointaient l'enfant, les autres la femme. Les premiers tentaient inlassablement d'établir une causalité linéaire entre le travail professionnel des mères et un ensemble de changements qui s'amorçaient (baisse de la fécondité) et qui risquaient d'ébranler un modèle familial jugé irremplaçable pour le bien de tous; les autres voyaient dans une possible redéfinition des rôles entre les sexes l'espoir de résoudre la tension entre les «tyrannies de l'intimité» et les projets d'épanouissement individuel.

En plus du sceau émotionnel et idéologique, les recherches sur les familles souffraient également d'une parcellisation de l'approche que l'on peut rapporter au découpage entre disciplines ou entre objets d'une même discipline mais qui relevait surtout de la nature de la demande de recherches ou d'actions. En période de croissance et de croyance en l'Etat protecteur, les demandes en matière familiale ne visent pas à comprendre la dynamique familiale comme telle mais plutôt à résoudre tel problème particulier touchant à des comportements spécifiques (ex. : garde d'enfants) ou des catégories de familles délimitées (les pauvres, les divorcés) pour lesquelles des dispositions de politique sociale devaient être prises.

Avec les années 1970 et la crise économique, l'étude de la famille connaît en Europe un brusque regain d'intérêt, au point d'accéder en quelques années au rang d'objet sociologique le plus étudié voire le plus légitimé. La famille, qui se met au pluriel, est étudiée dans toutes ses composantes, ses particularismes et devient un thème favori tant des revues scientifiques que de l'ensemble des médias. Même les hommes politiques et les gouvernements l'encadrent et la courtisent en nous rappelant régulièrement qu'elle reste une référence essentielle de nos sociétés. La cause la plus évidente de cet intérêt nouveau tient certainement aux profonds changements qu'ont connus les comportements et les attitudes en matière de sexualité, de conjugalité, de parentalité pendant ces vingt dernières années. En effet, en moins de deux décennies on est passé d'une situation où un seul modèle matrimonial était statistiquement dominant et sociologiquement normal à une situation où la pluralité des modes d'organisation de la vie privée est reconnue et acceptée.

L'intérêt manifeste et grandissant que suscite l'étude des familles ne s'explique cependant pas uniquement par les changements, encore qu'il ne faille pas en diminuer l'importance, mais tient également à l'éclairage et à l'apport d'autres disciplines : principalement l'histoire, la psychologie sociale, le droit, l'économie qui, toutes avec leurs propres concepts, ont contribué à replacer la crise de l'institution familiale dans le cadre plus vaste qui est celui de la transformation de l'appareil productif de nos sociétés en même temps qu'au changement dans leurs valeurs. Les apports des historiens notamment, ont profondément modifié les paradigmes avec lesquels travaillaient les sociologues, en replaçant tous les modes d'organisation familiale dans les contextes socio-économiques-juridiques particuliers qui les expliquent, en rejetant une fois pour toutes le mythe de la famille étendue et la fameuse loi de la «concentration familiale»[4]. L'étude de l'institution familiale s'est ouverte non seulement à une approche résolument interdisciplinaire, mais également à de nouveaux thèmes de recherche, d'autres hypothèses et avec des méthodes différentes pour les tester. C'est ainsi qu'on étudie davantage les rapports intra-familiaux dans une perspective micro-sociologique (Kellerhals *et al.*)[5], et qu'on envisage la vie familiale comme une dynamique dont les données de type longitudinal paraissent rendre compte le plus efficacement. En cela la sociologie de la famille ne s'écarte pas de la mouvance générale qui touche la sociologie tout entière par le biais d'une sociologie plus compréhensive, c'est-à-dire un retour du sujet à travers le paradigme de l'auteur.

Dans ce bouillonnement qui caractérise le champ de la sociologie de la famille, il convient de souligner la place des féministes, qui non seulement ont remis en cause le modèle parsonien des rôles conjugaux, mais ont développé à la fois parallèlement et dans le champ même de la sociologie de la famille une réflexion sur l'implication différentielle des acteurs dans la famille, selon leur appartenance de sexe. Des sociologues féministes américaines, québecoises, françaises ont mis en évidence l'inégalité des rapports de sexe, tant dans la famille que dans l'ensemble de la société. Partant de cette constatation, il devient indispensable pour tout chercheur de réinterroger le champ de la famille à partir d'une problématique qui construit les sexes dans le rapport social qui les unit et les différencie (A.M. Daune-Richard, 1986)[6].

Cette effervescence intellectuelle née dans la foulée des mouvements sociaux de 1968, en même temps que l'observation de changements imprévus qui imposent aux recherches sur la famille, à la fois un champ nouveau et une tonalité d'urgence, font que, non seulement les recherches se multiplient, mais aussi qu'elles ne se font pas sans un certain «bricolage» scientifique, caractéristique d'une discipline en mouvement. C'est ainsi qu'on voit surgir des typologies de tous genres qui relèvent le plus souvent de classements commodes de sociabilités familiales aux formes évolutives, transitoires et successives.

Parmi les essais de modélisation, de classification ou de typologisation des formes familiales contemporaines, nombreux sont ceux qui nous renvoient à une image d'une famille idéale, mythique à l'égard de laquelle nous éprouverions encore tous une certaine nostalgie.

Que l'on parle de familles instables, de familles multiples, éclatées, reconstituées, de familles association, bastion, fusion, il semble qu'à chaque fois on se réfère à des classifications derrières lesquelles se cachent des *représentations* de la famille, soit positives, soit négatives, mais qui en définitive règleront l'attribution d'un sens à des relations sociales dont on dira qu'elles sont familiales par référence à une certaine *idée* de la famille. La nostalgie d'une communauté où régneraient l'harmonie, l'équité, la paix, l'unité, l'égalité, hante aussi bien les scientifiques que l'homme de la rue. L'imaginaire de l'amour et de la sécurité que l'on oppose à l'instabilité et au chaos ont rendu la famille «traditionnelle» encore plus attrayante et l'organisation ou la recherche d'autres formes de sociabilité affective plus problématique. S'il est vrai que l'on interroge un objet ou son fonctionnement lorsque celui-ci nous échappe ou nous pose des difficultés, alors on comprend d'autant mieux les efforts entrepris aujourd'hui pour définir les familles, les étiqueter, les ranger.

Ce livre n'a pas la prétention de faire le point sur l'état d'avancement des recherches en sociologie de la famille, ni d'élaborer un tableau panoramique des différentes tendances qui sous-tendent les études ayant pour objet les multiples formes d'organisation de la vie privée. J'envisagerai plutôt certains comportements familiaux à travers une grille de lecture qui s'articule autour de deux grands axes, de deux grands systèmes tels qu'ils sont définis notamment par Claude Javeau (1986)[7] :

1) *les relations sociales* en tant que système d'interactions inter-personnelles ritualisées qui sont propres à l'institution familiale et constituent sa mise en scène ;

2) *les rapports sociaux* comme système structuré de domination et d'inégalité, qui ne sont pas spécifiques à l'institution familiale mais qui la traversent comme ils traversent l'ensemble de la société (rapports de classe, de sexe, de positions).

Il va sans dire que cette distinction est purement analytique car concrètement les deux systèmes se recoupent sans cesse, ce qui rend l'approche de la famille, en tant qu'institution univoque, difficile. En effet, au-delà des discours des individus sur leurs projets, leurs stratégies, leurs ressources, on ne peut envisager l'organisation de la production et de la reproduction domestique indépendamment du reste de la vie sociale.

L'ensemble des projets et des ressources qu'un acteur met à la disposition de sa vie privée, dont il est d'ailleurs difficile de fixer les limites, constituent la trame de *l'itinéraire* familial d'un individu ; mais à l'intérieur de celle-ci, la négociation, le marchandage, les compromis, les stratégies, liées à sa vie, deviendront des éléments-clés pour comprendre la configuration des liens qu'il nouera ou ne nouera pas, des actes qu'il accomplira ou pas. Alors que la vie familiale reste, dans le discours du sens commun, dominée par l'idéologie de la privatisation et de l'autonomie, c'est-à-dire celle qui envisage d'une part la vie familiale comme une affaire privée, sphère des sentiments, du don, de la gratuité et, d'autre part, la sphère publique — comme dominée par des rapports marchands de rationalité — de calcul, aujourd'hui en 1988, des analyses d'histoires familiales fondées sur une division du monde en deux zones fonctionnant indépendamment l'une de l'autre ne paraissent plus possibles. Les transformations qui s'opèrent dans l'appareil productif (chômage, flexibilité des horaires, extension du travail salarié féminin) ainsi que dans les comportements familiaux (divorces, remariages, cohabitation) font émerger la reconnaissance d'une articulation entre structures économiques et structures familiales par le biais notamment des interruptions de carrières à la fois professionnelle et familiale, le «déclichage» des rôles masculins et féminins traditionnels.

Cet ouvrage comprend quatre chapitres.

Dans le premier, j'aborderai le thème de la famille à travers les tentatives de théorisation qui ont été faites. Nous verrons notamment que l'étude de la famille n'a pas échappé aux courants théoriques dominants comme le structuro-fonctionnalisme ou les théories de la reproduction. Les efforts de modélisation ou de typologisation, très nombreux aujourd'hui, ne se limitent pas à des tentatives de classification des comportements familiaux; ils s'inscrivent dans des schémas théoriques et idéologiques qui visent aussi à la normalisation et au cadrage des relations familiales. On verra également dans ce chapitre les éléments qui permettent de saisir la vie familiale non plus comme un état donné mais comme une dynamique fonctionnant sur deux paramètres : le temps et l'espace social.

Les chapitres suivants portent plus spécifiquement sur l'étude sociologique des comportements conjugaux ainsi que sur celle de ce qu'on appelle les nouvelles formes de conjugalité, à savoir la cohabitation, les foyers monoparentaux, les familles reconstituées. On verra que sous ces appellations uniformisantes se cachent des réalités sociales très variées.

A tous ceux qui s'étonneraient de ne pas trouver dans ce livre un chapitre exclusivement consacré aux enfants, je répondrai que les enfants sont partout, à chaque page, à chaque ligne, dans chaque intertexte. Ils sont au cœur des représentations familiales, au centre des projets et des itinéraires individuels et sociaux. Le divorce ainsi que les nouvelles formes de familles mettent l'intérêt de l'enfant à la base des enjeux privés et des systèmes de régulations sociales, que ce soit dans les modes de garde, des conséquences de la rupture ou des effets que peut avoir sur un enfant l'arrivée subite et imposée de nouveaux parents, de nouvelles fratries. Ces problèmes seront abordés dans ce livre là où ils se posent.

La transformation des fonctions dévolues aux familles ainsi que le développement de la finalité affective de la vie privée placent les enfants au centre des désirs familiaux même les plus narcissiques (ex. :

les techniques de procréation médicalisées). Par le biais des instances de protection et de contrôle social, la société tout entière œuvre pour le bien-être de l'enfant et contre sa maltraitance. Mais les enfants de cette fin de siècle, en nombre décroissant dans les sociétés industrielles (voir tableaux en annexe), surinvestis par un désir irrésistible de parentalité, sont paradoxalement souvent ignorés, écartelés quand ils ne sont pas tout simplement maltraités par ceux-là même qui les mettent au monde. On leur impose des déchirements, des séparations mais aussi parfois des nouveaux parents, des nouvelles fratries. On rend leur entrée dans la vie adulte tardive et incertaine. On ne leur donne aucun pouvoir. Malgré cela, et c'est un des apports les plus importants de la thérapie familiale, ils sont porteurs d'un savoir et d'une puissance réelle par la place qu'ils sont à même de prendre quand l'un des deux conjoints « s'absente », par exemple lors d'une crise conjugale. Ils se substituent alors au parent disparu et peuvent s'arroger un pouvoir et une autorité démesurés. Sans vouloir trop aborder ces problèmes qui sont largement débattus dans d'autres champs, notamment celui de la thérapie familiale, il appartient au sociologue de s'interroger sur les enjeux idéologiques qui sous-tendent les débats et le travail du « psy ».

Quand on parle de familles, il est difficile d'échapper à la tentation normative, voire au discours moralisateur. Aussi objectif que l'on veuille être, on cherchera toujours à repérer des conditions optimales à la formation du couple et à son maintien. L'institution familiale se donne comme un idéal moral. Il convient non pas d'occulter ce fait mais au contraire de se l'expliciter assez à soi-même afin de donner à toute réflexion sur la famille la base nécessaire à lui procurer une généralité signifiante en discours de science. C'est ce que je m'efforcerai de faire en prévenant le lecteur que la compréhension de tout phénomène de société passe par le postulat de l'interprétation subjective. Je ne suis pas et ne peux être un observateur désintéressé. Le chercheur ne peut se couper de sa situation « biographique » au sein du monde social. Il en va de l'étude de l'organisation de la vie privée comme de celle de n'importe quel autre objet social.

Ma réflexion est le produit d'un enseignement de plusieurs années de sociologie de la famille à l'Université de Liège. Ce livre n'est cependant pas uniquement la dérive d'un cours, il s'alimente aussi de résultats de recherches empiriques faites en collaboration avec plusieurs chercheurs : Myriam Sommer, Françoise Pissart, Jean-François Guillaume, Fabienne Glowacz se retrouveront sans doute aux détours d'un chapitre ou d'une réflexion. Qu'ils trouvent ici l'expression de ma reconnaissance. Monique Genin-Denoël a assuré avec un dévouement et l'efficacité qui la caractérise la dactylographie de cet ouvrage. Qu'elle en soit vivement remerciée. Claude Javeau, enfin, a bien voulu, avec la gentillesse et l'intelligence qu'on lui connaît, relire et corriger ce manuscrit. Il sait tout ce que je lui dois.

NOTES ET BIBLIOGRAPHIE

[1] KELLERHALS J. et ROUSSEL L., «Présentation» du numéro spécial de l'*Année Sociologique* consacré à la Sociologie de la Famille, 1987, vol. 37, pp. 15-43.
[2] COOPER D., *Mort de la famille*. Paris, Ed. du Seuil, 1971.
[3] DURKHEIM E., «La famille conjugale» in l'*Année Sociologique*, 1892, pp. 35-49.
[4] La loi de la concentration familiale lie le développement économique et social d'une société avec le rétrécissement progressif de la taille de la famille.
[5] KELLERHALS J., TROUTOT P.Y et LAZEGA, E. *Microsociologie de la Famille*. Paris, P.U.F., coll. «Que sais-je?», 1984.
[6] DAUNE-RICHARD A.M., «Rapports intra-familiaux et rapports sociaux de sexe» in *Cahiers de l'APRE*. Paris, C.N.R.S., mai 1968, n° 5.
[7] JAVEAU Cl., *Leçons de sociologie*. Paris, Méridiens-Klincksieck, 1986.

Chapitre I
Fonctions et structures familiales
Théorie, modèles et typologies

1. FAMILLE MULTIPLE ET CONJUGALE :
   POUR UNE DEFINITION SOCIOLOGIQUE

La famille dont on bâtit et rebâtit sans cesse l'histoire est un terme à la fois familier et ambigu. *Familier*, car le mot est d'un usage si quotidien dans le langage parlé, si courant dans les récits savants et populaires qu'il est presque injurieux d'en demander le sens. En effet, avant d'être «soi», on est tous «fils» ou «fille» de «X» ou d'«Y»; on naît dans une famille, repéré par un nom de famille et les premiers mots appris sont parmi les plus chargés de sens : papa, maman. *Ambigu*, car si la famille apparaît d'abord comme biologique, elle est aussi tout autant sociale par les fonctions et la géométrie des liens qu'elle met en jeu, par le système de représentations qu'elle construit et sur lequel elle existe. En effet, tandis que les liens verticaux assureront la continuité des générations, la transmission de la filiation, des biens et du nom, les liens horizontaux permettront à deux individus de quitter leur famille pour s'en séparer et en constituer une nouvelle dont les fonctions seront calquées sur la première. Nous avons tous ou presque tous une famille d'origine et une famille d'orientation, cette dernière ne prenant pas nécessairement la même configuration que l'autre. La difficulté de définir le terme «famille» vient de ce que si celle-ci est universellement présente par la réalité biologique qu'elle suppose, l'organisation et le système de représentations sur lesquels elle se fonde, en raison de la structure démographique de chaque société, de son mode de production économique, de ses croyances religieuses, de ses normes, lui impriment des traits originaux. Définir ou vouloir définir la famille, c'est donc d'emblée s'inscrire dans un cadre polysémique qui ne trouverait sa signification que dans un contexte historique et géographique concret. Si dans la Rome antique, le terme «familia» a pu désigner l'ensemble des personnes vivant sous un même toit, parents, enfants, serviteurs, esclaves, le même terme a désigné selon les époques et les régions du monde différents cercles d'appartenance, dont les fonctions apparaissaient plus ou moins fondamentales dans l'organisation des sociétés en question. Aujourd'hui, historiens, anthropologues, sociologues s'accordent à dire que poser l'existence d'un modèle de famille dont on pourrait dire qu'il constitue la base commune de toutes les sociétés, est non seulement sans fondement mais relève du stratagème qui consiste à utiliser un vocable simple et mythique, telle une étiquette commode pour masquer des formations hétérogènes dans leurs structures et dans leurs fonctions matérielles et symboliques. Cette pratique ne se réduit pas à un débat formel tournant autour des définitions ou d'éventuels détournements mais renvoie à des enjeux théoriques et idéologiques non encore épuisés.

Car la famille, fondée sur l'union plus ou moins durable, mais toujours socialement approuvée, d'un homme et d'une femme qui se «mettent en ménage», procréent et élèvent des enfants, non seulement n'existe pas comme un invariant structurel propre à toutes les socialisations, mais résulte de la conjonction d'événements politiques et d'un système de représentations et de valeurs bien particulières propre à la bourgeoisie de l'Europe Occidentale, au XVIIIe siècle. De nombreux observateurs ethnologues et anthropologues ont décrit des sociétés où les enfants appartenaient à la lignée maternelle et où le mari ne jouait guère de rôle sinon celui de visiteur occasionnel et complaisant d'une femme libre, au demeurant, d'avoir des «amants». En Inde, en Afrique, on connaît des sociétés où les jeunes gens des deux sexes vivaient pratiquement en promiscuité et ne se mariaient qu'au sortir de cette période de liberté sexuelle. Il faut peut-être parler aussi de ces sociétés inuits et australiennes «qui pratiquent de manière institutionnelle le prêt des femmes, accompagné au moins en Australie d'un déni de la paternité physiologique ; en ce cas, la famille n'apparaît guère que comme une association économique où l'homme apporte les produits de sa chasse et la femme ceux de la collecte et du ramassage» (Lévi-Strauss, 1986 : 12)[1].

Enfin des pratiques telles que la polygamie et la polyandrie contribuent encore à diversifier les modalités que peut prendre d'une société à l'autre l'institution familiale.

Le débat sur l'évolution historique des morphologies et structures familiales est lui aussi aujourd'hui largement connu. Contre Le Play (1871)[2] qui pensait que la «famille souche» constituait l'excellent moyen terme des sociétés occidentales entre la «famille instable» et «la famille patriarcale», contre Durkheim (1892)[3] qui invoquait la «loi de la concentration de la famille» pour tenter d'imposer son modèle de famille, la famille conjugale, s'inspirant en cela des travaux de certains anthropologues évolutionnistes comme Morgan (1877)[4], les historiens ont depuis quelques décennies fermement réagi.

Faits et chiffres à l'appui, des historiens comme Peter Laslett (1969)[5] et ceux de l'école des *Annales*[6] ont démontré que la famille réduite (père-mère-enfants) était une réalité ancienne et universelle, qu'on pouvait la trouver tant dans les territoires désertiques américains des temps anciens que dans la France du Moyen-Age ou les villages anglais de l'Ancien Régime. La famille étendue était toutefois également très répandue dans le passé; elle ne constitua cependant jamais un modèle unique et les modifications historiques qui touchèrent la taille de la famille ou du groupe domestique suivirent un tout autre parcours que celui d'une évolution générale et régulière allant dans le sens d'une restriction continue, liée à un état de développement d'une société. Les grands changements qui touchèrent le fait familial dans l'Europe ancienne ne portèrent d'ailleurs pas sur la taille de la famille. Edward Shorter (1977)[7] les a soulignés dans un ouvrage parfois contesté, *Naissance de la famille moderne*. Il montre avec vigueur, sinon avec rigueur, comment dans la société traditionnelle la famille n'était pas un groupe autonome mais le simple élément d'une communauté plus vaste qui l'employait et le contrôlait dans tous les aspects de la vie quotidienne. «Au cours du voyage qui devait la conduire vers la modernité, la famille rompit toutes ses amarres» (Shorter, 1977 : 19)[8]. Elle put le faire cependant qu'en même temps, elle avait engrangé des valeurs traditionnelles (ouverture vers la société globale) et découvrait des solidarités nouvelles (sentiment domestique) qui conférèrent au «foyer» un puissant attrait.

Les caractéristiques de la famille moderne ont été développées par de nombreux historiens (Ariès, 1973; Flandrin, 1976)[9]. Jean Kellerhals *et al.* dans leur ouvrage *Mariages au quotidien* (1982)[10] résument succinctement et de manière intelligible les trois modifications fondamentales qui vont transformer progressivement cette dépendance de la famille à l'égard de la communauté villageoise, en intimité personnelle.

a) L'espace domestique se spécialise, révélant un désir croissant d'intimité conjugale dont seraient exclus les domestiques ou les étrangers. Ce mouvement est amorcé par la bourgeoisie mais s'étendra à la petite bourgeoisie dès le début du XIXe siècle et aux classes populaires un siècle plus tard.

b) Le sentiment maternel et par là même le sentiment de l'enfance s'amplifient (Ariès, 1973)[11]. Il en résulte une plus grande importance accordée aux relations intrafamiliales avec cependant des différences très marquées selon les classes sociales. D'après Shorter, il faudra attendre le XIXe siècle pour que l'indifférence vis-à-vis des enfants se modifie dans les classes populaires alors que le modèle semblait déjà avoir disparu dès les XVIe et XVIIe siècles dans la noblesse et la grande bourgeoisie.

c) La troisième transformation touche aux relations entre époux, encore que dans ce domaine il faille être très prudent. En effet, tout ce qui touche à la conjugalité ou à la sexualité légitime est mal connu. Les rapports conjugaux du passé, forme majoritaire de sa pratique sexuelle, demeurent en effet entourés de mystère (Solé, 1976 : 50)[12]. Les documents qui permettent d'en juger sont rares et se relient plus souvent aux déboires ou à l'échec qu'à la réussite ou à la norme. Si l'idée de mariage de convenance ou de raison semble avoir été caractéristique de la manière dont on a traité les relations conjugales de l'Ancien Régime jusque et y compris dans la satire, si on oppose volontiers l'amour passion associé au célibat ou aux amours illégitimes aux relations conjugales, il semble cependant que des phénomènes de liberté amoureuse devaient pouvoir coexister avec l'entreprise «répressive» du mariage, menée par la théologie chrétienne, l'Etat et la morale aristocratique et bourgeoise.

Ferdinand Mount (1982)[13] dans sa démarche qui consiste à vouloir démonter les grands mythes qui entourent l'histoire des sentiments, s'interroge sur la nécessité de fixer historiquement l'apparition dans nos sociétés de l'union fondée sur la liberté, l'amour et le bonheur. Si l'on nous dit souvent, écrit Mount (1982 : 76) que cette conception du mariage est un fait relativement nouveau, engendré par l'individualisme du siècle des lumières et du XVIIIe siècle en général, un détour par les écrits du passé nous montre que dès le XIIIe siècle, on trouve trace d'attitudes *populaires* réprouvant le mariage forcé et le mariage d'argent. De plus, ajoute Mount, l'évidence statistique de mariages tardifs dans les classes populaires aux XVIe et XVIIe siècles indique de manière quasi infaillible que le mariage de convenance n'était pas le fait de ces classes, mais davantage celui de l'aristocratie et de la bourgeoisie qui mirent l'accent sur la transformation des sentiments à l'occasion de ce qu'on appelle aujourd'hui «La révolution sentimentale du XVIIIe siècle».

Toujours selon Shorter, ce sont des facteurs économiques tels que l'industrialisation, l'ouverture des marchés, le salariat, l'amélioration progressive des conditions de vie qui mettront progressivement fin à la «prison» du mariage de convenance, ouvrant le chemin vers la liberté de l'expression sexuelle, du choix du partenaire sur la base de l'affinité et du sentiment amoureux. Il semble cependant que l'implantation de ce «nouveau» système de valeurs et de représentations associé au mariage ait été principalement le fait de la bourgeoisie du XVIIIe siècle, encouragée en cela par l'Eglise et l'Etat. Les deux institutions ont de tout temps, en Europe, œuvré en faveur d'un modèle unique de famille [14]. Le débat des nouveaux historiens sur l'éventuel repli progressif des familles vers l'intimité du foyer a fait passer au second plan le débat sur la taille des familles. En réalité, les deux analyses convergent dans le sens où elles font apparaître et consacrent par des voies différentes une institution familiale dont la valeur fondamentale s'exprime par la notion de foyer. Celui-ci est un centre, on y trouve en même temps qu'une idée de rassemblement d'intégration (loi de la concentration), celle d'une paix, d'une harmonie, d'une collaboration incessante de tous, par les vertus du loyalisme et du sentiment.

La famille conjugale, constituée d'un père et d'une mère et de leurs enfants, est un exemple archétypal de toute intimité; elle réconcilie l'Eglise, l'Etat, la bourgeoisie dans le même rêve immémorial du repos, du bien-être, du dedans originel, et dans la même convergence d'intérêts. Elle est le symbole de l'évidence qui peut fonder l'ordre du conformisme et de la familiarité; elle s'impose comme légitime, évidente et comme l'aboutissement de logiques biologiques, économiques, culturelles, morales et anthropologiques infaillibles.

Parce qu'il ne pouvait y avoir de meilleur lien intimiste, la famille conjugale s'est imposée dans nos têtes, dans nos esprits, dans nos représentations, comme évidente et naturelle. Elle est en réalité construite; elle est le produit de stratégies issues de différents champs du social mais, dans la mesure où elle satisfait plusieurs dimensions de la vie sociale et psychologique, elle devint progressivement le modèle de comportement familial alliant dans l'harmonie, valeurs traditionnelles et modernité.

Pourquoi cette famille conjugale s'imposa-t-elle historiquement et sociologiquement comme «modèle» d'organisation de la vie privée? Non seulement elle satisfaisait les discours des gens d'Eglise et des gens d'Etat (c'est la parole qui va produire le social) mais elle rencontrait les logiques économiques de reproduction (transmission des biens), en même temps que des logiques sociales d'intégration et de cohésion. Quoi de plus solide en effet que le lien conjugal dans la nécessité de l'acte procréatif? Quoi de plus individuel que le lien mère-enfant dans ce qu'il a de «donné et de naturel»? Construite sur le mode hiérarchique, la famille conjugale respecte l'ordre du clan, en conférant au père la fonction symbolique de protection, d'autorité, de respect, et à la mère les fonctions liées à la nécessité de la reproduction biologique. Par la légitimité qu'elle apporte, cette construction historique de la réalité familiale va se développer puissamment dans l'illusion de l'évidence. Et c'est ainsi que le lyrisme et l'intimité conjugale constitueront progressivement, à travers de multiples polémiques et mouvements contrastés du social, le sanctuaire par lequel la vie quotidienne se transforme en religion. En d'autres termes, c'est la vie privée qui donnera un sens à l'existence des gens. Jean-Claude Kaufmann (1986)[15] explique pourquoi l'intimité domestique est apparue comme le substitut idéal du holisme vacillant de l'ancienne société. «Son émergence comme valeur essentielle était inéluctable, écrit Kaufmann, dans la mesure où elle permettait d'opérer un simple glissement plutôt qu'une révolution radicale. Elle fut comme une tentative de reproduction en miettes de la société traditionnelle» (1986 : 17). Parce qu'elle reproduisait le microcosme signifiant où chacun était à sa place et où chaque place avait un sens, la famille conjugale permettait au niveau sociétal de faire le saut dans la modernité sans détruire complètement les dispositions essentielles du système social. Toute l'idéologie de la privatisation de la famille, c'est-à-dire de la séparation entre la sphère privée, celle des rapports non marchands, du don, de la gratuité, et la sphère publique, lieu des rapports marchands, du calcul, de la rationalité est née en même temps que la famille conjugale, dans la même volonté de séparer deux sphères traditionnellement confondues. Le salariat qui consacrait cette division matérielle des biens de la production et de la reproduction a servi de support matériel non seulement à la complète neutralisation de la vie sociale mais aussi à la fixation des rôles sexuels, conjugaux et parentaux. C'est le début de «l'enfermement domestique» tant dénoncé par les féministes du XXe siècle.

L'ancrage de la famille conjugale dans les conditions politiques, sociales, économiques et culturelles qui les a produites nous permet ainsi de faire un pas vers une définition sociologique de la famille qui ne s'articulerait pas sur un système d'alliance, de filiation ou de parenté, plus ou moins complexe, mais renverrait à la configuration dominante du groupe domestique ou en d'autres termes à l'organisation de la vie privée socialement la plus forte dans un système social donné à une époque donnée.

Le repli sur la famille conjugale, amorcé par la bourgeoisie aux XVIIIe et XIXe siècles et qui se répandra ensuite progressivement dans toutes les classes sociales, est généralement associé par des sociologues classiques et par des historiens à l'état du capitalisme, état dominé par l'ethos de l'individualisme et de l'égoïsme.

Des auteurs comme Tocqueville (éd. de 1981)[16] et Durkheim (éd. de 1969)[17] avaient très tôt compris l'association plausible entre la modernité et le primat idéologique accordé à l'expression et aux droits de l'individu.

Pour Tocqueville, comme pour Durkheim, la famille dans sa forme conjugale s'installe comme groupe tampon stable et multifonctionnel entre l'individu et la société. Shorter (1977)[18] écrit : «La famille nucléaire se replia confortablement au coin du feu, non seulement parce que l'égoïsme et l'individualisme conféraient à la recherche du plaisir personnel la priorité sur l'allégeance à la communauté, mais aussi parce que la communauté était de moins en moins à même d'arracher les individus à leur foyer pour maintenir cette allégeance.» (1977 : 323).

L'éclatement de la famille conjugale comme mode dominant d'organisation de la vie privée, au milieu du XXe siècle, dans les sociétés industrielles, par la classe même qui l'avait mise en place — la bourgeoisie — est expliqué avec beaucoup de prudence. Il semble que l'on puisse trouver à la déconstruction de tout un système de représentations sociales des fonctions et des rôles familiaux, des raisons à la fois exogènes au système et endogènes à celui-ci.

a) *Les raisons exogènes* : renvoient au fait que l'enfermement domestique n'a pu résister aux grands mouvements de démocratisation qui ont touché les sociétés industrielles au milieu du XXe siècle. Chaque membre de la famille a cherché ses espaces de liberté et l'autonomie de ses choix sous l'influence de mouvements sociaux dont le plus important fut sans aucun doute le mouvement des femmes.

Comme autre facteur exogène, on peut rappeler avec Jean Kellerhals (1982 : 29)[19] que toute l'histoire des normes occidentales en matière de conjugalité est caractérisée par une dialectique de la fusion (communauté totale excluant le tiers) et de l'individualisme (épanouissement personnel), ce que Kellerhals appelle la tension entre le «nous» et le «je». La passion du couple a subi au cours de l'histoire, l'assaut renouvelé d'aspirations individualistes, la personne souhaitant à la fois se réaliser dans l'amour et se soustraire à ses tyrannies. En ce sens, le couple stable se verra contesté avec une violence accrue lorsque les acteurs se rendront compte clairement ainsi qu'il est apparu dans les années 1960, qu'ils disposent de ressources économiques et culturelles suffisantes pour être monnayables à l'extérieur du foyer.

b) *Les raisons endogènes* à l'éclatement du cocon familial rendent manifeste le paradoxe suivant lequel tout système construit pour lui-même, pour satisfaire ses propres exigences et ses propres besoins, ne parvient pas à contrer son processus fatal. En effet, les conditions de bon fonctionnement d'un système qui cherche à obtenir le maximum de satisfaction pour les membres du système détiennent en elles-mêmes la mort du système. En d'autres termes, le repli familial, l'espérance qui consiste à ne voir de sens à la vie que dans la poursuite du bonheur matériel et symbolique du couple et des enfants va pousser le couple à chercher à l'extérieur du foyer les moyens d'assurer ce bonheur et ses espoirs. C'est le «projet de la belle maison» qui poussera le père et la mère à travailler davantage, à effectuer des heures supplémentaires, etc. La situation «de vacance» créée par des absences dont les motifs sont liés au projet familial, risque alors de provoquer des désordres, des perturbations voire même des dislocations du système familial lui-même.

Le paradoxe de l'autodestruction d'un système de relations qui fonctionne sur lui-même et pour lui-même est décrit à la fois par Sennett (1977)[20] et Lipovetsky (1983)[21] qui suggèrent tous deux que le paroxysme de l'intimité porte en lui-même sa propre destruction.

L'espérance familiale d'aujourd'hui qui persiste à travers la multiplicité des formes que peut prendre la famille peut être analysée dans une double perspective. Parce qu'il est censé, d'une part satisfaire la plupart des besoins existentiels de l'homme contemporain, parce qu'il incarne un style de relation, fondé sur le don, à l'opposé des normes que transmettent l'école ou le marché de l'emploi, parce qu'il se fonde sur le rêve immémorial d'un dedans originel dont la chaleur enveloppe, le projet familial reste porteur d'une sorte de caractère prométhéen.

Mais d'autre part, en dehors même de l'analyse individualiste qui voudrait voir la famille comme un groupe tampon entre l'individu et la société (Durkheim, 1969; Tocqueville, 1981)[22], cette famille repliée sur elle-même, porteuse de projets altruistes et généreux pour ses membres est condamnée à chercher à l'extérieur les ressources nécessaires à satisfaire les besoins matériels et affectifs de ses membres.

Dans cette perspective, aucune analyse statique des relations familiales ne peut rendre compte efficacement des soubresauts que connaît l'institution familiale aujourd'hui, mais on y reviendra plus loin dans le même chapitre.

2. LES TENTATIONS THEORIQUES : LA FAMILLE PARSONNIENNE ET APRES...

1. Dans la mesure où ils constituent des produits historiques de l'activité humaine, tous les univers socialement construits sont susceptibles de changement, ce changement étant introduit par les actions concrètes des êtres humains eux-mêmes. Les machineries conceptuelles que sont les théories n'échappent pas au fait sociologique fondamental qui prend même l'allure d'une loi, à savoir que la réalité est socialement définie. Ainsi que l'écrivent Berger et Luckmann (éd. de 1986)[23], pour comprendre l'état d'univers socialement construits, notamment par le recours des théories et des concepts, on doit comprendre l'organisation sociale qui permet aux «définisseurs» d'établir leurs définitions, aux «théoriciens» d'établir leurs théories. Pour le dire plus simplement, il est essentiel d'interroger historiquement les conceptualisations disponibles de la réalité.

Les théories de l'«objet famille», comme de n'importe quel objet des sciences sociales, s'inscrivent dans un cadre idéologique qui est celui des conditions historiques qui ont permis à ces théories de voir le jour. On voudra bien comprendre ici le terme «idéologie», non par rapport au critère étroit de vérité et d'erreur, mais comme un type particulier de système de croyances en vigueur, dans une société donnée, à un moment donné et dont la nature est *a priori* étrangère à l'activité scientifique.

Comme le disait Pareto, une théorie peut être vraie sans être utile et être utile sans être vraie. C'est dans cette perspective qu'il convient d'aborder la manière dont les sociologues ont théorisé la famille. Jusqu'à la fin des années 1960, les théories de la famille ont servi surtout à conforter une certaine image et un système de représentations de la famille, dans ses structures et ses fonctions, tout en s'inscrivant dans le courant théorique de l'époque, à savoir le structuro-fonctionnalisme. En poussant plus loin encore l'analyse de la relation entre les efforts de conceptualisation et le *pattern* de la famille des sociétés industrielles, on pourrait dire que tous les efforts de modélisation ou de typologisation des pratiques familiales d'aujourd'hui s'inscrivent en filiation ou en opposition au modèle de la famille conjugale, tel qu'il a été construit socialement et scientifiquement. Nous reviendrons sur ce point dans l'analyse des modèles et typologies.

Si l'on veut bien faire exception du courant marxiste, qui conçoit la famille à partir d'une théorie implicite des besoins, c'est-à-dire comme une forme d'organisation sociale nécessaire à la satisfaction de besoins historiquement déterminés, mais aussi comme un besoin en soi qui engendrera d'autres besoins toujours historiquement définis (ex. : le besoin d'affection) ; si l'on veut bien aussi considérer le texte d'Engels, *Origine de la famille, de la propriété et de l'Etat* (1884)[24], non pas comme un essai théorique, mais davantage comme un manifeste politique qui ne prend son sens que dans l'analyse du moment historique qui l'a produit (la famille conjugale est liée à l'apparition de la propriété privée et disparaîtra avec elle), il faut se résoudre à constater que les théories sociologiques de la famille au XXe siècle se résument à une seule, celle qu'ont développée Talcott Parsons et Robert Bales et qui a été publiée en 1955[25]. Cette théorie s'inscrit dans le paradigme déterministe et statique du structuro-fonctionnalisme qui domine la sociologie américaine et européenne d'après-guerre. Elle présente l'avantage, en ce qui concerne la famille, non seulement de renforcer le modèle de la famille conjugale, mais en outre de coller aux faits concrets des années 50-60, caractérisées par un certain triomphalisme familial. On pourrait sans doute s'interroger sur les courants idéologiques qui ont porté le structuro-fonctionnalisme dans des sociétés culturellement aussi différentes que l'Europe d'après-guerre et les Etats-Unis de la même époque. Si en Europe, on a davantage mis l'accent sur les déterminismes sociaux, sur la reproduction des rapports sociaux à l'intérieur des familles et dans tous les champs du social, aux Etats-Unis c'est le concept de fonction, porteur de finalité, de valeur et d'une certaine dynamique sociale, qui a été mis en évidence. En réalité, il n'y a guère de contradiction dans l'utilisation différentielle des concepts structuro-fonctionnalistes de part et d'autre de l'Atlantique, dans la mesure où les deux courants, déterministe et fonctionnaliste, renvoient à la même logique sociale, celle qui remet chaque objet à sa place dans une finalité qui est celle imposée par la nature et la structure des choses.

2. Dans l'approche «structuro-fonctionnelle de la famille» (T. Parsons, 1955)[26], cette dernière n'est pas considérée comme un petit groupe isolé ou un sous-système indépendant de la société globale, mais comme un sous-système interdépendant qui entretient de nombreux liens, non seulement avec les autres sous-systèmes mais avec le système social dans sa totalité. L'équilibre de chaque sous-système, en interrelations, garantit la stabilité du système global. La théorie de la famille chez Parsons comprend trois aspects :

a) une théorie des fonctions de la famille ;
b) une théorie de la structure de la famille ;
c) une théorie des rôles masculins et féminins.

Ces trois aspects ne sont pas des parties isolées de la théorie mais constituent la théorie dans sa totalité. Ce sont les besoins de l'analyse qui imposent de considérer chacun des trois aspects séparément.

a) Théorie des fonctions de la famille

Un souci d'examen précis nous forcerait à distinguer deux niveaux dans les fonctions, un niveau macro-social et un niveau micro-social. Cette distinction en fait est vide de sens chez Parsons, dans la mesure où au niveau macro-social, la famille est pratiquement sans fonctions. Pour comprendre le sens de cette affirmation, il convient de situer cette théorie dans l'époque qui l'a produite, c'est-à-dire la période d'après-guerre dominée par la croyance en l'Etat protecteur, par l'idéologie de la croissance économique infinie. La famille en effet ne participe plus en tant que telle à la production économique ; elle n'est pas non plus une unité politique et ses membres ne concourent à son existence qu'en tant qu'individus. La famille perd ses fonctions de diffusion et de soutien de l'idéologie patriotique et de l'Eglise ; elle se replie sur ses fonctions affectives et de socialisation.

L'analyse parsonnienne est courte, si on la replace dans la conception du changement social qui affecte l'ensemble des sociétés occidentales après la deuxième guerre mondiale. La spécialisation croissante a conduit les Etats modernes à créer de nouvelles institutions qui vont progressivement prendre en charge des fonctions autrefois exercées par la famille, institution par définition non spécialisée. Les responsabilités financières, éducatives, sanitaires de la famille sont transférées ou partagées avec d'autres instances sociales : les services sociaux, les écoles, les hôpitaux, les groupes de sports et de loisirs, les mass media, etc. En fait, pour Parsons, cette perte de fonctions s'accompagne d'un gain. Quand une unité se sépare de certaines fonctions, elle devient libre de mieux exercer celles qui lui sont maintenues. La famille va donc se spécialiser dans la fonction affective, relationnelle, celle de support émotionnel de l'individu.

Les fonctions se situent donc essentiellement au niveau *micro-sociologique*, où la famille exerce encore pour Parsons deux rôles fondamentaux et irréductibles : la socialisation primaire des enfants dont le but est d'en faire un jour des membres intégrés de la société à laquelle ils appartiennent, et la stabilisation des personnalités adultes, par le support relationnel et affectif.

Cette conception de la famille spécialisée dans *les fonctions symboliques* est généralement acceptée aujourd'hui alors même que la crise des institutions étatiques rend celles-ci moins capables de remplir toutes les fonctions qu'elles avaient assumées en période de croissance. Cependant, selon Jean Kellerhals *et al.* (1982)[27], l'idée d'une disparition complète des fonctions instrumentales de la famille au profit exclusif des fonctions expressives est sommaire et appelle au moins deux correctifs.

1) S'il est vrai que sur le plan macro-économique, les échanges de biens et services ne passent plus, pour l'essentiel, par le relais des familles, au niveau micro-économique, de multiples tâches à caractère économique transitent encore par la famille : les repas, la lessive, les rangements, le bricolage... Que la comptabilité nationale ne tienne pas compte du travail domestique est chose bien connue ; toujours est-il que plusieurs heures par jour y sont consacrées et que selon de nombreuses études effectuées par des économistes (A. Marshall, 1966 et G.S. Becker, 1980)[28], la production domestique dépasse souvent en valeur, les apports monétaires du travail exercé à l'extérieur. Sur le plan micro-sociologique, conclut J. Kellerhals (1982), « il existe dès lors un enjeu sur le fait de savoir qui les exercera et quelle identité sociale on en retirera » (21)[29]. Les féministes ont apporté à cette question leur propre réponse. J'y reviendrai plus loin.

2) La diminution des fonctions de la famille en matière d'éducation appelle, toujours selon J. Kellerhals (1982), des nuances. Que l'école, les mass media, les entreprises aient pris aujourd'hui une part importante dans l'éducation des jeunes est incontestable. Mais ce fait ne correspond pas, paradoxalement, à une moindre emprise de la famille sur l'enfant. Une perspective historique à long terme semble montrer qu'au début des Temps Modernes, il était fréquent qu'un enfant grandisse en dehors de sa famille d'origine. Le placement en nourrice était courant (E. Badinter, 1980)[30], les apprentissages dans les familles

étrangères étaient nombreux (Ariès, 1973; Shorter, 1977)[31]. Du reste, l'univers familial ne disposait pas de la fermeture sur lui-même qu'il connaît aujourd'hui; le voisinage avait une importance comparable à celle des mass media. Enfin, l'apparition et le triomphe du «sentiment de l'enfance» ont multiplié les besoins imputés à l'enfant et ont en conséquence accru les tâches de soins, de surveillance, d'activités ludiques, d'échanges collectifs.

L'accroissement de l'arsenal psychologique a encore multiplié les pressions sur les parents au point que ceux-ci ne sont plus libres d'inventer des modèles de socialisation ou des modes éducatifs. En effet, divers dispositifs de protection se sont transformés en véritables instances de contrôle, ou, comme le dit J. Donzelot (1977)[32], en *Police des familles*.

Il n'en reste pas moins vrai que les tâches de socialisation assumées concrètement par les familles sont nombreuses et importantes. L'apprentissage du langage, des valeurs professionnelles et économiques telles que le goût du travail, le sens de l'épargne, sont encore diffusées par elles, mais de manière socialement diversifiée. L'identité sexuelle ainsi que la stabilité affective se construisent dans la famille, même si dans ces domaines, la famille est une instance davantage médiatrice qu'initiatrice. L'idée développée par Georges Menahem (1979)[33], selon laquelle dans la famille contemporaine (type association), la fonction de socialisation des enfants se limite pour les parents à être des «pistes de lancement» vers les diverses institutions, ne paraît pas coller aux faits dans la mesure où la notion de «l'intérêt de l'enfant» mobilise les parents et, paradoxalement, d'autant plus que le cycle familial se définit selon le mode de la rupture plutôt que sur celui de la continuité.

b) Théorie de la structure de la famille

Selon Parsons, la famille conjugale des sociétés industrielles est isolée de la parenté étendue, son comportement est imprégnée de rationalité et par là même s'identifie aux impératifs des systèmes industriels. Cette thèse de Parsons pour qui la famille américaine et, à travers elle, la famille des pays industrialisés est isolée de la parenté, a été abondamment critiquée. Comme l'écrit A. Michel (1972), «En réalité on attribua à Parsons plus que ce qu'il avait dit, c'est-à-dire qu'on soutient qu'il avait décrit la famille américaine comme ayant rompu ses relations sociales et d'assistance mutuelle avec la parenté étendue. A partir de là, on eut beau jeu de montrer qu'en fait, la famille américaine continuait à entretenir toutes sortes de relations avec la famille étendue » (122)[34]. Cette famille étendue n'a pour des raisons démographiques évidentes rien à voir avec le concept de « famille étendue » des sociétés de l'Ancien Régime, moins encore avec celle des sociétés africaines telles que les ont décrites des anthropologues, entre autres Georges Balandier (1955)[35]. Ce dernier montre que dans ces sociétés, contrairement aux sociétés modernes, le choix des liens est interdit sauf lorsqu'on quitte la campagne pour la vie citadine.

Dans les années 1970-1980, le problème des structures familiales a envahi le champ de la sociologie de la famille. En effet, la multiplicité des types de familles, l'augmentation du nombre de parents et de grands-parents qu'un enfant sera éventuellement amené à rencontrer à travers les cheminements des carrières conjugales (divorces, phases de monoparenté, remariages ou reconstitutions de familles) ont fait éclore toute une littérature portant sur les changements de structure de la famille conjugale. Certains sociologues tels G. Menahem (1974), L. Roussel (1980), J. Kellerhals (1987)[36] ont abordé le problème par le biais de constructions de modèles ou de typologies : d'autres chercheurs comme J.P. Courson (1982) ou M. Villac (1983-1984)[37] se sont attachés, à partir de données fournies par les recensements français, à décrire différentes morphologies familiales en relation avec les milieux professionnels et sociaux. Si les premiers proposent des grilles de lecture des comportements, les seconds montrent des photographies du paysage familial français. L'une et l'autre démarches ont leurs intérêts et leurs limites ; j'y reviendrai plus loin en abordant le problème des modèles et typologies.

Pour revenir au problème de l'éventuelle dispersion des solidarités familiales annoncé par Parsons en 1955, de nombreux sociologues américains (E. Litwak, 1960 ; H.B. Sussman, Lee Burchinal, 1962 ; E. Litwak et I. Szelenyi, 1969)[38] ont tenté de montrer que la mobilité géographique des familles américaines n'avait pas entraîné le rejet de la famille d'origine mais au contraire les familles continuaient à s'accorder une aide mutuelle raisonnable ne s'apparentant en rien avec l'isolement décrit par Parsons.

En France, l'étude d'Agnès Pitrou (1978)[39] montre qu'il faut envisager la solidarité familiale de manière différente selon les classes sociales, dans la mesure où cette solidarité joue un rôle plus ou moins exclusif par rapport à d'autres formes de soutien. Recourir à la solidarité familiale, écrit Agnès Pitrou, dans son livre *Vivre sans famille* (1978), « c'est aller à la recherche d'une chaleur affective, d'une protection contre un avenir incertain ou un présent insatisfaisant, c'est repousser les limites et les obstacles nés de moyens insuffisants, c'est protéger une identité personnelle et sociale fragile des comparaisons avec ceux qui sont mieux situés et mieux pourvus» (223)[40].

Dans un article publié presque dix ans plus tard, Agnès Pitrou (1987)[41] nous invite à interpréter prudemment l'idée du dépérissement des solidarités familiales, d'autant plus prudemment que les allusions à la solidarité reviennent de manière insistante dans les discours officiels ou dans l'analyse des mœurs contemporaines. Il est clair que l'imaginaire collectif continue à se référer au mythe de la grande famille rurale ou bourgeoise des sociétés passées, alors que concrètement dans les chiffres, les parentés horizontales se sont réduites et que les contraintes économiques qui pèsent sur la vie des familles n'incitent guère à l'entraide au-delà du «cercle de famille».

Si les liens de solidarité horizontale se sont relâchés, faut-il en déduire que la solidarité familiale verticale a perdu ses supports?

En ce qui concerne les nouvelles configurations familiales issues d'unions successives, force est de constater qu'il y a, à l'heure actuelle, peu d'études qui fournissent une base de connaissance suffisante pour attester que les constitutions d'unions successives usent ou n'usent pas les liens familiaux entre générations. On peut même penser, en accord avec Agnès Pitrou, que la tolérance qui semble caractériser la quasi-totalité des groupes sociaux, en particulier lorsqu'il s'agit des enfants et des petits-enfants, fait que ces relations résistent généralement à tous les aléas. On adopte les nouveaux sans rejeter totalement les anciens. Les uns et les autres deviennent les nôtres. La capacité de résistance du lien familial qui, depuis vingt ans, a absorbé les grossesses hors mariage, les cohabitations ou ménages de fait, la monoparentalité, les ruptures d'union, et même l'insémination artificielle par donneur, nous incite à considérer que ce lien s'est approfondi, qu'il est même devenu essentiel à une époque où l'on prône la non-contrainte dans les relations humaines. Les sondages les plus récents en France, en Belgique[42] indiquent d'ailleurs que la valeur famille figure en tête des valeurs essentielles, même parmi les plus jeunes membres de nos sociétés. Dans un livre intitulé *L'univers des Belges* et publié en 1984 par R. Rezsohazy, on trouve une étude de Pierre Delooz sur les «Valeurs dans la famille»[43]. Cette étude met en évidence que 83 % des Belges, toutes communautés et tous âges confondus, pensent qu'il faudrait accorder davantage d'attention à la famille et que les premières personnes avec lesquelles il convient de vivre en bons termes sont les plus proches : le conjoint, les enfants, les parents. Cette solidarité verticale est attestée en tout cas dans l'épineux problème de la garde d'enfants en bas âge. D'après une enquête réalisée à Liège en 1984 auprès de 500 familles ayant un enfant de moins de sept ans, il ressort que quels que soient le diplôme ou la profession des parents, 54 % des mères et 64 % des pères estiment que la solution de garde familiale (grands-parents) est préférable à celle des services (crèches, garderies) (B. Bawin-Legros, M. Sommer, 1985)[44].

Dans une enquête réalisée en Belgique francophone en 1985 et portant sur les modes de vie des familles (B. Bawin-Legros, M. Sommer, 1986)[45], nous nous sommes rendus compte que près de la moitié des femmes interrogées (44,6 %) déclarent recevoir une aide *financière* de leurs parents, cette aide étant plus importante dans les familles placées en haut de l'échelle sociale que chez les ouvriers ou les employés. L'aide en *services* est par contre plus fréquente dans le bas de la hiérarchie des professions que dans la partie supérieure. Nous avons pu constater également que les femmes divorcées ou séparées sont davantage aidées que les femmes mariées et que les veuves. Quant aux cohabitantes, 63 % d'entre elles déclarent être aidées régulièrement par leurs parents et 53,7 % affirment rendre elles-mêmes des services (courses, dépannage) à leurs parents et ceci de façon régulière. Notre étude confirme celle d'Agnès Pitrou (1978) quant à la thèse de l'entraide socialement différenciée ; elle apporte quelques précisions sur les couples «non stables».

En fait, la polémique autour de la désagrégation des solidarités familiales repose sur le constat fait depuis plus de vingt ans d'une indépendance croissante des membres du groupe familial, et parmi ceux-ci des jeunes, pressés de s'affranchir du contrôle parental, et des femmes qui ont obtenu, par leur entrée et leur maintien sur le marché du travail rémunéré, les moyens de négocier, de secouer, voire de rompre le lien marital. Cette indépendance est toute relative quand on la confronte aux faits. La situation des jeunes, des adolescents n'est guère enviable. Leur entrée dans la vie professionnelle, rendue difficile par la crise de l'emploi, ne les incite pas à s'engager dans une relation conjugale et l'on constate qu'il y a une tendance massive des jeunes de 18 à 25 ans à «s'incruster» chez leurs parents (C. Gokalp, 1978)[46].

Quant au travail professionnel des femmes mariées, il reste minoritaire, fragile et révocable à tout moment dans certains secteurs. L'autonomie de la femme est donc bien relative. On peut d'ailleurs observer cette relativité lorsque survient un événement malheureux, que ce soit un divorce ou un veuvage, qui fait alors encourir à un grand nombre de femmes les risques d'une précarisation et d'une marginalisation rapides.

La problématique des réseaux familiaux et de leur éventuel affaiblissement a trouvé son ancrage dans trois éléments de changement social profond constatés depuis plus de vingt ans, dans les sociétés industrielles (A. Pitrou, 1987)[47], à savoir :

1) les pressions exercées sur la structure familiale par la nécessité du développement industriel (migrations, éloignement, habitats urbains) ;

2) les changements dans les comportements familiaux eux-mêmes, devenus plus éphémères, plus précaires et susceptibles de désorganiser les systèmes traditionnels d'alliance, de filiation et d'héritage ;

3) le contrôle social croissant sur la vie des familles par l'intermédiaire des services d'assistance et des équipements collectifs. Cette assistance fournie tout au long de la vie d'un individu rendrait caducs les réseaux de parenté et de voisinage en individualisant chaque cellule familiale, obsédée par sa survie.

En 1988, la relation entre l'individu et la société ne se pose plus tout à fait en ces termes. Les théories du contrôle social (Donzelot, 1977)[48] changent d'objet dans la mesure où les appareils d'Etat sont en crise. Il n'est plus exact de dire que l'individu est «pris» entre la famille et la société. Il semble au contraire qu'il s'arrange pour trouver des réseaux proches où il se sente reconnu et en confiance. Ces réseaux peuvent être amicaux, de voisinage, ou familiaux... Les liens d'alliance sont en crise, les liens de sang élargis aux liens d'alliance successifs, semblent résister davantage. Mais que va-t-il arriver ? Vers quelles solidarités élémentaires vont pouvoir se tourner les individus lorsqu'ils se trouvent marginalisés par des modes de vie familiale ou professionnelle qu'ils n'ont pas choisis mais dont ils subissent les conséquences ? Cette conception apparaît d'autant plus d'actualité que se développe, partout en Europe, une idéologie «familialiste» qui repose sur un discours d'éloges de la famille comme cellule de base et centre de la vie affective. Sans mesures concrètes visant à améliorer ou à garantir la vie matérielle des familles existantes ou à venir, le discours familiariste risque bien de n'être qu'une tentative de redistribution de la main-d'œuvre (féminine) et une remise en question du système de sécurité collective.

c) Une théorie des rôles masculins et féminins

De même que le système social dans sa totalité tend à se spécialiser et à se différencier, le sous-système familial parsonnien tend à différencier les fonctions des sexes, sur la base d'une complémentarité « normale », « naturelle » de l'homme adulte et de la femme adulte.

Parsons lie sa conception des rôles familiaux au sexe, conception qu'il n'a pas inventée puisqu'elle se trouve déjà inscrite dans la Bible, manuel des codes sociaux s'il en est, mais il l'a légitimée en élevant cette croyance ancestrale au rang de théorie scientifique. Comme je l'ai écrit plus haut, les théories n'échappent pas au courant idéologique plus vaste qui les porte et cette conception des rôles masculins et féminins faisait partie des besoins socialement définis depuis plus d'un siècle. Au père échoit le *rôle instrumental* de lien avec la société et en premier lieu, de pourvoyeur des biens matériels de la famille, tandis qu'à la femme échoit le *rôle expressif* à l'intérieur de la famille. Le rôle instrumental est constitué avant tout par l'exercice d'une profession, critère fondamental pour déterminer le statut de la famille dans la société. Etre le gagne-pain de la famille est le rôle primordial de l'homme dans notre société ; il en résulte que la participation du mari aux tâches domestiques sera minime et que le ménage constituera l'activité principale dévolue au rôle féminin. La femme est celle qui exprime le mieux la vie affective de la famille, étant plus proche des enfants que le père, puisqu'elle leur donne la vie.

Cette structure bipolaire des rôles en fonction du sexe jouera un rôle déterminant pour la personnalité de l'enfant, écrit Parsons, qui, pour appuyer ses affirmations, n'hésite pas à se référer à Freud et au fameux complexe d'Œdipe, ainsi qu'à des données de l'ethnologie et de la psychologie sociale.

Cette théorie de la famille, qui fait de la différenciation rigide des rôles masculins et féminins un préalable à la viabilité et à la survie du groupe familial, a entraîné dans sa mouvance un grand courant d'études, aujourd'hui bien connu. Certaines de ces études confortèrent la théorie en mettant en évidence les problèmes sociaux ou familiaux engendrés par des dysfonctionnements du système (ex. : les résultats scolaires, la hausse des divorces associée au travail féminin), d'autres s'attachèrent à montrer par le biais des théories de l'apprentissage, de l'identification, du développement cognitif, de la maturation, comment pourrait s'opérer le processus de socialisation qui intégrerait les normes et les valeurs liées à la différenciation des rôles sexuels. On s'est donc penché activement à la fois sur les rôles et les attitudes, domaine privilégié de la psychologie sociale et sur le développement de la personnalité du jeune enfant, objet d'investigation privilégié des psychologues de l'enfant.

Il n'est pas dans mon propos de faire ici de la sociologie de la connaissance, c'est-à-dire de repérer l'itinéraire des idées parsonniennes sur la différenciation des rôles sexuels à travers tel ou tel créneau de la littérature scientifique. On aura compris tout de suite que ces idées directrices ne pouvaient être que contestées à la fois par certains faits (augmentation massive du salariat féminin sans conséquences nécessairement désastreuses) et par d'autres courants idéologiques puissants, en tête desquels il faut placer le mouvement des femmes à la fin des années 1960.

Même sans se placer dans le courant féministe, on peut se demander comment une théorie aussi conventionnelle, aussi banale et archaïque que celle de Parsons a pu susciter, autour d'elle, le concours d'arguments scientifiques apportés par d'autres disciplines. Je pense que l'essor de la psychanalyse freudienne dans les mêmes années, a largement concouru à stabiliser le discours parsonnien et à le légitimer.

Des féministes américaines, Betty Friedan (1964), Kate Millett (1970)[49], pour ne citer que ces deux-là, se sont violemment attaquées à toutes les sciences humaines qui avaient prôné les différenciations sexuelles en les justifiant comme des traits inhérents à la nature. Elles se sont attachées à démontrer les omissions et distorsions sur la «catégorie femme», catégorie jamais construite et sur le dos de laquelle on imprima une fois pour toutes un discours, celui de la nature. Le discours de la nature, très utilitariste, crée une finalité aux relations de pouvoir qui s'établissent à partir de la croyance en un substrat matériel, corporel qui motive les relations, et en sont en quelque sorte sa cause. Cette idée de nature ne se réduit pas à une simple finalité quant à la place des objets, elle prétend en outre que chacun d'entre eux, comme l'ensemble du groupe auquel ils appartiennent, est organisé intérieurement pour faire ce qu'il fait, là où il est (c'est le côté finaliste de la relation).

Dans l'histoire des idées occidentales, l'imputation d'une nature spécifique a toujours joué contre certains groupes sociaux qu'on a voulu dominer ou s'approprier. Qu'il prenne la forme du sexisme ou du racisme, le discours de la nature revient toujours à dire que la nature et elle seule fixe les règles sociales et les rapports politiques.

Andrée Michel (1971, 1972, 1978)[50], sociologue française, fut certainement une des grandes figures de proue du féminisme français, s'attachant à démontrer, dans différents ouvrages, avec chiffres à l'appui, que le stratagème de Parsons avait bien des avantages : sous le couvert d'une sémantique relativement simple, «instrumentale» et «expressive», on a fait passer toute une série de stéréotypes qui font qu'encore aujourd'hui, l'agressivité, l'originalité, la créativité sont des traits instrumentaux associés au rôle masculin, tandis que l'émotivité, la gentillesse, la gaieté, l'affection, toutes qualités qui ne sont pas honorées dans la sphère des rapports marchands, sont renvoyées à l'expressif et donc au féminin.

Je n'insisterai pas davantage sur le modèle fonctionnaliste, lequel modèle s'épuise à force de tourner en rond. En effet, il suffit de constater un état de fait pour affirmer qu'il est fonctionnel et de là l'imposer comme un précepte.

Il en va autrement de la dichotomie privé/public encore largement utilisée comme catégorie spontanée de perception et d'organisation de la vie quotidienne. Fondée sur des critères de fonctions, cette dichotomie a servi longtemps à légitimer un ordre social qui relègue les femmes dans le monde de l'invisible et de l'insignifiant. Dans un article publié en 1973, Jean Remy[51] dresse un inventaire des différents usages sociaux des concepts privé/public en s'interrogeant sur leur signification sociale et sociologique. Il ressort de son analyse que le concept de privé combine une diversité de critères : droit à la non-intervention, autonomie, espace, propre, pour n'en citer que quelques-uns, qu'il existe une très grande ambiguïté dans son usage et que les glissements de sens sont nombreux ; le concept privé ayant des zones d'application qui fluctuent selon les groupes sociaux. De plus, ajoute Jean Remy, il faut se méfier d'une perception de l'opposition privé/public à partir d'une image spatio-temporelle de deux sphères mutuellement exclusives, comme si l'une et l'autre relevaient de deux univers sociaux différents dont les règles seraient irréductibles et contradictoires. Cette vision dichotomique du monde, qui distingue l'espace social de la famille, auquel on reconnaît essentiellement des fonctions de reproduction, de travail domestique et d'affectivité, de l'espace du travail rémunéré auquel on attribue la production, l'échange marchand, la rationalité, relève de toute une philosophie sociale qui n'a d'autre fonction que celle de sanctionner d'une manière plus ou moins habile la division fondamentale entre les sexes, caractéristique de la société patriarcale. Cette division hiérarchisée du travail a aussi imprimé deux champs d'analyse dans les sciences sociales, d'un côté celui du travail rémunéré et du système productif, de l'autre celui des structures familiales et de l'activité domestique. Cette activité domestique, il faudra bien l'envisager, puisqu'elle constitue dans la vie d'une famille un moment localisable, un lien privilégié d'observation des inégalités de sexe. Comme l'écrit Jean Kellerhals (1982)[52], le modèle de division du travail au sein d'un couple (différenciation ou indifférenciation des tâches) peut traduire la présence d'une stratégie comparant les avantages matériels et symboliques que retire un acteur social de l'exercice de l'une ou l'autre fonction : domestique et/ou professionnelle. On reviendra plus loin sur l'analyse du travail domestique dans le sens où ce travail participe à la fois de rapports inégaux fondés sur le sexe, et d'interactions conjugales qui permettent à chacun des conjoints, selon ses ressources, de négocier le montant et le type des prestations qu'il consentira à effectuer au sein de la famille.

Sur la question de la division sexuelle des tâches domestiques, je me contenterai de dire ici que de nombreuses études ont démontré unanimement une inégalité dans le partage des responsabilités familiales au sein des couples issus de différents milieux sociaux (H. Touzard, 1967 ; A. Michel, 1974 ; R. et R. Rapoport, 1973 ; M. Young et P. Wilmott, 1973 ; H. Rousse et C. Roy, 1981 ; J. Kellerhals *et al.*, 1982)[53].

Toutes ces études et bien d'autres, qui se sont attachées à montrer l'inégalité dans le partage des tâches, ont été mises en cause par des féministes québecoises et françaises. Louise Vandelac (1983)[54] fait une critique sévère des indicateurs utilisés et notamment des enquêtes de budgets-temps s'inscrivant dans la perception moderne de la production et du temps domestiques. Largement diffusées, ces enquêtes de budgets-temps fournissent des étalons de mesure qui ont pris une valeur idéologique bien différente selon que la revendiquent dirigeants industriels, grands commis de l'Etat ou groupes féministes. Le découpage de l'activité domestique en tâches effectuées en un lieu spécifique, la maison, et en un temps mesurable, le temps industriel, est une vision tronquée et trompeuse de la réalité, écrit Louise Vandelac, puisque le temps des femmes au foyer obéit à une autre logique que celle du temps industriel. C'est un temps circulaire, non cumulatif, le travail qui s'y accomplit n'étant jamais terminé, toujours à recommencer.

Les féministes françaises du groupe APRE (Atelier Production-Reproduction, 1986)[55] considèrent que la division hiérarchisée du travail rend compte dès le départ d'un enjeu particulier, qui est moins le partage du travail que l'affirmation d'un pouvoir des hommes sur les femmes. Refusant les découpages académiques traditionnels, les féministes de l'APRE perçoivent l'existence de *rapports de sexe*, rapports fondamentalement inégaux, traversant tous les champs du social, qu'il s'agisse de la famille, de l'usine, de l'école, de l'Etat, et dont l'origine est dans l'oppression séculaire des femmes. Les rapports de sexe, comme les rapports de classes structurent l'ensemble du social, constituent les hommes et les femmes en catégories sociales sexuées, quel que soit le champ de l'activité sociale prise en considération. Refusant de situer la famille comme à la base de l'oppression des femmes, elles se voient contraintes de reconnaître que la socialisation primaire se fait malgré tout dans la famille et que l'apprentissage des rôles ou des positions de sexe est inscrit dans toute la famille.

Les féministes de l'APRE tirent comme conclusion qu'il est vain et inutile de mettre l'accent sur une division sexuelle du travail, soit du travail productif ou du travail reproductif, dans la mesure où cette division est la manifestation concrète de *rapports sociaux de sexe* qui renvoient à la subordination d'un sexe à l'autre (D. Combes, M. Haicault, 1984)[56].

J'aurai l'occasion de revenir dans le deuxième chapitre sur cette formulation récente et nouvelle de la problématique des rôles sexuels. Parsons n'est jamais ni tout à fait présent ni tout à fait parti.

3. MODELES ET TYPOLOGIES FAMILIALES

1. Modèles familiaux : intérêts et limites

Le «modèle» en sciences sociales comme dans toutes les sciences renvoie à deux modes de conceptualisations différentes.

1° Il peut s'agir, en vertu du mécanisme de l'analogie théorique (De Coster, 1978)[57] d'une véritable tentative de propositions, à prétention explicative, dont il est possible de déduire de manière mécanique un ensemble de conséquences directivement liées au phénomène étudié. Dans ce cas, on disposera de modèles familiaux qui s'apparentent à une théorie dans le sens où ces modèles impliquent une méthodologie, des idées directrices, une analyse des concepts ainsi qu'une interprétation déductive empiriquement vérifiable (Boudon, 1971)[58].

2° Dans un sens plus courant, le modèle peut être conçu comme une simplification de la réalité, à partir de données empiriques concrètes et regroupées dans un schéma qui ne s'articule sur aucune théorie spécifique. Il se propose davantage comme une construction dont on n'ignore pas le caractère simplificatoire par rapport à la réalité, mais qui cependant lui donne un sens.

Les modèles familiaux tels qu'ils sont apparus à la fin des années 1970 et le début des années 1980 dans la littérature sociologique francophone ne participent en fait ni de l'une ni de l'autre démarche, mais plutôt de la place accordée aux changements intervenus dans la configuration conjugale ainsi que dans les valeurs et attitudes relatives aux liens matrimoniaux. L'ensemble de ces évolutions s'intègre dans l'évolution même de la société, que ce soient les modifications de l'appareil productif (crise de l'emploi, redistribution du temps de travail), ou les changements intervenus dans les champs du politique, du juridique, du médical, du religieux même.

La pluralité des comportements familiaux, observée à partir d'une pluralité de diverses configurations, et d'une dynamique familiale selon laquelle tout groupe domestique évolue dans le temps (M. Segalen, 1981)[59], a poussé un certain nombre de sociologues de la famille à parler de *modèles familiaux* dont le principe organisationnel renvoie, soit à des variables de type morphologique ou structurel, soit à la théorie des rôles conjugaux, soit encore à l'étude des représentations de la famille. Tous ces modèles qui sont en soi des descriptions plus ou moins analytiques de comportements familiaux contiennent une dimension normative, dans la mesure où ils se construisent en se référant à un cadre idéologique particulier qui est celui de la famille nucléaire conjugale.

En effet, qu'il s'agisse des modèles matérialistes de G. Menahem (1979)[60] ou des modèles culturalistes de Louis Roussel (1980)[61], les uns et les autres reposent toujours sur une certaine construction de la famille, dont on pourrait dire avec Michèle Ferrand (1986)[62] :

1. qu'elle est composée d'un père, d'une mère et d'enfants ;
2. que les partenaires adultes se sont librement choisis ;
3. qu'elle est locale, c'est-à-dire installée sur un territoire précis ;
4. qu'elle a une quadruple fonction : poser l'identité sexuée et le statut social de chacun de ses membres, ainsi qu'assurer la socialisation des enfants et la reproduction sociale de la famille ;
5. qu'elle se fonde sur une rationalité explicite, son fonctionnement correspondant à la mise en œuvre d'une efficacité maximale.

A l'intérieur de ce cadre, dont la filiation à Parsons est très sensible, bien qu'il y ait au départ une opposition fondée sur la diversité des structures et des configurations familiales, on rendra explicites des positions différentielles selon le sexe, des finalités différentes selon la représentation que l'on se fait de l'institution, des fonctions différentes selon les classes sociales.

La pluralité des modèles conjugaux dans nos sociétés occidentales, comme dans n'importe quelle autre société, peut s'analyser de divers points de vue.

a) Du point de vue morphologique

Les classements des familles ou des ménages selon leur taille ont été en effet nombreux :

F. Le Play distinguait trois formes de familles selon des états plus ou moins avancés de la société : la famille patriarcale, la famille instable, la famille souche (1871)[63].

P. Laslett (1972)[64], dans son étude de l'Angleterre aux XVIe, XVIIe et XVIIIe siècles, proposa quatre modèles de familles correspondant à des regroupements plus ou moins simples de ménages :

1. les groupes domestiques sans structure familiale, c'est-à-dire les ménages de solitaires;
2. les groupes domestiques simples composés soit du père, de la mère et des enfants, soit d'un veuf ou d'une veuve avec ses enfants à l'exclusion de tout autre parent;
3. les groupes domestiques étendus ou élargis composés en plus des membres du ménage simple, de parents ascendants, descendants ou collatéraux;
4. les groupes domestiques complexes composés de multiples noyaux, c'est-à-dire où cohabitent plusieurs ménages apparentés.

Aujourd'hui les modèles familiaux, construits à partir des morphologies familiales (Villac, 1983, 1984)[65], trouvent leur source dans les données de recensements des services statistiques nationaux. C'est ainsi qu'on pourra distinguer :

1. des couples;
2. des couples avec enfants;
3. des personnes seules, avec ou sans enfants;
4. des parents isolés...

La problématique des morphologies familiales renvoie aux critères adoptés par les différents pays dans la construction de leurs statistiques. On pourra choisir comme critère, par exemple, le nombre de noyaux familiaux qui composent le ménage, le nombre de générations présentes, l'absence ou la présence d'un hôte apparenté. On voit déjà, seulement à partir de ces trois critères, toutes les combinaisons possibles dans les statistiques nationales qui rendent les comparaisons internationales hasardeuses.

En Belgique, l'Institut National de Statistique a recensé en 1981 quatre types de noyaux familiaux : époux sans enfant, époux avec enfants non mariés (famille conjugale), père avec enfants non mariés, mère avec enfants non mariés. Le nombre total des familles conjugales est de 1.476.675 en 1980 pour un total de 2.644.433 noyaux familiaux. La typologie a changé depuis le recensement de 1971 puisqu'à cette époque, on envisageait seulement deux grandes catégories : hommes mariés, veufs, divorcés chefs de ménages par opposition aux femmes mariées, veuves, divorcées chefs de ménage. Par recoupement des catégories, on obtient une diminution en dix ans d'environ 30 % des familles conjugales. Ce chiffre doit être pris avec beaucoup de prudence vu la non-comparabilité des typologies et la forte augmentation du nombre de couples sans enfants (report dans le temps de l'arrivée du premier enfant). Aux Etats-Unis, cette diminution est de l'ordre de 20 % pour la même période (Roussel, 1986)[66].

Une modélisation suivant la morphologie fausse la réalité contemporaine, du fait même du caractère éphémère des formes familiales et de la mobilité des familles. Il apparaît en effet de plus en plus vraisemblable qu'au cours d'une seule vie, un individu passe par une série de ménages de formes différentes. Par exemple couple, couple avec enfants, seul avec enfants, nouveau couple avec enfants, etc. L'intérêt de ce type de données transversales, car en fait il s'agit bien de cela, est de fournir des photographies des manières de vivre ensemble dans des sociétés, en gardant à l'esprit qu'il n'y a plus nécessairement de modèle dominant de la composition du ménage ou de la famille et que les formes évoluent même si le cadre fixé par les instituts nationaux de statistique reste le même.

Il convient à chaque fois de situer l'intérêt heuristique de telle ou telle démarche : dans le cas des modèles morphologiques, l'intérêt est de pouvoir suivre l'évolution des ménages dans le temps à travers différentes photos prises ponctuellement.

b) Du point de vue des rôles sexuels

La société traditionnelle distingue plus ou moins trois modes d'organisation familiale : ménages paysans, ménages artisans, ménages bourgeois. Si l'autorité est toujours exercée par l'homme dans le ménage paysan, celle-ci se fonde sur la complémentarité du travail de l'homme et celui de la femme. Deux sociabilités se développent, qui ne seront pas vécues sur le mode égalitaire : les hommes tiennent le formel, les femmes l'informel[67]. L'avènement de la société industrielle va modifier les fonctions de la famille de par l'effet de la séparation entre lieu de travail et lieu de résidence. Georges Menahem (1979)[68] évoque, à la fois dans le temps et dans l'espace social, l'existence successive et simultanée de trois modèles familiaux : la famille patrimoniale, la famille conjugale, la famille association. Se basant sur une explication de type matérialiste, Menahem construit ces trois modèles en fonction de l'articulation différente qu'on y trouve entre propriété, production et reproduction. Pour Menahem dont la perspective est historique, un modèle classe l'autre à plus ou moins grande vitesse, mais en même temps on retrouve à chaque époque, y compris l'époque contemporaine, des reliquats plus ou moins importants de chaque modèle, concentrés dans des classes sociales différentes (ex. : dans les familles à capitaux ou dans les familles paysannes, on retrouve encore le modèle patrimonial).

Dans chaque modèle familial, les rôles masculins et féminins découlent de la relation qu'entretiennent l'homme et la femme avec la production, la propriété et la reproduction biologique et sociale.

La famille-association, famille à double carrière qui a vu son avènement avec l'extension du travail salarié féminin, se fonde sur des rapports plus égalitaires entre les sexes, mais cet égalitarisme suit la hiérarchie des classes sociales, il progresse au fur et à mesure que l'on monte dans la hiérarchie sociale (N. Lefaucheur, 1982; J. Kellerhals, 1982)[69].

Une remarque s'impose ici : si la répartition des rôles au sein d'une famille se construit bien en relation étroite avec les places respectives de l'homme et de la femme dans la sphère des rapports marchands et non marchands (M.A. Barrère-Maurrisson, 1987)[70], elle repose encore largement sur des représentations mentales et des opinions. Quel que soit le modèle envisagé, la morphologie de référence reste le modèle communément admis : l'union monogamique.

c) Du point de vue des représentations de la famille

De nombreux sociologues, dont Louis Roussel, se sont attachés à des essais de modélisation, voire de typologisation des comportements familiaux à partir des systèmes de représentations. La représentation, faut-il le rappeler, articule, organise, structure les éléments d'information en rapport avec l'objet, permettant ainsi, à la fois la compréhension de cet objet et l'action. En matière familiale, la représentation s'établit sur des critères morphologiques (mode d'union, présence ou non d'enfants, structure parentale), mais aussi sur des critères de projets (finalité de la famille, nature de la solidarité), de même que sur des critères de rôles (échange, ouverture...). Dans une étude récente, au titre évocateur : «Si je vous dis famille...», Martine Barthélemy, Anne Muxel, Annik Percheron (1986)[71] ont tenté de repérer les représentations des Français à partir d'une enquête sur un échantillon représentatif de 973 d'entre eux, âgés de 15 ans et plus. Appelés à reconnaître de manière «objective», c'est-à-dire sans référence à leur situation personnelle, un certain nombre de configurations comme caractéristiques ou non d'une famille, les enquêtés mettent en évidence, par leurs réponses, l'existence d'une représentation de la famille fondée *essentiellement* sur la présence d'enfants et non sur l'institution du mariage ou la cohésion du couple. Si la norme reste le couple avec enfants (98 % de réponses positives), un couple non marié, une femme seule ou un homme seul avec un ou plusieurs enfants sont reconnus comme formant une famille par respectivement 77 %, 72 % et 70 % des personnes interrogées. En revanche, un couple marié sans enfant ne constitue une famille que pour 43 % de l'opinion et un couple non marié sans enfant, pour 19 % de l'opinion. Aux yeux des Français, les liens de filiation semblent l'emporter sur les liens d'alliance, tandis que les familles «légitimes» ou naturelles tendent à devenir reconnues et acceptées.

Reprenant les représentations du mariage en tant qu'institution, Louis Roussel (1980)[72] dégage quatre modèles légitimes familiaux que quelques années plus tard il appellera types familiaux en raison de leur relation directe avec les modèles :
– le mariage traditionnel, où l'institution est la finalité ;
– le mariage alliance, où l'institution est le cadre d'une solidarité affective ;
– le mariage fusion : l'institution est dans ce cas réduite à une formalité commode puisque le fondement est la solidarité affective interne ;
– le mariage association, où il n'y a plus d'institution, mais un contrat privé résiliable. La finalité de l'union sera ici de maximaliser les gratifications de chaque partenaire.

Si le concept de «modèles familiaux» utilisé par de nombreux auteurs en sociologie est commode pour rendre compte à la fois d'une certaine diversité des configurations et des pratiques familiales en même temps que d'une certaine régularité de ces pratiques, elle est d'un intérêt limité pour comprendre ces pratiques *in concreto*, étant donné que les modèles sont vides de contenu et ne rendent compte que d'un nombre très limité de variables, essentiellement la morphologie, les représentations face à l'institution, la force des liens de sang par rapport aux liens sociaux.

Comme je l'ai dit plus haut, alors que la modélisation s'est construite historiquement dans le champ de la sociologie de la famille autour d'une contestation de la généralisation du modèle de Parsons, c'est-à-dire de la famille nucléaire conjugale, elle en reste encore profondément tributaire dans la mesure où le type parsonnien demeure l'étalon de référence, la *norme*. Ce schéma, que nous avons résumé plus haut, correspond aux catégories du sens commun ; il continue de fonctionner, au niveau des représentations, comme idée de la famille «normale», ordinaire, paradigme du fonctionnement familial. De plus, *in fine*, dans la construction des typologies, le schéma continue d'affirmer la séparation entre la production cernée par le travail et la reproduction cernée par la famille, une séparation qui ne se justifie que dans une division fonctionnaliste et naturaliste du travail entre les sexes. Les tentatives de modélisation restent nourries des analyses de division sexuée des tâches selon des critères d'affectation prioritaire, non plus liées à la nature des choses mais à l'efficacité et à la rentabilité du partage.

Dans une analyse des modèles familiaux en relation avec la problématique des rapports de sexe, Michèle Ferrand (1986)[73] montre comment un modèle, quel qu'il soit, se construit comme une totalité et est porteur en lui-même d'une explication légitimatrice des relations entre les membres de la famille. Le modèle définit un espace, un micro-groupe qui médiatise le social. Il organise en même temps pratiques et représentations qui se répondent l'une l'autre.

A première vue, écrit Michèle Ferrand, dans ce type d'approche, ce ne sont pas les rapports de sexe qui rendent compte des positions des hommes et des femmes dans la famille ; la répartition du pouvoir entre l'homme et la femme, leur affectation à certaines tâches est inscrite dans le modèle et assure sa cohérence par rapport à un autre modèle.

La modélisation masque les rapports de sexe de trois manières différentes :

1) en posant la complémentarité de l'association, le modèle évacue la question de l'antagonisme des sexes ;

2) en privilégiant une finalité globale, tout modèle nie l'existence d'intérêts différents pour chacun des partenaires ;

3) la construction en termes de modèles réduit la dynamique entre sexes aux conflits entre l'homme et la femme ; ces conflits sont neutralisés par le maintien du projet familial ou au contraire la rupture, ce qui implique alors la «sortie» du modèle.

Enfin, tout modèle familial au sens théorique et dans son acception concrète est porteur d'une idéologie de la reproduction du fonctionnement familial. La transmission se fait à travers l'adhésion ou le refus du modèle parental. Au mieux on «change» de modèle mais la dynamique de l'évolution se réduira à cette simple procédure de passage d'un modèle à un autre. Une question épistémologique se pose alors. Quelles sont les conditions matérielles et culturelles nécessaires et suffisantes pour que la probabilité qu'un modèle familial s'impose et se diffuse soit telle qu'un modèle chasse un autre, à plus ou moins grande vitesse selon les milieux sociaux touchés? Cette question n'a jusqu'à présent que des réponses partielles.

2. Typologies familiales : difficiles et mouvantes

La multiplicité des variables intervenant dans la compréhension des comportements familiaux contemporains a entraîné de nombreux sociologues de la famille sur la pente difficile mais fascinante de la typologisation.

En 1895, Durkheim écrivait déjà dans les *Règles de la méthode sociologique*[74] qu'il fallait choisir les caractères essentiels des phénomènes sociaux, ce qui le conduisit à faire résider la typologie dans une simple morphologie sociale, en partant de la société la plus simple pour étudier des modes de groupement de plus en plus complexes.

Même si plus tard Durkheim proposa de constituer des types sociaux en les classant selon leurs causes, c'est-à-dire en examinant les conditions sociales qui les produisent (par exemple, le suicide), il faut bien reconnaître que dans la pratique sociologique on a souvent cherché à établir des typologies sociales à partir d'un ou deux facteurs considérés comme prédominants. Certains auteurs ont retenu les facteurs démographiques, d'autres les facteurs technologiques, les genres de connaissance ou plus facilement les changements qui affectent l'appareil productif. On obtient ainsi des typologies construites à partir d'un modèle que l'on pourrait qualifier d'évolutionniste, dans la mesure où sont liées différentes étapes de l'évolution des sociétés, à partir d'un objet d'étude, que ce soit le mode de production, l'école, l'Eglise, l'Etat, la famille. Les tendances empiristes des sciences sociales font un usage abondant de typologies qui sont considérées tels des instruments indispensables au classement des objets sociaux, à la conceptualisation d'indicateurs agrégés ou mieux encore à la prédiction de comportements probables en telle ou telle matière. Dans le cas qui nous occupe, il pourra s'agir de la fécondité, du divorce, du remariage, etc.

Sans vouloir entamer ici un débat polémique sur l'usage de typologies qui ont le mérite d'exister pour permettre, à un moment donné, de faire le point sur l'état d'avancement des connaissances, il faut néanmoins observer que celles-ci sont le plus souvent descriptives et correspondent dès lors à un stade peu avancé du développement d'une discipline. En sociologie de la famille, où les essais typologiques abondent, on est loin encore de constructions de *types concrets* qui ne se réduisent pas simplement à une accumulation de traits spécifiques, de facteurs permettant de caractériser des phénomènes. Ils ne sont pas, au sens où l'entend Lazarsfeld (1965)[75], une combinaison logique d'attributs essentiels où l'objet envisagé serait saisissable, non pas en tant que porteur de propriétés internes à l'image des qualités perçues ou représentées, mais plutôt comme un système de relations entre éléments, dont les propriétés essentielles à envisager dérivent de ces relations mêmes.

La plupart des typologies familiales sont loin de cet effort de conceptualisation. Elles se limitent, pour la plupart d'entre elles, à être des grilles de lectures des comportements individuels ou de groupes, à travers un système de classification et de hiérarchisation d'un certain nombre de variables, considérées comme essentielles pour définir un comportement. A partir d'un changement observable dans le choix des formes de conjugalité, de nombreux sociologues de la famille se sont lancés dans un effort de typologisation qui n'est pas sans rapport avec une certaine volonté taxinomique, selon que celle-ci ne sera souvent que l'expression de la tendance à ordonner en tableaux statiques des phénomènes sociaux mouvants, bref de les cataloguer (B. Bawin-Legros, M. Sommer, 1988)[76].

a) La pluralité des typologies

De même que la plupart des services statistiques nationaux ont leur propre modélisation des ménages, de même la plupart des sociologues de la famille construisent leur typologie des groupes domestiques. Celle-ci servira en somme à résumer leurs observations et leurs interprétations. Jean Kellerhals *et al.* dans leur ouvrage *Micro-sociologie de la famille* (1984)[77] donnent un certain nombre d'exemples de ces typologies issues pour la plupart de la sociologie américaine, et fondées sur un ou deux axes qui pourraient distinguer les familles entre elles.

Jean Kellerhals rassemble ainsi :

– *des typologies selon le mode d'intégration*, c'est-à-dire faisant de l'autonomie des conjoints ou de leur degré de fusion la variable dominante. Dans cette catégorie, il regroupe les travaux de E.J. Strave, A.M. Van der Heiden, W.C. Robert (1980), ceux de N.O. Neill (1972) et de L. Roussel (1980);

– *des typologies selon la relation à l'environnement* (ouverture-fermeture) où l'on range la typologie de D. Reiss (1971), de D. Kantor et W. Lehr (1973) ou celle de T. Menahem (1979);

– *des typologies selon l'orientation dominante* : ici le critère typologique est fourni par le principe d'union. Kellerhals regroupe dans cette rubrique les types d'organisation familiale de B. Farber (1962) ou d'Andrée Michel (1975), quand elle oppose le modèle «traditionnel» au modèle «moderniste», ce dernier voyant le triomphe des déterminants personnels sur les déterminants statutaires dans l'organisation de l'union.

Enfin, on retrouve des *typologies selon les phases familiales*, c'est-à-dire le cycle de vie (R. Hill, 1964)[78]. Suivant cette démarche, les familles sont classées en fonction d'une pluralité de critères :

a) le nombre et le genre de «personnes-rôles» dans la famille (père-mère-enfants ascendants);
b) le problème fonctionnel dominant pour une phase de vie;
c) le mode d'intégration de la famille dans le réseau parental et institutionnel;
d) le changement dans les contenus de rôles lié à l'avancement en âge des protagonistes.

Toutes ces typologies, décrites succinctement par Jean Kellerhals (1984) ne sont en réalité que des tentatives de redonner à travers un tableau ou des axes une cohérence à des parcelles de réalités sociales souvent inconciliables. On mélange, sans complexes, des indicateurs de type macro-social comme la fécondité, le travail des femmes, avec des indicateurs plus micro-sociaux comme celui de l'échange entre époux, le cycle familial, l'affectivité.

Il n'entre pas dans mon attention de discréditer toutes les tentatives de typologisation; il me semble au contraire que certaines offrent à tous ceux qui travaillent concrètement avec les familles des outils de travail intéressants, des grilles de lecture non pas tant de comportements mais des systèmes de représentation qui sous-tendent les comportements. J'ai retenu celle de Louis Roussel d'une part (1984, 1986) et celle de Jean Kellerhals d'autre part (1986-1987).

TYPES	VARIABLES						
	1 Rôle de l'institution	2 Instance privilégiée	3 Finalité de la famille	4 Nature de la solidarité	5 Perception du temps	6 Critère des échanges	7 Ouverture sur la société
Type I	essentiel	famille étendue	survie	institution	circulaire	précodé institution + nature	environnement proche
Type II	indispensable mais insuffisant	famille nucléaire	survie et bonheur	institution + sentiment	cumulatif	précodé par nature bienveillance	pour l'homme seulement
Type III	simple formalité	couple	intense solidarité	sentiment	indifférencié par l'amour		repli
Type IV	nul	individu	satisfaction individuelle	sentiment + rationalité	immédiat	négociation permanente	alternance d'ouverture et de repli

Extrait de Louis Roussel (1986 : 146).

1. La typologie de Louis Roussel[79]

Celle-ci se présente comme un grand tableau qui distingue quatre types de familles à partir de leurs positions différentes sur sept variables choisies *a priori* par Roussel.

Cette typologie appelle quelques réflexions.

1) Les critères correspondent à des images, c'est-à-dire qu'ils renvoient au système de représentations de Louis Roussel lui-même qui a choisi sept variables fondamentales pour définir les groupes familiaux.

2) Il est fort probable que dans la réalité, les familles organisent leur fonctionnement en hiérarchisant les variables, c'est-à-dire en reconnaissant à l'une ou l'autre une prééminence subjective qui fera que le groupe familial assurera sa survie en tant que tel ou au contraire, sortira d'un type pour entrer éventuellement dans un autre. Roussel reconnaît lui-même l'existence de cette hiérarchie qui fera que telle ou telle variable sera privilégiée, par exemple la nature de la solidarité, sera pour ainsi dire cause première et permettra de déduire la position qu'aura un groupe familial sur toutes les autres variables. En privilégiant ainsi l'une ou l'autre instance englobante, Roussel autorise le sociologue à légitimer sa propre thèse par un appareil d'observations et de mesures appropriées, c'est-à-dire qu'il reconnaît le caractère relativement tautologique de cette typologie. Face à cette attitude, écrit Roussel, une autre est possible, « celle qui consiste à n'en privilégier aucune, à les considérer toutes comme les éléments d'un système où chacune réagirait à toutes les autres » (1986 : 147)[80]. Mais alors on entre dans une perspective systémique et la typologie servira à nourrir un système théorique existant pour être utilisée à d'autres fins que celles pour lesquelles elle a été construite.

3) Aucun type n'existe « à l'état pur » dans la réalité et il est plus que vraisemblable que des familles puissent être classées dans un type par rapport à certaines variables et dans un second par rapport à d'autres variables. Par exemple, on peut imaginer sans difficultés que des familles s'inscrivent dans le type II eu égard au projet familial (variables 1, 2, 3, 4) et dans le type IV selon le critère des échanges (variable 6) sans pour cela que la famille n'éclate. Une thérapeute de famille pourra facilement se servir de cet outil de travail pour comprendre le système de représentations des familles et dégager les lieux où les systèmes entrent en contradiction, voire même en conflit.

4) La typologie de Roussel présente l'inconvénient d'être trop mécanique et par conséquent moins opérationnelle qu'elle n'y paraît. En

effet, elle est fondée sur l'hypothèse que selon que les membres d'une famille (quels membres?) privilégient tel ou tel ordre d'instance (par exemple le mariage, le couple), tel ou tel ordre de finalité (autonomie-fusion) ou encore telle ou telle nature de solidarité (survie-sentiment), ils se situeront plus ou moins dans telle case du tableau. Qu'intervienne un élément exogène à la famille comme par exemple la perte d'un emploi ou la mort d'un parent, et l'on risque bien de changer de case, de passer d'un modèle familial à un autre comme si l'on vivait sa vie familiale par rapport à une hiérarchie de variables sociologiquement privilégiées, de causes premières qui seraient davantage idéologiques que matérielles. La reconnaissance de la prééminence objective d'une variable comme, par exemple, celle de la finalité du groupe familial semble moins résulter d'un choix théorique fondé que d'un souci méthodologique, un peu trop envahissant chez les sociologues de la famille, de légitimer le champ qu'ils étudient par un appareil de mesure relativement élaboré. Je pense avec Louis Roussel (1986 : 151)[81] que l'institution «famille», dont il conviendrait d'ailleurs de préciser la nature par rapport à toute autre forme d'organisation de la vie privée, est inséparable du reste de la société, et que les formations familiales ne peuvent être analysées séparément des autres formations sociales avec lesquelles elles interagissent de manière permanente.

2. Le «qui sommes-nous?» de Jean Kellerhals[82]

Sur la base à la fois de travaux théoriques surtout anglo-saxons et de travaux empiriques menés auprès de familles genevoises, Jean Kellerhals et son équipe de chercheurs travaillent depuis plusieurs années sur les modes d'interaction et d'échange au sein des groupes familiaux. La typologie construite par Kellerhals est qualifiée par lui-même (1987)[83] de *subjectiviste*, dans la mesure où elle est construite à partir des discours des familles elles-mêmes, et *a posteriori*, parce qu'elle renvoie davantage à des travaux empiriques qu'à des présupposés théoriques.

Cette différence entre *typologies a priori*, d'une part, et *typologies a posteriori* d'autre part, réside davantage dans l'appellation que dans la manière même de procéder et que dans les résultats obtenus. En effet, la plupart des typologies *a priori* sont qualifiées d'objectivistes selon que l'on suppose intéressant de considérer un certain nombre de critères par lesquels les familles pourraient bien se regrouper et se différencier. On combine ensuite ces critères en les rassemblant et en éliminant certains d'entre eux pour construire des types auxquels on accole une étiquette : famille institution, famille alliance, famille fusion, famille association. Les critères choisis peuvent être macro-sociaux, c'est-à-dire qu'ils placent les familles en relation avec le reste de la société, soit dans une perspective strictement évolutionniste, soit en considérant la famille comme l'expression d'un système de classes et de reproduction propre à une société donnée. Les critères peuvent être aussi micro-sociaux, c'est-à-dire fondés sur des axes jugés essentiels dans une problématique de groupe transhistorique. Par opposition à ce premier genre de typologies, celle de Kellerhals construite à partir de scénarii «qui sommes-nous?», est qualifiée de subjectiviste et d'*a posteriori*, car les axes de cohésion, d'intégration, d'orientation, de médiation, retenus comme principaux, reposent sur des données empiriques, les familles venant se situer sur ces axes, de manière différentielle selon leur appartenance sociale.

Pour un exposé détaillé de la manière dont Kellerhals et son équipe ont analysé les tests d'autodéfinition et les traits retenus par les conjoints, je renvoie le lecteur vers les textes publiés par les auteurs (J. Kellerhals et P.Y. Troutot, 1985, 1986; J. Kellerhals, 1987)[84].

Ce que l'on peut retenir, c'est que 90 % des familles interrogées évoquent la cohésion et la régulation pour se définir tandis que 80 % évoquent l'intégration. Les deux référentiels de médiation et d'orientation n'interviennent que dans la moitié des familles.

Les trois axes que sont les styles de cohésion (fusion-autonomie), les modes d'intégration (repli-ouverture) et les genres de régulation (norme-communication) permettent de dégager un nombre limité de types de familles qui détiendraient des «propriétés essentielles» permettant d'expliquer les types d'éducation, les genres de rapports avec la parenté, avec les institutions, la répartition des rôles, etc. Selon les données genevoises, dans les milieux populaires, 50 % des familles seraient fondées sur la cohésion par fusion et la régulation normative. Ce sont des *familles bastions*. Chez les cadres et professions libérales, 37 % des familles sont fondées sur l'autonomie des membres et la régulation par la communication et sont appelées *familles négociations ou associations*. Le troisième type, appelé *familles compagnonnages*, fondées sur la fusion et la communication, ne semble pas suivre la pente précise des classes sociales et pourrait s'y retrouver de manière indifférenciée (J. Kellerhals, 1987)[85]. Ces trois types n'épuisent pas les différentes combinaisons possibles d'autodéfinitions mais constituent les trois types principaux de familles qui se retrouvent dans les divers milieux sociaux.

L'analyse micro-sociale des modes d'interactions familiales a le mérite de montrer la vanité des modèles évolutionnistes linéaires, mais ne résout pas le problème de la compréhension de l'articulation entre structures économiques, projets familiaux et biographies individuelles. En d'autres termes, si cette construction typologique, par son caractère inductif, possède des vertus heuristiques évidentes, par rapport à des typologies déductives globalisantes et mécanistes, elle ne résout pas tous les problèmes, notamment ceux de la fiabilité et la reproductibilité des types construits ainsi que celui de la dynamique familiale elle-même. Comme le souligne J. Kellerhals, « On est en face de comportements exploratoires. C'est dire que la validité externe de ces types (s'appliquent-ils à d'autres moments, d'autres lieux que ceux étudiés concrètement par le chercheur?) de même que leur validité interne (sont-ils exhaustifs pour le lieu et le temps analysés?) ne sont que mal définies» (J. Kellerhals, 1987 : 75)[86].

De plus, l'entreprise, à ce stade-ci de son développement, est toujours statique. La question de savoir comment et sous quelles influences internes et externes un groupe familial passe d'un genre de fonctionnement à un autre, et avec quelles crises de transition, n'est pas prise en compte dans cet effort de conceptualisation sociologique. Des sociologues et certains thérapeutes familiaux auraient intérêt à se rencontrer tant il est vrai que plusieurs thérapeutes systémistes contemporains (Ausloos, Caillé, Weithecon) ont fondé leurs typologies sur «l'équilibre» entre les forces de maintien des modèles dans le groupe et les forces d'invention de nouvelles formes de fonctionnement en raison de contraintes internes ou externes au groupe familial.

La typologie des « qui sommes-nous? » dont Kellerhals est le principal porte-parole dans la sociologie de langue française mais que l'on retrouve chez d'autres auteurs tel Claude Brodeur (1982)[87], possède bien des vertus mais appelle au moins deux réserves.

– La première est liée à la circularité dans le processus même de construction typologie. Les axes sont en effet repérés préalablement dans des discours théoriques et ce sont les discours des familles interrogées qui tantôt confirmeront les axes choisis, tantôt les feront abandonner. Cette circularité permet à J. Kellerhals d'écrire «qu'il y a une coïncidence assez forte entre les approches objectivistes et subjectivistes qui accordent une place centrale aux concepts de régulation, d'intégration et de cohésion» (1987 : 72)[88]. En réalité, s'il y a si peu de différence, c'est que les procédures de base sont les mêmes : les typologies subjectivistes *a posteriori* sont des typologies objectivistes *a priori* confirmées par des données empiriques sélectionnées pour conforter des axes choisis préalablement, sur une base théorique.

– La deuxième réserve que l'on peut faire vient de l'économie que font les typologistes, de la *dynamique* caractéristique de toute histoire de vie, toute histoire de famille, et par là même de leur négligence à l'égard de stratégies à court terme qui, soumises à des pressions internes ou externes, se développent à l'intérieur des projets familiaux pour en détourner le fil ou en ralentir le cours. En d'autres mots, le paramètre «temps» comme élément structurant la dynamique, est négligé au profit d'analyses statiques. Le temps est découpé selon une problématique où la famille est considérée comme ayant son champ d'activité propre indépendant des autres champs qui recouvrent des activités comme le travail professionnel, les loisirs, la vie associative...

b) Mouvantes et difficiles typologies

De manière générale, toutes les typologies familiales, qu'elles soient objectivistes ou subjectivistes, font l'hypothèse que l'on peut rapprocher la multiplicité des temps de la vie en un seul ensemble qui serait : «La Vie». L'interaction est cependant constante entre le donné d'une situation momentanée, si contraignante qu'elle puisse être, et les capacités des sujets à les maîtriser, les maintenir, les renforcer ou les changer (A. Pitrou, 1987)[89]. De plus, les typologies familiales pèchent par l'économie qu'elles font de la «multiplicité des temps sociaux» dont la configuration varie selon le sexe, l'âge, l'appartenance sociale, etc. Ainsi l'entrée dans le mariage, la maternité, l'achat d'un logement, le divorce sont autant de calendriers qui se chevauchent, se bousculent et entre lesquels le sujet doit définir seul ou en groupe le choix, la priorité dont il devra subir les effets en s'efforçant de ne pas abandonner le projet initial, si fragile ou si solide soit-il.

On peut faire l'hypothèse que les typologies familiales sont difficiles et mouvantes parce qu'elles reposent sur une fiction, celle de la notion même de *famille* conçue comme *unité* de temps et d'espace. Il vaudrait mieux parler, même en ce qui concerne la vie affective, d'acteurs qui réagissent ensemble ou séparément à des conditions d'existence choisies et imposées, ces réactions étant appelées à varier en fonction non seulement des ressources dont dispose chaque acteur, mais aussi des projets qu'il s'est fixé à la fois dans la sphère des projets privés et dans celle des projets publics. C'est la combinaison des ressources et des projets sans cesse à redéfinir qui constituera la trame de la vie familiale en même temps que l'itinéraire «familial-social», fait d'aller et retour, de va-et-vient permanents.

Parce que les acteurs ne maîtrisent pas leur temporalité et que les moyens dont ils disposent pour mener à bien leur projet sont incertains, la construction de typologies est très difficile : la précarité des structures économiques rend malaisée, sinon impossible la définition d'un projet volontariste linéaire. Le grand projet se fragmente en de multiples petits choix ou contraintes qui s'introduisent dans la famille par le biais de la relation étroite que cette structure entretient avec le reste de la vie sociale.

4. POUR L'ETUDE DE LA DYNAMIQUE FAMILIALE

L'effritement du modèle de la famille conjugale, l'observation dans la réalité de carrières conjugales instables, d'itinéraires familiaux mouvants ainsi que la multiplication statistique d'«isolés» dont la majorité d'entre eux le sont provisoirement, entre deux épisodes familiaux, ont amené de nombreux sociologues de la famille à revoir les paradigmes et les méthodes avec lesquels ils avaient l'habitude de travailler (modèles et typologies).

Cette tâche leur fut simplifiée dans la mesure où la sociologie générale abandonnait progressivement le structuro-fonctionnalisme des années 1950-1960 et les paradigmes réifiants du social. Comme j'ai déjà eu l'occasion de l'écrire plus haut, rien n'arrive seul et par hasard. La pensée philosophique et métaphysique d'avant 1970 était imprégnée des courants hégéliens et de la pensée marxiste. De nombreux sociologues, dont Bourdieu, se sont inscrits dans cette mouvance dont la composante principale est le déterminisme et la reproduction des structures. Ce courant déferla sur l'ensemble des champs sociaux et sur l'ensemble des domaines étudiés par les sciences humaines. Cependant, la fin des années 1970 verra, pour le monde francophone, le déclin des paradigmes déterministes et l'essor d'autres paradigmes, déjà anciens, mais qu'on avait quelque peu relégués pendant la période des années pré-soixante-huit. C'est ainsi qu'on parla beaucoup du retour du sujet du paradigme de l'acteur, de méthodes subjectivistes, de récits de vie. Tout ce bagage, qui fait aujourd'hui partie du prêt-à-porter de tout sociologue de pointe, a envahi la sociologie de la famille, qui se voyait affectée d'une tonalité d'urgence en même temps que ses modèles et ses méthodes devenaient de moins en moins efficaces. Dans ce type de débat, il est toujours difficile, voire même sans intérêt, de dégager la cause de l'effet. Toujours est-il que la sociologie de la famille recueillera les concepts véhiculés par les courants interactionniste et phénoménologique.

En outre, comme je l'ai écrit plus haut, la sociologie de la famille travaille aujourd'hui dans une perspective résolument interdisciplinaire et il n'est pas un de ses aspects qui n'ait bénéficié de l'apport de concepts venus de disciplines ayant d'autres objets mais néanmoins très proches. Ainsi, l'actualité démographique de ces vingt dernières années a posé à la sociologie toute une série de questions, notamment sur l'évolution linéaire des modèles familiaux. L'histoire a attiré l'attention des sociologues sur la permanente diversité des formes et des styles relationnels ; l'économie a apporté ses concepts pour aborder des phénomènes tels que la fécondité ou la production domestique. Le droit a mis l'accent sur les fonctions régulatrices d'événements à caractère privé, sur les lois qui régissent l'ordre social et l'ordre familial, ordres qui ne furent pas des invariants dans l'histoire de nos sociétés. La psychologie enfin, en mettant en évidence les systèmes de relations interpersonnelles qui se mettent en place dans les familles, a permis de mieux saisir l'aspect *dynamique* de la vie familiale, à travers notamment les théories du pouvoir, de l'autorité au sein des petits groupes. Le sociologue de la famille a bénéficié de tout cet apport, en y mettant ses propres accents, ses préoccupations essentielles. Pour mieux comprendre la perspective interactionniste et dynamique du fonctionnement actuel de la sociologie de la famille, un petit détour par trois stocks de connaissance, communs à toute la sociologie, est sans doute utile.

1. Paradigme de l'acteur et sociologie de la vie quotidienne

Claude Javeau qui est, dans la lignée de Georges Balandier, un des principaux promoteurs de la sociologie de la vie quotidienne, dans la sociologie de langue française, écrit :

« Si paradigme de l'acteur il y a, il signifie principalement que la société n'est plus conçue comme une totalité de nature holistique, *agissant* sur ses membres, organisés au sein d'institutions de divers types, par le biais d'une *conscience collective* différente de la somme des consciences individuelles (qui en sont le produit davantage que les producteurs) et vaguement supérieure à elle. A l'inverse, en effet, la société en vient à être comprise comme une construction par cercles concentriques, au départ des interactions les plus simples dans les situations les plus élémentaires. Elle se diversifie en interactions, certes, qui connaissent une certaine autonomie, mais c'est l'action incessante des hommes qui leur donne un sens » (Javeau, 1987 : 7)[90].

S'il s'agit là d'une version quelque peu simplifiée du paradigme de l'acteur qui prend ses sources épistémologiques chez des philosophes phénoménologues comme Husserl, Scheler, Levinas, chez des sociologues tels que Weber, Schütz, Goffman et chez les psycho-sociologues, beaucoup de sociologues contemporains n'hésitent pas à le placer au cœur même de l'expérience collective, c'est-à-dire dans la *vie quotidienne*. Celle-ci apparaît comme le degré zéro de la société, le terrain privilégié où se nouent les liens sociaux; le quotidien structure le «je», produit le «nous» et donne un sens premier à l'ordre social.

Il est sans doute légitime de voir dans ce paradigme la conséquence d'une méfiance observée à divers échelons de la vie sociale à l'égard des «récits fondateurs» dont l'expression dans le champ de la sociologie scientifique servait les «grands systèmes» que l'on appliquait à des objets postulés en extériorité radicale : le travail, le loisir, l'école, la famille. En même temps, on a souvent invoqué dans les sociétés modernes complexes, la perte de maîtrise des acteurs sur l'économique, le social, le politique. La fusion des ordres partiels dans un ordre mondial a probablement contribué à un «retour» des individus sur des positions plus restreintes. On a appelé le mouvement «privatisme», ou repli sur des unités de plus en plus petites et donc sur la vie intime appelée aussi vie privée (G. Lipovetsky, 1983)[91].

Ce repli sur la vie privée, les préoccupations d'épanouissement dans la sphère domestique, le primat accordé à un monde intérieur en opposition à un monde extérieur, l'idée de plus en plus répandue que la solution des problèmes personnels se trouve dans l'établissement de bonnes relations avec son environnement immédiat sont à la fois autant d'indicateurs de la thématique du quotidien mais aussi autant de raisons pour faire converger des intérêts scientifiques et culturels vers un lieu privilégié d'étude de ces mouvements sociaux : la famille.

Quel plus beau terrain en effet que cet espace typiquement privé et intime où se tissent les premiers liens sociaux, si l'on veut bien entendre par là à la fois l'*attachement* au sens le plus courant du terme et la *communauté*, fondée sur un projet, nourrie de sacré, d'autorité, de conscience collective et basée sur la communication entre ses membres?

Dans la famille, la thématique du quotidien, conçue à la fois comme la dénomination pratique accordée à l'espace le plus universel, ainsi qu'à la construction d'un banal, d'un répétitif, d'un insignifiant, trouve pleinement son sens. Le quotidien familial devient le lieu même de la production de signification. Celle-ci dérive de l'agencement d'interactions individuelles, selon des codes préétablis (codes sexuels) et dans un respect plus ou moins spontané, résistant, conforme de l'ordre social, imposé de l'extérieur par le biais des institutions.

Dans ce cadre théorique que constitue le paradigme de l'acteur, sur ce terrain que constitue la vie quotidienne, des sociologues ont développé des concepts comme celui de *mode de vie* (D. Bertaux et I. Bertaux-Wiame, 1980)[92]. Ce concept peut se définir comme «l'organisation de la vie quotidienne» ou, en d'autres termes, comme l'organisation de la production et de la reproduction de la vie privée, avec des ressources socialement et sexuellement différenciées.

Le recours au concept de «mode de vie», bien que très proche du sens commun, permet de faire l'écart avec d'autres termes que le langage usuel ne distingue guère, tels que «genre de vie», «style de vie», «conditions de vie», mais qui ont pris dans la littérature scientifique une signification particulière; après tout, les mots n'ont pas de sens, ils n'ont que des usages (P. Guirald, 1966)[93]. Si le terme «genre de vie» évoque les études anthropologiques, celui de «style de vie» renvoie à une école d'études de marché connue en Amérique et en France. Issue du marketing, cette école se caractérise par la volonté de faire l'économie de tout cadre théorique et de chercher le sens dans l'éphémère, l'imperceptible, l'intersticiel, tels qu'ils s'expriment dans les interviews en profondeur. Le réel est donné brut, sans médiation, il suffit de le prendre (I. Krief, 1984)[94]. A l'opposé, les études portant sur les «conditions de vie», peut-être pour se démarquer des sondages, privilégient les faits, les pratiques, les données dures et ne prennent pas pour objet le domaine des normes, des valeurs, des représentations. Si les styles de vie et les conditions de vie désignent un état, le *mode de vie* évoque, quant à lui, un processus et un calcul.

Avant d'analyser plus en détails le contenu de cette opération et le contexte dans lequel elle s'inscrit, il convient d'en resituer les racines scientifiques. Le concept de mode de vie a surtout été utilisé en socio-économie dans la foulée des travaux des néo-marginalistes américains. Des économistes, dont G. Becker (1960)[95] est le plus connu, vont tenter d'appliquer aux comportements familiaux, appelés décisions, la logique de la micro-économie. Les décisions de fécondité, d'allocation du temps féminin (travail professionnel et travail domestique) seront considérés par exemple comme le résultat d'un calcul coût/bénéfice. Ainsi, G. Becker va, à propos de la fécondité, suggérer que les parents opèrent un calcul rationnel. Ils allouent une quantité de ressources à un bien (l'enfant) considéré comme un bien de consommation «durable». Si les revenus sont élevés, ils auront tendance à avoir une famille nombreuse, si les revenus sont peu élevés, ils préféreront avoir moins d'enfants de manière à pouvoir investir davantage dans leur éducation. Becker croit ainsi pouvoir expliquer pourquoi, après la seconde guerre mondiale, la fécondité semble croître avec le niveau de revenus alors que les classes riches avaient été les premières à réduire leur descendance dès le XIXe siècle. La fécondité élevée des milieux très pauvres, inexplicable d'après ce schéma, est alors renvoyée à un manque d'informations en matière de contraception.

Il est clair qu'il est difficile de partager cette vision de l'«homo economicus» appliquée à la fécondité. Pourtant, des sociologues comme D. Bertaux, Fr. de Singly, J. Kellerhals notamment vont garder cette idée de calcul ou en tout cas d'opérations effectuées par les familles (ou les individus la composant) concernant une série de comportements (mariage-fécondité, division des rôles, etc.) tout en sociologisant l'approche. Ainsi, chaque comportement ou ensemble de comportements familiaux seront considérés comme objet d'une opération de gestion de la part des familles (ou des individus la composant) mais les différents paramètres de l'équation (les ressources, les besoins, les contraintes, les satisfactions, ...) seront passés au crible de l'analyse sociologique.

Etudier les modes de vie suggère alors l'idée d'une étude des *réponses* que les acteurs sociaux vont donner à leurs conditions d'existence ou comme l'écrit D. Bertaux (1981)[96], le *mode d'organisation* de la production et de la reproduction familiale. Cette idée d'opération consciente ou inconsciente des acteurs contemporains (individus ou sujets d'une classe sociale) est également utilisée dans d'autres secteurs de la recherche en sociologie. L'axiomatique de l'intérêt est en effet présente dans les travaux de Boudon, de Crozier ou de Bourdieu (ce dernier parlant à ce propos de stratégie des acteurs sociaux définie à partir d'un habitus de classe). On peut critiquer l'aspect clos et universel d'une telle axiomatique de l'intérêt : c'est ce qu'a fait A. Caille (1981)[97] à propos des trois auteurs cités. Néanmoins, et en précisant un certain nombre de points, cette approche nous paraît revêtir un intérêt heuristique dans le domaine qui nous concerne.

En effet :

a) Quelle que soit l'expression utilisée par les auteurs auxquels nous faisons référence, «stratégie familiale» pour A. Pitrou (1983)[98], «mobilisation» pour P. Culturello et Fr. Godard (1984)[99], il s'agit de mettre en évidence le rôle de l'*acteur* «famille» dans un contexte où tout n'est pas joué d'avance.

b) Le refus de considérer la sphère de la vie privée comme entièrement déterminée par la sphère productive s'accompagne néanmoins de l'idée que les modes de vie sont largement dépendants des contraintes matérielles (D. Bertaux, 1981)[100] et que les acteurs contemporains n'agissent pas dans un vide culturel et social. Autrement dit, les contraintes et les ressources socialement définies vont baliser les zones d'autonomie à l'intérieur desquelles les familles sont à même de faire des choix en tenant compte des «codes» sociaux que leur lègue l'histoire (J. Kellerhals *et al.*, 1982)[101].

c) Si les modes de vie ainsi conçus sont relativement stables — on n'en change en effet pas du jour au lendemain —, il convient cependant de les considérer non comme des structures mais comme une «structuration» du quotidien; ils ne sont pas de simples processus d'adaptation-régulation des contraintes et des ressources mais ils impliquent l'existence de «*projets*» conçus par les acteurs. Nous reviendrons sur cette notion de projet qui est centrale en sociologie de la famille et dont J.-P. Sartre nous disait qu'il différencie, avec le langage, l'homme de l'animal : «Tout homme se définit par son projet».

2. Histoires de vie, trajectoires sociales et projets familiaux

Le choix d'une méthode particulière pour étudier tel ou tel objet sociologique n'a rien d'anodin. Non seulement il engage la personne qui fera la recherche dans un certain rapport au terrain, certaines pratiques existentielles, de plus, il contient en filigrane des formes de pensée et en exclut d'autres.

L'approche biographique, les histoires et récits de vie, qui connaissent depuis dix ans un engouement certain, participent d'une nouvelle perspective en sociologie, issues à la fois de la critique radicale du positivisme et d'une saturation éprouvée par de nombreux chercheurs des délices de la quantification, des régularités statistiques et de méthodes dont l'intérêt principal résidait dans la virtuosité technique.

Cette critique du positivisme est à la mesure du renouvellement de la méthodologie qualitative et nous oblige à reconnaître que le statut de l'explication est discuté désormais là où il paraissait avoir acquis quelques lettres de noblesse (G. Houle, 1986)[102]. Cette nouvelle problématique méthodologique réunit tous les éléments du débat opposant les quantitativistes aux qualitativistes et l'enjeu stratégique que représente l'analyse des histoires de vie, au niveau de la connaissance, pourrait bien nous faire dépasser ce faux débat qui avait déjà marqué la sociologie à Chicago, à la fin des années 1930. Le problème de savoir si les histoires de vie constituent une méthode, une technique ou un objet de connaissance ne doit pas nous préoccuper ici. Il existe sur ce sujet une littérature abondante à laquelle je renvoie le lecteur.

La question qui n'intéresse plus directement est de savoir quelles fonctions cette méthode remplit et en quoi elle sert l'étude de la famille.

Selon D. Berthaux (1986)[103], la méthode biographique remplit au moins trois fonctions : exploratoire, analytique et expressive. Je n'envisagerai ici que les deux premières, la troisième relevant plutôt de la forme, de l'écrit.

a) *La fonction exploratoire* permet d'entrer dans un terrain nouveau et de commencer à y chercher les processus essentiels, les traits structurels saillants, les enjeux centraux. Dans l'étude de la vie familiale, les récits de vie recueillis, à ce stade exploratoire, permettent de comprendre les lignes de force, les enjeux qui se situent au centre de décisions importantes, comme celle d'avoir des enfants et combien, de divorcer, de se remarier, etc.

Exemple :

Cette jeune femme de 26 ans, universitaire, qui me dit brutalement qu'elle a un enfant de deux ans et qu'elle n'envisage pas d'en avoir un second. Après un entretien plus long avec elle, je comprends qu'elle débute dans un emploi, que son mari a repris des études et que matériellement et psychologiquement elle ne pourrait assumer la charge de deux enfants pour le moment. « La décision n'est pas définitive », dit-elle.

La multiplication de récits de vie met en évidence les « projets familiaux à long terme » (exemple : la descendance) et les stratégies à plus ou moins court terme qu'on a dû introduire pour permettre au projet à long terme de se maintenir ; par exemple : arrêter l'aménagement d'une maison et partir en vacances pour souffler un peu ; faire un troisième enfant car le coût du troisième serait moins lourd que celui d'une promotion professionnelle qui entraînerait une mobilité géographique importante pour la mère.

b) *La fonction analytique* est le moment de la mise en rapport des phénomènes, de l'esquisse des typologies, du passage aux hypothèses et à la construction d'une théorie. Il est très fréquent que dès les premières observations (les premiers récits de vie, par exemple) de fortes intuitions se dégagent. Il reste à les rendre explicites, à réfléchir sur les causes et les conséquences de tel ou tel phénomène qu'on a pu discerner, à rapprocher des faits apparemment sans rapport. La répétition d'observations jusqu'à *saturation* (D. Bertaux, 1980)[104], c'est-à-dire l'assurance qu'on a, d'avoir « mis le doigt sur le social », s'exprimant à travers des voix individuelles, permet de dégager des lignes théoriques dont on cherchera à prouver la solidité.

En matière de familles, une des grandes lignes de force dégagée des récits de vie, ou plus exactement des données longitudinales est l'articulation entre les trajectoires professionnelles (ensemble de biographies professionnelles), les trajectoires familiales (biographies familiales) et les trajectoires de migration (biographies résidentielles). Cette articulation a dégagé deux champs d'étude distincts : le travail et la famille, rassemblés désormais sous un thème commun, *trajectoires et histoires sociales et familiales*.

Les cliniciens ont toujours compris, par l'anamnèse, l'intérêt que constituent des informations situées en amont d'un symptôme présenté. Des sociologues, comme Bertaux, Ferrarotti, Cipriani et bien d'autres, ont saisi à quel point non seulement le général se comprenait par le particulier mais aussi à quel point chaque acteur social construisait son itinéraire personnel en faisant interagir des données objectives et non contrôlables (sexe, âge, profession des parents) et des données subjectives provenant de la perception que chaque individu possède de sa généalogie, de son histoire et de celle de sa famille.

En matière familiale, la (re)constitution de trajectoires permet de rendre compte des diverses logiques possibles sous-jacentes à l'élaboration d'un projet. Un système familial est une dynamique complexe qui fait intervenir des acteurs interagissants, porteurs de projets et de mémoires familiales. Les projets sont une série de points de repères, objectifs et subjectifs, sur la trame des itinéraires personnels. Selon le mode subjectif, construire un ou des projets personnels, c'est s'inscrire librement dans une société dynamisée par l'addition de volontés individuelles. Selon le point de vue opposé, le projet ne peut être que l'intériorisation des chances objectives d'y arriver (I. Bertaux-Wiame, 1987)[105].

Tous ceux qui ont un jour recueilli des récits de vie, et j'en suis, savent à quel point on ne peut opposer les projets subjectifs et objectifs. Toutes les familles se fixent des avenirs probables, mais à l'intérieur de ces avenirs, elles s'aménagent des stratégies, des mobilisations, des projets plus courts pour faire face aux événements qu'elles subissent (exemple : la mort d'un conjoint, la perte d'un emploi), qu'elles choisissent (un enfant, une rupture). Si chaque situation est particulière, les routes à suivre pour atteindre tel ou tel objectif sont des routes sociales, communes à beaucoup d'acteurs. Les suivre impose certaines exigences socialement définies. Les projets familiaux, professionnels sont donc construits face à des réalités objectives et à partir d'une *perception* orientée de ces réalités. Celles-ci ne se limitent pas à des contraintes : elles sont aussi faites de ressources, d'occasions, d'ouvertures vers d'autres possibles.

Dans un article intitulé « *Le projet familial* », Isabelle Bertaux-Wiame (1987) [106] souligne les difficultés de saisir les projets familiaux à la fois dans la dialectique opposant l'extériorité et l'intériorité, et en tenant compte de projets passés, antérieurs, formulés plus ou moins clairement dans un temps parfois si éloigné qu'il est absorbé par la mémoire individuelle ou collective.

Les histoires de vie, la méthode des trajectoires paraît en ce moment la plus efficace, sinon la plus vraie, pour rendre compte des conditions de production des projets familiaux, dans une réalité aussi complexe que celle des groupes familiaux passés, présents et à venir.

Les différentes logiques qui font du groupe familial un ensemble complexe et contradictoire traversent l'élaboration des projets familiaux. Ils reflètent nécessairement les conditions paradoxales de l'existence familiale elle-même. Alors se posent toute une série de questions. Est-ce qu'une famille peut se caractériser par son projet ? Est-ce que toute famille a un projet ? Qui des hommes et des femmes en a l'initiative ? Sur qui repose la charge de l'exécution ? A partir de quelles ressources se feront les mobilisations ? Ce projet est-il individuel ou collectif ? S'agit-il du projet du couple ou bien du projet de l'un de ses membres qui mobilise l'autre à des fins qui ne sont pas les siennes propres ? S'agit-il d'un seul projet à long terme ou de plusieurs pouvant entrer en concurrence les uns avec les autres (par exemple, le travail et les enfants) ? Questions de méthode, mais aussi questions fondamentales qui mettent le *projet familial* au centre des analyses des parcours sociaux des familles, des trajectoires et histoires de ces familles. On aura l'occasion d'y revenir dans l'étude des comportements concrets.

3. Temps et dynamique familiale

Le troisième stock de connaissances sociologiques dans lequel la sociologie de la famille puise des concepts est relatif à l'étude du *temps* — le temps comme histoire, comme durée, comme denrée.

Tous les concepts présentés plus haut, comme ceux de « mode de vie », de « trajectoire », d'« itinéraire », de « projet », de « cycle de vie », mettent en œuvre un concept plus fondamental qui est celui du *temps* : temps historique, temps biographique, temps social.

Parmi les disciplines des sciences humaines, si l'on fait exception de la philosophie, l'anthropologie est celle qui a accordé au temps une place centrale. Lévi-Strauss disait lui-même que le temps ordonne l'humanité et qu'on ne peut éliminer l'histoire de l'étude des sociétés. La maladroite distinction entre les peuples sans histoire et les autres, écrit Lévi-Strauss dans *La Pensée Sauvage* (1962)[107], peut être avantageusement remplacée par celle de sociétés «froides» et sociétés «chaudes», les unes cherchant, grâce aux institutions qu'elles se donnent à annuler de façon quasi automatique l'effet que les facteurs historiques pourraient avoir sur leur équilibre et sur leur continuité, les autres intériorisant résolument le devenir historique pour en faire le moteur de leur temporalité.

Toute société est dans l'histoire qu'elle change; le but des sociétés froides, appelées aussi primitives, est de rendre aussi permanents que possible des états qu'elles considèrent comme un principe de leur développement. Le temps est ici une longue durée.

Il est assez paradoxal de constater, comme le faisait Georges Balandier à l'Université Catholique de Louvain (1987)[108], que c'est au moment où l'anthropologie perd ses terrains d'investigation que l'approche anthropologique est saisie par les autres sciences humaines : que ce soit l'histoire avec son intérêt nouveau pour le quotidien, les petites choses de la vie, ou la sociologie qui redécouvre avec les récits de vie les vertus des méthodes ethnologiques.

L'anthropologie nous donne le temps comme cadre d'analyse; de nombreux sociologues, dont Gurvitch, ont travaillé le concept des temps sociaux. Certains en reparlent aujourd'hui à propos d'objets concrets. Je pense notamment à Christian Lalive d'Epinay, avec ses études sur la vie des personnes âgées (1983)[109].

Qu'en font les sociologues de la famille?

Annette Langevin, qui fut une pionnière dans l'étude des temps sociaux appliqués notamment aux âges de la fertilité (1981, 1984)[110] et aux itinéraires sexués (1985)[111], fait le constat suivant.

«La famille est très généralement ressentie comme une entité directement soumise et dépendante de la notion de durée. Institution de prise en charge du renouvellement des générations, lieu de transmission des biens et des systèmes de valeur... il semble que tout dans le système social se ligue pour susciter et garantir la continuité de cet acteur collectif. L'idée de la famille est corrélative de multiples formes matérielles et symboliques du temps qui passe : le groupe vit une histoire collective et au sein de cette histoire s'opère un équilibre des comportements correspondant aux différents âges de la vie qui s'y côtoient» (1987)[112].

Selon Annette Langevin (1987)[113], trois modèles sociologiques stabilisés et devenus classiques peuvent être utilisés alternativement ou simultanément pour tester l'évolution des pratiques familiales dans le temps :

1) les cycles de vie ;
2) les âges de la vie ;
3) les courbes socio-professionnelles, ou âges marchands.

Reprenons-les brièvement.

1) *Le cycle de vie* donne une vision d'un temps circulaire en retour sur lui-même à l'identique et à l'infini. La forme cyclique fige un idéal type à partir d'une vision naturelle des choses : le cycle des saisons, des jours, des ans.

Le cycle de vie familial renvoie au rôle naturel de la femme dans le renouvellement des générations : le retour des saisons. La naturalisation du cycle de vie trouve un champ d'application très précis dans l'institution familiale en tant que régulateur des rapports sociaux. Certains sociologues américains n'ont-ils pas distingué en effet neuf phases dans le cycle de vie «normal» qui va de la formation du couple à la retraite, en passant par les différents âges des enfants, dans le but unique de préciser les modalités des rapports parents-enfants ?

2) *Les âges de la vie* renvoient à la forme linéaire, standardisée des âges de la vie chronologique bâtie sur le modèle du temps parcellisé à la façon de Taylor. Cette chronologie permet de fixer l'«avance» et le «retard» maîtrisés dans le présent. Elle situe les bornes entre le «trop tôt» (pour les relations sexuelles) et le «trop tard» (pour la maternité) d'activités ou d'attributs qui sont fixés dans un modèle stable.

3) *Les courbes socio-professionnelles* ou les trajectoires professionnelles, associent systématiquement le devenir professionnel et des stratégies conjugales et/ou parentales en dessinant une courbe qui va de l'aube à l'apogée et ensuite au déclin.

Cette courbe situe l'apogée à l'âge adulte à partir d'une représentation de la mobilité socio-professionnelle correspondant à la valeur marchande du temps rémunéré dans le salariat et au pouvoir que confère le revenu au sein de la famille. «A chaque fois, écrit Annette

Langevin, nous sommes confrontés au cadre symbolique d'un imaginaire actif qui décrit, enserre, détermine, ... et tend à orienter les pratiques» (1987)[114].

On peut se demander aujourd'hui où en est l'immuable nature et le cycle de la production d'enfants? Les maternités tardives font légion. Où se trouve la cohérence chronologique de l'avancée en âge sur le marché du travail, vieillissant et restreint? Que veut dire avoir quarante ans, cinquante ans pour un homme ou une femme d'aujourd'hui quand il ou elle peut espérer en vivre soixante-dix ou quatre-vingts, et peut-être même ensemble? Qu'est-ce que l'âge en dehors de la date de naissance sur la carte d'identité? Peut-on y lire les capacités réelles ou doit-on le concevoir davantage comme l'élément de stratégies d'exclusion ou de sélection sociale?

Voilà toute une série de questions que la problématique du temps renvoie à la sociologie de la famille de manière aiguë et qui font de ce champ d'études un des domaines les plus riches de la sociologie dans la mesure où la famille, bien qu'ayant perdu la plupart de ses fonctions, nous renvoie au système complexe et dynamique des rapports sociaux de classe et de sexe, des relations sociales inter-personnelles fondées sur le choix et l'affinité. Ces rapports et relations traversent toute la société mais trouvent leur ancrage dans un petit groupe privilégié, le groupe familial, tout au long de ses itinéraires singuliers, mouvants, tortueux.

NOTES ET BIBLIOGRAPHIE

[1] LÉVI-STRAUSS Cl., Préface à *l'histoire de la famille*, éditée par A. Burguière *et al.*, Paris, Armand Colin, t. I, pp. 9-14.
[2] LE PLAY F., *L'organisation de la famille*, Paris, TEQUI, 1871.
[3] DURKHEIM E., «La famille conjugale», *op. cit.*, 1892.
[4] MORGAN L.H., *Ancient Society, or Researches in the Lines of human Progress from Savagery through Barbarism, to Civilization*, Londres, Macmillan, 1877.
[5] LASLETT P., *Un monde que nous avons perdu; famille, communauté et structure sociale dans l'Angleterre pré-industrielle*, Paris, Flammarion, 1969.
[6] BURGUIÈRE A., «Le colloque de démographie historique de Cambridge. La famille réduite : une réalité ancienne et planétaire», in *Annales ESC*, 1969, n° 6.
[7] SHORTER E., *Naissance de la famille moderne*, Paris, Seuil, 1977.
[8] SHORTER E., *op. cit.*, 1977, p. 18.
[9] ARIÈS Ph., *L'enfant et la vie familiale sous l'Ancien Régime*. Paris, Seuil, 1973. — FLANDRIN, J.L., *Famille, parenté, maison, sexualité dans l'ancienne société*, Paris, Hachette, 1976.
[10] KELLERHALS J. et al., *Mariages au quotidien*, Lausanne, Favre, 1982.
[11] ARIÈS Ph., *op. cit.*, 1973.
[12] SOLE J., *L'amour en Occident à l'époque moderne*, Paris, Albin Michel, 1976.
[13] MOUNT F., *La famille subversive*, Bruxelles, Mardaga, 1982.
[14] Une seule famille est plus facile à gérer, moralement et légalement.
[15] KAUFMANN J.C., «La formation de l'intimité domestique» in *La famille instable*, revue interuniversitaire de Sciences et Pratiques Sociales, Paris, Ed. ERES, mars 1986, n° 1, pp. 11-19.
[16] TOCQUEVILLE A. de, *La démocratie en Amérique*, Paris, Ed. Garnier-Flammarion, éd. de 1981.
[17] DURKHEIM E., *Leçons de sociologie*, Paris, P.U.F., éd. de 1969.
[18] SHORTER E., *op. cit.*, 1977, p. 323
[19] KELLERHALS J., *op. cit.*, 1982, pp. 24 et ss.
[20] SENNETT R., *Les tyrannies de l'intimité*, Paris, Seuil, éd. de 1979.
[21] LIPOVETSKY G., *L'ère du vide*, Paris, Gallimard, 1983.
[22] TOCQUEVILLE A. de, *op. cit.*, 1981. — DURKHEIM E., *op. cit.*, éd. de 1969.
[23] BERGER P. et LUCKMANN Th., *La construction sociale de la réalité*, Paris, Méridiens-Klincksiek, 1986, (en anglais, *The Social Construction of Reality*, 1re éd., 1966).
[24] ENGELS F., *L'origine de la famille, de la propriété privée et de l'Etat*, Paris, Editions Sociales, éd. de 1974.
[25] PARSONS T. et BALES R., *Family, Socialization and Interaction Process*, New York, Glencoe, The Free Press of Glencoe, 1955. Parmi les théories contemporaines sur la famille, il faut citer celles de Cl. LÉVI-STRAUSS (*Les structures élémentaires de la parenté*, 1re éd., 1947) ou de G. TILLION (*Le harem et les cousins*, 1966) mais ces auteurs de par leur formation anthropologique, ont situé le problème du mariage et de la parenté dans le contexte des sociétés dites archaïques, tandis que Talcott Parsons l'a situé dans le cadre des sociétés industrielles modernes.
[26] PARSONS T., *op. cit.*, 1955.
[27] KELLERHALS J., PERRIN J.F., STEINAUER-CRESSON G., VONECHE L. et WIRTH G., *Mariages au quotidien*, *op. cit.*, 1982.
[28] MARSHALL A., *Principles of Economics (1920)*, Londres, Macmillan, 8e éd., 1966.
— BECKER G.S., «A theory of the allocation of time» in *The Economics of Women and Work*, Amsden Aline (éd.), New York, Penguin Books, 1980, pp. 52-81. — De nombreux économistes ont discuté de l'opportunité de monétariser la production domes-

tique. On trouvera un bon résumé des différents courants dans l'ouvrage de L. VAN-DELAC et al., *Du travail et de l'amour*, Montréal, éd. St-Martin, 1985.
[29] KELLERHALS J. et al., *op. cit.*, 1982, p. 21.
[30] BADINTER E., *L'amour en plus*, histoire de l'amour maternel, XVII-XXe siècles, Paris, Flammarion, 1980.
[31] ARIÈS Ph., *op. cit.*, 1973. — SHORTER E., *op. cit.*, 1977.
[32] DONZELOT J., *La police des familles*, Paris, Minuit, 1977.
[33] MENAHEM G., «Les mutations de la famille et les modes de reproduction de la force de travail» in *L'homme et la société*, 1979, n° 53-54, pp. 63-101.
[34] MICHEL A., *Sociologie de la famille et du mariage*, Paris, P.U.F., 1972, p. 122.
[35] BALANDIER G., *Sociologie des Brazzavilles noires*, Paris, Armand Colin, 1955.
[36] MENAHEM G., *op. cit.*, 1979. — ROUSSEL L., «Mariages et divorces, Contribution à une analyse systématique des modèles matrimoniaux» in *Population*, 1980, n° 6, pp. 1025-1039. — KELLERHALS J. et TROUTOT P.Y., «Milieu social et types de famille : une approche interactive» in *Histoires de vies, histoires de familles, trajectoires sociales*, Annales de Vaucresson, 1987, n° 26, pp. 91-108. — KELLERHALS J., «Le lien social : le problème des types d'interactions dans les groupes» in *Bulletin de l'AISLF*, Genève, 1987, n° 4, pp. 59-78.
[37] COURSON J.P., «Les ménages n'auront plus de chef» in *Economie et Statistique*, Paris, INSEE, 1982, n° 149, pp. 47-55. — VILLAC M., «Les structures familiales se transforment profondément» in *Economie et Statistique*, Paris, INSEE, 1983, n° 152, pp. 39-53. — VILLAC M., «Structures familiales et milieux sociaux» in *Economie et Statistique*, Paris, INSEE, 1984, pp. 135-152.
[38] SUSSMAN M.P. et BURCHINAL L., «Kin-family Network» in *Mariage and Family Living*, 1962, n° 24, pp. 231-240. — LITWAK E., «Occupational Mobility and Extended Family Cohesion» in *American Sociological Review*, 1960, n° 25, pp. 9-21. — LITWAK E. et SZELENYI I., «Primary group structures and their functions : Kin, Neighbours and Friends» in *American Sociological Review*, 1969, n° 34, pp. 465-281.
[39] PITROU A., *Vivre sans famille?*, les solidarités familiales dans le monde d'aujourd'hui, Toulouse, Privat, 1978.
[40] PITROU A., *op. cit.*, 1978, p. 223.
[41] PITROU A., «Dépérissement des solidarités familiales» in *l'Année Sociologique*, 1987, vol. 37, pp. 207-223.
[42] En France, il s'agit de sondages réalisés régulièrement par le CREDOC. En Belgique, il s'agit de sondages réalisés par l'INUSOP (en 1982, 1984, 1986, 1987).
[43] DELOOZ P., «Les valeurs dans la famille» in *L'univers des Belges*, éd. par Rezsohazy R. et Kerkhofs J., Louvain-la-Neuve, CIACO, 1984, pp. 117-130.
[44] BAWIN-LEGROS B. et SOMMER M., *Recherche sur les besoins des parents en matière de garde d'enfants de moins de 7 ans*, étude demandée par l'ONE, Belgique, rapport ronéotypé, Université de Liège, 1985.
[45] BAWIN-LEGROS B. et SOMMER M., *Modes de vie des familles en Belgique francophone en 1985*, étude réalisée pour le Ministre des Affaires Sociales de la Communauté française de Belgique (rapport ronéotypé), Université de Liège, 1986.
[46] GOKALP C., «Le réseau familial» in *Population*, 1978, n° 33-36, pp. 1077-1094.
[47] PITROU A., *op. cit.*, 1987, pp. 219-220.
[48] DONZELOT J., *op. cit.*, 1977.
[49] FRIEDAN B., *La femme mystifiée*, Paris, Gonthier, 1964. — MILLETT K., *La politique du mâle*, Paris, Stock, 1970.
[50] MICHEL A., «Rôles masculins et féminins dans la famille. Un examen de la théorie classique» in *Information sur les sciences sociales*, 1971, vol. 10. — MICHEL A., *op. cit.*, 1972. — MICHEL A. (éd.), *Les femmes dans la société marchande*, Paris, P.U.F., 1978 (ouvrage collectif).

[51] REMY J., « La dichotomie privé/public dans l'usage courant : Fonctions et genèse » in *Recherches Sociologiques*, 1973, n° 3, pp. 10-38.
[52] KELLERHALS J. et al., *op. cit.*, 1982.
[53] TOUZARD H., *Enquête psychosociologique sur les rôles conjugaux et la structure familiale*, Paris, CNRS, 1967. — MICHEL A., *Activité professionnelle de la femme et vie conjugale*, Paris, CNRS, 1974. — RAPOPORT R. et R., *Une famille, deux carrières*, traduit de l'anglais *The Dual Career Family*, Paris, Denoël, 1973. — YOUNG M. et WILMOTT P., *Symetrical Family, A Study of Work in the London Region*, Londres, Routledege and Kegan, 1973. — ROUSSE H. et ROY C., « Activités ménagères et cycles de vie » in *Economie et Statistique*, 1981, n° 131, pp. 59-67. — KELLERHALS J. et al., *op. cit.*, 1982.
[54] VANDELAC L., BELISLE D., GAUTHIER A. et PINARD Y., *Du travail et de l'amour*, Montréal, Editions St-Martin, 1985.
[55] APRE, Atelier Production Reproduction, collectif, CNS-PITREM a publié 6 cahiers de 1985 à 1986 et a organisé un colloque international sur les *Rapports sociaux de sexe* à Paris du 20 au 24 novembre 1987 à l'IRESCO, Paris.
[56] COMBES D. et HAICAULT M., « Production et reproduction, rapports sociaux de sexes et de classes » in *Le sexe du trvail* (coll.), Grenoble, P.U.G., 1984, pp. 155-174.
[57] DE COSTER M., *L'analyse en sciences humaines*, Paris, P.U.F., 1978.
[58] BOUDON R., *La crise de la sociologie*, Paris, Genève, Droz, 1971.
[59] SEGALEN M., *Sociologie de la famille*, Paris, Armand Colin, 1981.
[60] MENAHEM G., « Les mutations de la famille et les modes de reproduction de la force de travail », *op. cit.*, 1979.
[61] ROUSSEL L., « Mariages et divorces. Contribution à une analyse systématique des modèles matrimoniaux » in *Population*, 1980, n° 6, pp. 1025-1039.
[62] FERRAND M., « Modèles familiaux et rapports sociaux de sexe » in *Cahiers de l'APRE*, Paris, CNRS-PITREM, 1986, n° 5, pp. 33-38.
[63] LE PLAY F., *op. cit.*, 1871.
[64] LASLETT P., « La famille et le ménage : approches historiques » in *Annales*, ESC, n° spécial Famille et Société, 1972, n°s 4-5, pp. 847-870.
[65] VILLAC M., *op. cit.*, 1983-1984.
[66] ROUSSEL L., *op. cit.*, 1986.
[67] SEGALEN M., *Sociologie de la famille*, Paris, Armand Colin, 1981, p. 192.
[68] MENAHEM G., *op. cit.*, 1979.
[69] LEFAUCHEUR N., « De la diffusion (et) des (nouveaux) modèles familiaux et sexuels » in *Recherches Economiques et Sociales*, 1982, n° 2, pp. 41-60. — KELLERHALS J. et al., *op. cit.*, 1982.
[70] BARRÈRE-MAURRISON M.A., « Structures économiques et structures familiales : émergence et construction d'une relation » in *Année Sociologique*, 1987, pp. 67-91.
[71] BARTHELEMY M., MUXEL A. et PERCHERON A., « Et si je vous dis famille... » in *Revue Française de Sociologie*, 1986, XXVII, pp. 697-718.
[72] ROUSSEL L., *op. cit.*, 1980.
[73] FERRAND M., *op. cit.*, 1985, p. 36.
[74] DURKHEIM E., *Les règles de la méthode sociologique* (1895), Paris, P.U.F., éd. de 1963.
[75] LAZARSFELD P. et BOUDON R., *Vocabulaire des sciences sociales*, Paris/La Haye, Mouton, 1965.
[76] BAWIN-LEGROS B. et SOMMER M., « Famille/familles : difficiles et mouvantes typologies » in *Revue Internationale d'Action Communautaire*, Montréal, 1987, 18/58, pp. 47-56.
[77] KELLERHALS J., TROUTOT P.Y. et LAZAGA E., *Micro-sociologie de la famille*, Paris, P.U.F., 1984, coll. « Que sais-je ? », n° 2148.

[78] Toutes ces références sont tirées du livre de J. KELLERHALS et al., *Micro-sociologie de la famille*, 1984, op. cit., pp. 27-34.
[79] ROUSSEL L., «Du pluralisme des modèles familiaux dans les sociétés post-industrielles» in *Familles d'Aujourd'hui*, actes du colloque de l'AIDELF, Genève, 1984; Paris, INED, 1986, pp. 143-152.
[80] ROUSSEL L., op. cit., 1986, p. 147.
[81] ROUSSEL L., op. cit., 1986, p. 151.
[82] La typologie de Kellerhals est reprise dans plusieurs articles dont je cite les principaux, du moins ceux qui me sont parvenus.
[83] KELLERHALS J., «Le lien social : le problème des types d'interactions dans les groupes» in *Bulletin de l'A.I.S.L.F.*, Genève, 1987, n° 4, pp. 59-77.
[84] KELLERHALS J., et TROUTOT P.Y., «Une construction interactive de types familiaux : essai de combinaison des méthodes quantitatives et qualitatives» in *Colloque de la Chaire Quetelet 1985*, Louvain-la-Neuve, 1985, Département de Démographie, 27 pages.
— KELLERHALS J. et TROUTOT P.Y., «Milieu social et types de famille : une approche interactive» in *Annales de Vaucresson*, CRIV, 1987, n° 26, pp. 91-108. — KELLERHALS J., op. cit., 1987, pp. 59-77.
[85] KELLERHALS J., op. cit., 1987, pp. 59-77.
[86] KELLERHALS J., op. cit., 1987, p. 75.
[87] BRODEUR Cl., *Portraits de famille*, une typologie structurelle du discours familial, Montréal, Ed. France-Amérique, 1982.
[88] KELLERHALS J., op. cit., 1987, p. 72.
[89] PITROU A., «La notion de projet familial : conditions de vie et stratégies familiales à court et long terme», communication au colloque, «Temps et Dynamique Familiale», Liège, 1987 (à paraître dans *Actes du Colloque*, Presses Universitaires de Liège, 1988).
[90] JAVEAU Cl., «Le paradigme de l'acteur et la sociologie de la vie quotidienne : élargissement du champ sociologique ou rétrécissement du troisième état Comtien?» in *Micro et Macro-sociologie du Quotidien*, Actes des Journées d'études de Bruxelles, 12-15 mai 1981, éd. Cl. Javeau, Bruxelles, Editions de l'Institut de Sociologie, 1983, pp. 6-16.
[91] LIPOVETSKY G., *L'ère du vide*, op. cit., 1983.
[92] BERTAUX D. et BERTAUX-WIAME I., «Mémoire autobiographique et mémoire collective», communication présentée au Colloque de l'Ecomusée du Creuzot sur la *Mémoire Collective*, 1980.
[93] GUIRALD P., *La sémantique*, Paris, P.U.F., Que sais-je?, 1966.
[94] KRIEFF I., «Les styles de vie : pour une réinterprétation de la notion de tendance» in *Consommation*, 1981, n° 4, pp. 63-72.
[95] BECKER G., «An Economic Analysis of Fertility» in *National Bureau of Economic Research*, 1960, pp. 204-260.
[96] BERTAUX D., «Vie quotidienne ou modes de vie?» in *Revue Suisse de Sociologie*, 1983, vol. 1, pp. 67-84.
[97] CAILLE A., «La sociologie de l'Intérêt est-elle intéressante?» in *Sociologie du Travail*, 1981, n° 3, pp. 257-273.
[98] PITROU A. et al., *Trajectoires professionnelles et familiales*, Paris, CNRS, 1983.
[99] GODARD Fr. et CULTURELLO P., *Familles mobilisées. Accession à la propriété du logement et notion d'effort des ménages*, Edition du Plan de Construction, Ministère de l'Urbanisme et du Logement, Université de Nice, Paris, 1982.
[100] BERTAUX D., op. cit., 1981, pp. 67-84.
[101] KELLERHALS J. et al., op. cit., 1982.
[102] HOULE G., «Histoires et récits de vie : la redécouverte obligée du sens commun» in *Les Récits de Vie : Théorie, Méthode et Trajectoires types*, Danielle Desmarais et Paul Grell (ed.), Montréal, Editions St-Martin, 1986, pp. 35-51.

[103] BERTAUX D., «Fonctions diverses des récits de vie dans le processus de recherche» in *Les Récits de Vie : Théorie, Méthodes et Trajectoires types*, Danielle Desmarais et Paul Grell (ed.), Montréal, Editions St-Martin, 1986, pp. 22-34.

[104] BERTAUX D., «L'approche biographique : sa validité méthodologique, ses potentialités» in *Cahiers Internationaux de Sociologie*, vol. LXIX, 1980, pp. 197-225.

[105] BERTAUX-WIAME I., «Le projet familial» in *Annales de Vaucresson*, Paris, CRIV, 1987/1, pp. 61-74.

[106] BERTAUX-WIAME I., *op. cit.*, 1987, pp. 61-74.

[107] LÉVI-STRAUSS Cl., *La Pensée Sauvage*, Paris, Plon, 1962.

[108] Georges Balandier présenta en avril 1987 une leçon publique à l'Université Catholique de Louvain, lors de la cérémonie organisée à l'occasion de la remise du titre de Docteur Honoris Causa de cette Université.

[109] LALIVE D'EPINAY Chr. et al., *Vieillesses, situations, itinéraires et modes de vie des personnes âgées aujourd'hui*, St-Saphorin, Suisse, Georgi, 1983.

[110] LANGEVIN A., «Planification des naissances : de l'idée de nombre à l'idée de moment» in *Dialogue*, 1981, n° 72, pp. 11-24. — LANGEVIN A., «Régulation sociale du temps fertile des femmes» in *Le sexe du travail* (Collectif), P.U. Grenoble, 1984, pp. 97-112.

[111] LANGEVIN A., «Socialisation sexuée des parcours de vie» in *Cahier de l'APRE*, Paris, CNRS, mai 1985, n° 2, pp. 45-62.

[112] LANGEVIN A., «La synchronisation des temps sociaux», Communication au colloque *Temps et Dynamique Familiale*, Liège, mai 1987 (à paraître, Presses Universitaires de Liège), 1988.

[113] LANGEVIN A., *op. cit.*, 1987.

[114] LANGEVIN A., *op. cit.*, 1987, p. 6.

Chapitre II
Du mariage

> *Ils se marièrent, furent heureux et eurent beaucoup d'enfants.*
>
> Conte populaire

QUESTIONS AU MARIAGE

Système et disposition d'alliance, de sexualité, de procréation et d'amour, lesquels, en Occident, s'entremêlent jusqu'à se confondre (pour notre grande illusion), le mariage fut longtemps présenté comme le rite initiatique correspondant au passage à la vie adulte et à la perte de la virginité. Pour beaucoup d'entre nous, il représente encore le lieu de transmission des biens et de la filiation en même temps que l'espace légitime de l'exercice de la sexualité avec l'obligation de l'amour.

Le couple amoureux et fécond fait encore loi, que ce soit dans l'imagerie populaire, le système des valeurs des Occidentaux ou dans la bouche des gens d'Etat ou d'Eglise. Lorsqu'il est normalisé par le mariage, le couple s'y inscrit en le recouvrant tout entier. S'il est intéressant de se demander *quand* l'idée qu'il est juste de se marier par amour a fait son apparition (opposition du mariage d'amour et du mariage d'argent), aujourd'hui il est plus utile de s'interroger sur les formes de pouvoir qui sont exercées sur un couple pour lui faire prendre en charge un héritage aussi lourd de codes ancestraux et d'obligations rituelles.

Le mariage a-t-il encore un sens, autre que traditionnel, peut-il être investi d'une signification nouvelle, s'organiser en un autre dispositif que celui de la «famille conjugale»? Au contraire, le mariage est-il devenu cette institution insensée et morbide dont Louise de Vilmorin écrivait, en 1967, qu'il ne présentait plus d'attrait que pour les plus naïfs des citoyens : les prêtres catholiques?

On peut soumettre le mariage à un bombardement de questions, d'ordre anthropologique, historique, juridique, économique, éthique. Toutes les questions, par des voies différentes, contribuent à reconnaître l'existence et l'aménagement du mariage comme une institution sociale très résistante, même s'il subit la déconstruction de multiples discours critiques et la contestation créatrice de nouveaux liens amoureux. La force et la faiblesse sociale de ceux-ci résident justement dans ce que ces nouvelles formes de conjugalité s'inscrivent en réaction, en opposition à l'institution «mère» qu'est le mariage. La dimension affective, essentielle à la constitution des couples et dans laquelle baigne toute l'idéologie contemporaine, a d'une certaine façon renforcé l'idée de mariage par le processus de liberté et de choix qu'on associe généralement à l'amour.

Le sociologue peut poser au mariage une multitude de questions pouvant se ramener à trois séries qui me paraissent fondamentales.

1. Qui se marie, à quel âge et avec quelle intensité dans chaque société?

Cette interrogation renvoie, dans un temps immédiat, à la socio-démographie du mariage et à l'évolution des courbes de nuptialité. Sur le plan sociologique, les courbes de nuptialité présentent un intérêt certain dans la mesure où elles trahissent la stabilité ou, au contraire, l'évolution, le bouleversement du système de valeurs prédominant dans chaque territoire national. De plus, les courbes de nuptialité permettent de dégager des ensembles homogènes ou, au contraire, des sous-ensembles moins homogènes quant à l'âge, l'origine sociale et géographique, religieuse, ethnique des individus concernés.

2. Qui épouse qui?

Avec cette question, on aborde l'analyse plus macro-sociale des rapports sociaux, dans le sens où le mariage est inséparable d'une analyse de la société en termes de groupes hiérarchisés : classes, sexe, âge. Dans la mesure où il permet la reproduction de rapports inégalitaires (rapports de classe, rapports de sexe), le mariage reste un lieu privilégié d'observations de la résistance ou, au contraire, du fléchissement des structures d'inégalités sociales et des systèmes de représentations qui leur sont associés.

Par le biais de cette question, on s'interroge sur la notion de « bon conjoint » et on oppose ainsi deux conceptions du mariage, celle devenue classique aujourd'hui du mariage comme marché où s'échangent des capitaux dans une perspective de reproduction sociale, à celle, plus controversée, du choix du conjoint, de la redistribution par le mariage des atouts personnels et sociaux. Ces deux conceptions renvoient à deux problématiques différentes, celle de l'homogamie, d'une part, et celle de la mobilité sociale par le mariage, d'autre part. La problématique de l'homogamie qui cherche à mesurer les ressemblances socio-culturelles entre les personnes qui vivent ensemble, s'est inscrite dès le départ dans une théorie des rapports de classe. En vertu de mécanismes de déplacement par lesquels le savoir, en sciences sociales, se constitue et se diffuse, l'homogamie s'interprète aujourd'hui davantage dans une perspective de rapports de sexe. Des chercheurs et chercheuses féministes ne peuvent concevoir de ressemblance entre les sexes à partir du moment où il y a socialisation sexuée et sexualisation des capitaux (Fr. de Singly, 1986, 1987)[1].

3. Pourquoi se marie-t-on ?

Question bien impertinente, si l'on vise par là la recherche des causes du mariage ; question qui l'est moins si l'on s'attache à étudier les systèmes de relations sociales interpersonnelles que le mariage met en place : on touche ici à la représentation du « bon mari » ou de la « bonne épouse » pour vivre le quotidien, partager les tâches, éduquer les enfants.

Les deuxième et troisième questions renvoient en fait à des niveaux d'analyse différents qui ne sont pas hiérarchisés mais, au contraire, inséparables en pratique car les rapports de domination, de classe, de sexe, de statut sont visibles dans le système de relations par exemple dans la répartition des tâches ou dans l'occupation du temps libre et de l'espace familial. Les relations sociales sont la ritualisation de rapports sociaux structurels sous-jacents qu'elles expriment par une certaine mise en scène de la vie quotidienne (par exemple : le passage à table, le rituel du petit déjeuner, qui se lève pour quoi, ...). Aborder le mariage sous l'angle d'un système de rapports sociaux et sous l'angle d'un système de relations sociales, c'est opposer structure et fonctions (M. De Coster, 1987)[2]. L'étude du système des relations sociales nous conduit à opposer des classes moyennes et supérieures, aux pratiques quotidiennes davantage égalitaires fondées sur l'échange, à des classes populaires qui assument la distinction hiérarchisée des rôles sexuels au nom de l'idéologie de l'affection, du don, de la gratuité.

Il est certain que le système de représentations du «bon conjoint» et du «bon mari» traversent à la fois le système des rapports sociaux et le système des relations sociales. Le système de représentations répercute des besoins sociaux, dont on sait qu'ils sont socialement et historiquement définis, codifiés, ritualisés.

Les représentations du mariage et les valeurs qui y sont associées nous sont généralement livrées par des données d'enquête. On verra à travers une enquête belge, une française et une suisse, comment les représentations se structurent en valeurs.

1. SOCIO-DEMOGRAPHIE DU MARIAGE

La démographie est de bien peu d'utilité pour le sociologue, écrit Louis Roussel, «lorsque les indices suivent régulièrement une tendance séculaire et que des courbes lisses expriment, d'année en année, des comportements proches et relativement stables» (1987 : 47)[3].

Ainsi en a-t-il été des taux de nuptialité si l'on veut bien faire la différence entre des courbes à long et à court terme. A court terme en effet, les taux de mariage suivent les crises économiques, les guerres, les périodes de détresse sociale. A long terme au contraire, la nuptialité témoigne d'une grande stabilité puisqu'en 1960, le célibat définitif, dans la majorité des sociétés industrialisées, tournait autour de 10 % (J.-P. Sardon, 1986)[4].

Depuis le début de la décennie soixante-dix, le comportement des populations européennes à l'égard du mariage s'est profondément modifié. La démographie, pour répondre à l'interpellation des chiffres, a d'abord tenté d'utiliser les ressources de sa propre discipline. Les changements observés ne sont-ils pas réductibles en dernier ressort à des effets de calendrier? Le recul de l'âge au mariage est un phénomène bien connu d'autorégulation des populations en période de crise. Cette explication est apparue rapidement limitée dans la mesure où n'était pas seulement touchée la nuptialité mais l'ensemble des comportements familiaux : la fécondité (en baisse), le divorce (en hausse), les naissances hors mariage et les ménages de fait (en hausse).

Cette rupture brusque, apparemment non prévisible, laissa les démographes perplexes. Depuis 10 à 15 ans, on assiste en effet à une baisse de la primo-nuptialité (indices de première nuptialité) mais, paradoxalement, le couple n'est pas en crise puisque, chez les jeunes (20-30 ans), les cohabitations ou ménages de fait concurrent les unions

Indice synthétique de nuptialité des célibataires
(nombre moyen de premiers mariages pour 1.000 personnes de chaque sexe)

		1965	1970	1975	1977	1978	1979	1980	1981
R.F.A.	M	930	907	736	662	610	627	643	625
	F	1.110	977	768	674	620	638	657	636
Autriche	M	937	866	740	722	678	680	690	695
	F	980	920	757	691	688	688	694	702
Belgique	M	992	966	854	790	760	740	746	720
	F	1.002	981	888	823	792	770	775	749
Danemark	M	1.024	778	622	624	552	529	493	469
	F	1.015	811	665	662	587	566	530	499
Finlande	M	950	910	664	627	624	598	608	625
	F	930	944	705	692	669	658	671	682
France	M	1.005	914	819	765	733	703	684	640
	F	991	919	858	799	769	738	713	660
Norvège	M	917	938	756	683	661	638	615	611
	F	890	956	797	721	698	661	647	651
Pays-Bas	M	1.124	1.013	767	717	677	641	671	627
	F	1.130	1.062	827	750	706	665	691	647
Royaume-Uni Angleterre/	M	1.005	989	839	755	771	764	756	704
Galles	F	992	1.031	881	788	792	781	771	709
Ecosse	M	1.112	1.055	899	806	794	797	786	749
	F	1.023	1.030	889	806	797	804	792	750
Irlande	M	980	1.134	900	773	805	787	750	
du Nord	F	952	1.086	942	805	836	814	766	
Suède	M	982	597	569	516	483	474	487	493
	F	959	624	629	566	527	515	523	526
Suisse	M	843	798	620	584	569	596	624	
	F	870	829	647	608	588	616	649	
Espagne	M	1.008	1.030	949	982	944	902	749	684
	F	982	1.003	1.024	962	923	842	735	675
Grèce	M	1.218	1.080	1.180	1.148	1.067	1.114	848	942
	F	1.185	1.056	1.158	1.123	1.047	1.136	875	986
Italie	M	998	1.017	894	826	785	769	764	731
	F	1.024	1.007	931	859	804	780	765	733
Portugal	M	1.105	1.187	1.450	1.143	1.066	962		
	F	1.012	1.090	1.275	1.031	906	867		
Yougoslavie	M	991	991	865	828	828			
	F	1.027	970	892	871	814			
R.D.A.	M	858	989	901	891	847	815	789	741
	F	991	1.025	930	940	878	851	818	771
Bulgarie	M	951	963	969	971	933	918	923	889
	F	893	976	1.010	1.024	979	974	981	952
Hongrie	M	982	985	960	909	844	817	778	762
	F	963	961	1.037	1.014	969	956	889	871
Pologne	M		995	948	894	892	873	838	892
	F		926	940	918	937	933	900	970
Roumanie	M	909	891	933	999	985	955		
	F	942	840	988	1.061	1.073	1.072		
Tchécoslovaquie	M	964	920	938	900	891	854	792	805
	F	906	914	997	988	975	930	854	860
U.R.S.S.	M		1.245	1.164					
	F		1.129	1.087					

légalement conçues (voir chapitre IV). Mesurée en indices du moment, la première nuptialité est tombée, dans presque tous les pays occidentaux, en dessous de 700 pour mille, ce qui signifie que, si les taux actuels, par année d'âge, se maintenaient, 30 % de la population demeurerait célibataire (le célibat est considéré comme définitif à 50 ans) (L. Roussel, 1987)[5].

Si la plupart des pays semblent atteints, ils ne le sont pas tous avec la même intensité, ainsi que nous le montre le tableau précédent. Les indices qui y figurent sont obtenus en additionnant les taux de nuptialité des célibataires par âge (taux calculés en tant que rapports des premiers mariages d'un sexe donné à l'effectif total des personnes aux divers âges inférieurs à 50 ans) pour chacune des années considérées. En raison de son mode de calcul, l'indice mentionné peut dépasser l'unité (1.000 pour 1.000). Cela indique en fait que les mariages ont été plus précoces l'année considérée, qu'il s'agisse d'une tendance à plus ou moins long terme ou d'un rattrapage de mariages empêchés (A. Monnier, Population, 1983 : 834)[6].

On notera, suivant ce tableau, que le mouvement de rupture s'est progressivement diffusé du Nord de l'Europe vers le Sud. De même, on observera que les pays atteints en dernier lieu (Espagne, Italie) semblent combler leur «retard» par une évolution particulièrement rapide. Ainsi l'Espagne avait encore en 1979 un taux de nuptialité proche de 900. Il est aujourd'hui proche de 650 (pour mille). Le paysage belge est légèrement plus conservateur et l'on peut dire que le mariage est une institution encore relativement bien portée dans ce pays. Selon les données de l'Institut National de Statistique (1986)[7], la nuptialité en Belgique a baissé de manière constante en 20 ans. En 1965, on célébrait 66.535 mariages en Belgique pour 57.551 dénombrés en 1985. Pour la même période (1965-1985), on constate une baisse de 17 % de femmes se mariant dans la tranche d'âge 20-30 ans, une baisse de 25 % d'hommes se mariant dans la même tranche d'âge. Le décalage entre les pourcentages masculins et féminins est lié aux différences de calendrier de mariage entre les deux sexes.

Avec l'effet des générations, on observe en 1985 (B. Bawin-Legros, M. Sommer, 1986)[8], qu'ont fait l'expérience du mariage :
– à 30 ans, 45 % des femmes ;
– à 40 ans, 88 % ;
– à 50 ans, 94 % ;
– et à 60 ans, 90 % d'entre elles.

C'est donc bien dans les classes d'âge les plus jeunes qu'on se marie moins. On ne dispose toutefois pas du recul suffisant pour déterminer efficacement s'il s'agit principalement d'un report du mariage ou plutôt d'un arrêt.

Quant à l'évolution de la nuptialité par âge depuis 1965, elle s'est faite en deux temps. De 1965 à 1970, on a observé une baisse du nombre de mariages mais, conjointement, une baisse continue de l'âge au mariage dans les pays européens. A partir de 1970, c'est l'ajournement des mariages aux âges jeunes qui entraîne la chute de la nuptialité. Cette évolution de l'âge moyen reflète les modifications du calendrier de la nuptialité au cours de cette période. Toujours selon J.-P. Sardon (1986), «pendant les années 1960, les taux de nuptialité aux âges jeunes augmentent fortement d'une année à l'autre sous l'effet de la mise en place d'un calendrier plus précoce par les générations qui atteignent l'âge de se marier. Ce rajeunissement provoque quelques années plus tard, par compensation de l'avance prise par les générations concernées, une diminution des taux de nuptialité aux âges plus élevés, qui contribue à faire baisser l'âge moyen au mariage. Mais, à partir de 1970, on assiste à un complet retournement de situation ; non seulement le rajeunissement du mariage s'arrête, mais la tendance s'inverse : les taux baissent tout d'abord aux âges de forte nuptialité, puis rapidement la baisse gagne les âges les plus jeunes, ce qui accélère la baisse des indicateurs conjoncturels. La décélaration de la baisse des indices que l'on observe dans un certain nombre de pays provient d'une légère récupération après 25 ou 30 ans des mariages ajournés aux jeunes âges. Ce phénomène est également entièrement à l'origine de la reprise de la nuptialité en Suisse à partir de 1976. En effet, dans ce pays, les taux à moins de 25 ans continuent à fléchir. Ce qui fait l'originalité de la Suisse, c'est que la récupération est plus importante qu'ailleurs et concerne tous les âges supérieurs à 25 ans, alors que dans les autres pays, elle est essentiellement limitée au groupe d'âge 25-29 ans» (1986 : 18)[9].

En conclusion, on peut dire que l'ensemble des pays occidentaux ont connu la même évolution ; seuls les points de départ des modifications diffèrent. Dans la plupart des pays européens de l'Ouest, de même qu'aux Etats-Unis et au Canada, les générations nées à la charnière des années 1950 apparaissent comme les inductrices d'un nouveau comportement caractérisé par un mariage de plus en plus tardif et de moins en moins fréquent. C'est en tout cas ce que nous disent les démographes, mais leur analyse doit être nuancée car tous les groupes sociaux ne se présentent pas devant le mariage avec la même indifférence ou le même empressement.

Comprendre les processus démographiques est chose difficile, et les démographes, même les plus imprégnés de sociologie, comme Louis Roussel, ne s'y aventurent qu'avec beaucoup de prudence. Il faut du recul historique pour pouvoir décider s'il y a un changement, un bouleversement ou, tout simplement, un effet conjoncturel important. Louis Roussel (1987) nous propose cependant deux pistes d'interprétation [10].

– La première est relativement classique : le changement y est interprété comme un mouvement unique pour l'ensemble de la population vers la hausse ou vers la baisse de l'indice moyen. En d'autres termes, on évalue une modification générale de même sens et d'ampleur relativement égale. Cette interprétation se fonde bien sûr sur l'hypothèse d'une population homogène qui aurait à tel moment de son histoire un comportement général semblable.

– La deuxième interprétation est plus complexe car elle postule l'existence de plusieurs sous-populations qui se comporteraient suivant des modèles différents. Ces modèles pourraient rester stables mais leur répartition dans la population totale se modifierait de telle manière que la moyenne générale ne corresponde plus à aucune sous-population réelle. Cette moyenne générale serait calculée en fonction des indices présentés dans les sous-groupes. Cette deuxième interprétation est évidemment plus sociologique car elle rencontre l'hypothèse de groupes socialement diversifiés qui n'auraient pas à l'égard de tel ou tel comportement, par exemple le mariage, des attitudes identiques. Louis Roussel y adhère en ajoutant «qu'une combinaison des deux pistes d'interprétation est possible, si à l'évaluation de la pondération s'ajoutait une dérive globale affectant chaque modèle particulier» (1987 : 50) [11]. Dans la deuxième perspective qui est celle que j'adopterai, on n'assiste pas au maintien d'un modèle familial dominant avec, à côté et tout autour, quelques groupes à comportement marginal, mais on suppose plutôt la juxtaposition de sous-ensembles présentant chacun un poids relatif au sein de la société globale et une légitimité comparable. Cette diversité, on l'aura compris, peut relever de différences sociales mais aussi de différences ethniques (blancs et noirs aux Etats-Unis), religieuses (catholiques, juifs, protestants). Plus généralement, cette diversité renvoie à l'enchevêtrement de toutes les positions sociales dont le repérage sur le terrain est une des tâches les plus difficiles, dans la recherche ou dans l'intervention sociale, aucun modèle n'étant pur. Si l'on admet ce pluralisme, il faudra bien entendu aller jusqu'au bout du raisonnement et admettre que des groupes sociaux, plus ou moins contrastés, ne suivent pas les mêmes modèles démographiques. Chaque groupe pourra se définir par un même enchaînement de probabilités de comportements, par exemple :

— cohabitation — fécondité peu élevée — mariage tardif, pour les classes moyennes scolarisées ;

— absence de cohabitation — forte fécondité — stabilité matrimoniale, pour les classes supérieures ;

— cohabitation — mariage — forte fécondité — instabilité, pour les classes populaires.

Cette analyse, sur chaque territoire national, semble coller à une partie de la réalité. Elle est cependant loin de l'épuiser. En effet, dans une perspective dynamique, il est plus que probable que chaque sous-groupe contienne des biographies types mais aussi des biographies singulières faites de séquences non prévisibles, d'allers et de venues vers des comportements apparemment contradictoires mais qui prennent tout leur sens quand on épure l'itinéraire d'un acteur social en le lisant dans la durée.

Même si, de manière générale, la diversité des biographies s'organise autour d'un projet fondamental de reproduction biologique et sociale, les histoires différentes doivent nous permettre de comprendre qu'à chaque fois les *modes de vie* sont des réponses à des conditions de vie davantage subies que choisies. Dans cette perspective, il appartiendra au sociologue de démêler chez les acteurs qu'il rencontre les intentions, au sens d'actes intentionnels, liées aux systèmes de représentations sous-jacents, sachant que les uns et les autres sont induits par les contraintes qui les enserrent et les mobilisations qui les affranchissent. Méthodologiquement, on aboutira soit à construire des *séquences types* (au sens wébérien) qui regrouperont la plupart des biographies, quels que soient la génération ou le groupe social envisagé (exemple : période jeune, période de vie en couple avec ou sans mariage, séquence de vie active, séquence de vie avec des enfants, ...), soit au contraire à diversifier au maximum les trajectoires en les projetant dans le temps et l'espace social. La maîtrise de l'horizon temporel et des moyens qui jalonnent le chemin apparaissent alors comme intimement liés à l'appartenance sexuelle, sociale, culturelle des individus. Si l'on tient compte des contraintes qui naissent sur n'importe quel terrain et entraînent autant de décisions successives, la belle linéarité d'un *projet* aussi volontariste que le mariage s'ébranle et chaque histoire «s'écrit droit avec des lignes courbes» selon l'expression de Paul Claudel.

Faut-il en conclure qu'il n'y a en matière de vie familiale que des histoires singulières, qui ne peuvent être regroupées en *types concrets*? M. Villac (1983, 1984)[12], dans ses travaux sur les structures des familles françaises, pense qu'il est possible d'illustrer la variété des itinéraires possible en les fractionnant dans le temps : temps du couple, temps des enfants, temps du départ d'un des conjoints, temps du départ des enfants, etc. En fait, tout ceci n'est que question de méthodes qui tendent à oblitérer la question essentielle : le mariage a-t-il perdu de son pouvoir ? Notre système de valeurs et de représentations s'est-il détourné de l'*institution* pour investir davantage d'autres types de lien ?

Je reviendrai en fin de chapitre sur des exemples de motivations dégagées par des enquêtes concrètes faites notamment en France, en Suisse et en Belgique. Dans un premier temps, je dirai, comme Michel Foucault (1976)[13] que ce que l'institution a perdu en pression sociale, elle l'a récupéré en contraintes plus discrètes et peut-être plus efficaces : notamment par l'injonction de valeurs qui paraissent aujourd'hui définir à la fois la normalité d'une conduite et la meilleure voie pour l'accomplissement de soi. C'est par le chantage discret au bonheur, à l'affectivité stable et non plus par l'interdit et la sanction, que les sociétés contemporaines règlent leurs déviances. Il faut reconnaître que la lecture des sondages d'opinion, qui continuent à placer les familles au sommet du hit parade des valeurs sûres, nous encouragent à dire que ces sociétés ne se sont pas trompées, ni dans les objectifs, ni dans les moyens : l'amour encadré dans la « conjugalité » est devenu un besoin social essentiel qui remplit des fonctions bien précises pour l'apaisement individuel et collectif, la construction des identités et le maintien de la culture dominante.

2. LE MARIAGE COMME SYSTEME DE RAPPORTS SOCIAUX

A deux ou trois reprises, j'ai fait allusion dans ce texte à l'existence dans la famille, comme d'ailleurs dans toute la société, de *rapports sociaux*, correspondant à des principes fort divers de hiérarchisation et dont l'expression concrète en face-à-face constitue un autre système, celui des *relations sociales* (Cl. Javeau, 1987)[14].

Ces deux systèmes, loin de s'opposer, sont en fait deux manières d'aborder la réalité sociale, la première plus macro-sociale, la deuxième plus micro-sociale.

Louis Dumont (1979), notamment dans ses études sur le système des castes en Inde, pose la hiérarchie, les rapports d'inégalités et de répartition différentielle du pouvoir non seulement comme un phénomène universel mais aussi comme une exigence humaine qui correspond, écrit-il, au choix de certaines fins (1979 : 34)[15]. Dans un vocabulaire plus «massivement» sociologique, on dira que tous les individus vivent au sein de groupes dans lesquels s'observe une certaine structuration des rapports sociaux correspondant à des principes de domination, de hiérarchisation. Les groupes, quels qu'ils soient, proposent à leurs membres divers ensembles de traits culturels légués par l'histoire (la langue, la religion, certaines formes de pouvoir légitimés, des valeurs, etc.). Le poids du passé qui s'exerce sur le présent avec la «force de déterminismes» engendre chez la plupart des individus le sentiment d'être le jouet d'une destinée. On n'échappe pas à sa condition d'origine, à son enracinement national ou régional, à son sexe, son âge, son appartenance ethnique ou religieuse, et cela malgré les efforts que l'on peut éventuellement faire pour s'en éloigner. Ce conditionnement se manifeste concrètement, se donne à lire et à voir au travers de multiples rencontres avec les autres, que je nommerai, suivant les termes de Javeau (1987 : 198)[16], les *relations sociales*, mais que d'autres auteurs, comme Goffman, appellent *l'ordre de l'interaction*. Car si la hiérarchisation est une nécessité humaine, il est un autre fait lié à notre condition : pour la plupart d'entre nous, la vie quotidienne se déroule dans l'immédiate présence d'autrui ; en d'autres termes, quels que soient nos actes, mêmes les plus intimes, ils ont toutes les chances d'être socialement situés, au sens étroit du terme.

Les rapports sociaux peuvent être distingués selon divers principes de stratification (Cl. Javeau, 1978 : 181)[17] :

– la *stratification verticale* qui repose sur la mise en évidence de critères de classement d'ordre biologique. L'exemple le plus typique en est donné par les classes d'âge et, dans une certaine mesure, par les catégories de sexe.

– la *stratification horizontale* : celle-ci repose sur des principes de hiérarchisation établis en fonction du pouvoir politique ou de la domination économique. Les classes sociales en sont une illustration.

Le mariage moderne, auquel on associe volontiers des valeurs d'amour fondées sur le choix et l'affinité, par opposition au mariage traditionnel qui serait de convenance ou arrangé, repose sur un système de rapports sociaux, c'est-à-dire d'inégalités de classe et de sexe. Ceux-ci s'expriment aussi dans la vie quotidienne et sont rendus visibles à deux «moments» privilégiés de l'échange conjugal, si l'on veut bien prendre le temps dans une perspective dynamique et non statique :

lors du mariage, du *choix du conjoint* et dans la *production du travail domestique*, sa répartition et l'autorité qui y est associée. Ces deux problématiques sont classiques dans l'étude du mariage et dans le champ de la sociologie de la famille. J'essayerai de leur apporter l'éclairage le plus récent, celui qui consiste à envisager le choix du conjoint et la répartition des tâches quotidiennes sous l'angle privilégié d'une double domination, celle de la position de classe et celle de la position de sexe. En effet, quel que soit le sujet abordé, il convient de l'examiner en tenant compte des apports des chercheuses féministes qui nous rappellent sans cesse que les rapports de sexe sont transversaux, ils se diffusent dans tous les champs du social au même titre que les rapports de classe ou de positions.

1) Choix du conjoint, homogamie

Le concept d'homogamie et la problématique du choix du conjoint occupent, dans les recherches sur la formation du couple, une place centrale et depuis plus de trente ans. Ce sont les rares concepts à avoir résisté au changement de paradigme dans la sociologie de la famille. Ils se sont cependant adaptés dans la mesure où, depuis quelques années, l'homogamie est passée du stade de variable de «dévoilement de l'ouverture d'une société» à l'état de variable de «diagnostic» sur les chances de réussite d'un mariage.

Si le lecteur consent à suivre encore une fois avec moi cette démarche qui consiste à replacer dans leurs conditions matérielles et idéologiques de production n'importe quel discours, même à vocation scientifique, il pourra voir que la problématique du «choix du conjoint» (A. Girard, 1961)[18] s'est dans un premier temps rattachée à l'idéologie de la privatisation du mariage, d'un choix libre de toute entrave, du *mate selection*. Cette problématique trouvait son ancrage dans un cadre plus vaste qui est celui de sociétés à forte mobilité sociale. Les chercheurs américains surtout se sont d'ailleurs abondamment posé la question de la mobilité sociale des femmes par le mariage, et les outils méthodologiques utilisés n'étaient pas anodins puisqu'en comparant la profession du père de la jeune fille avec celle du conjoint, ils étaient pratiquement assurés, avec 30 ans d'écart entre les sujets comparés, de trouver une mobilité socio-professionnelle qu'ils s'empressaient de faire reposer sur les épaules de la jeune fille, sans vérifier le propre statut de celle-ci.

En France et dans les pays francophones, grâce ou à cause de l'influence des théories déterministes, la problématique d'Alain Girard, exprimée en termes de choix du conjoint, s'est rapidement transformée en études de stratégies matrimoniales (P. Bourdieu, 1972; A. Desrosières, 1977)[19] œuvrant sur un marché de capitaux, comparable au marché de l'emploi.

L'homogamie, par le fait même qu'elle suppose l'union de partenaires socialement semblables, fait davantage référence à un système de représentations où les affinités interpersonnelles n'apparaîtraient pas nécessairement comme des contraintes, mais comme le résultat d'un mutuel conditionnement : on a du goût l'un pour l'autre parce qu'on a les mêmes goûts. Aujourd'hui, alors que le poids statistique de l'homogamie sociale n'est que relativement élevé, dans la mesure où celle-ci est deux fois plus fréquente que si les mariages se concluaient par hasard, sans jamais dépasser 45 % des observations (A. Girard, 1961; E. Lambrechts et C. Henryon, 1968; J. Kellerhals, 1982)[20], l'homogamie en tant que problématique a acquis un caractère d'évidence, elle a force de loi. Dans un article consacré à la «Théorie critique de l'homogamie», François de Singly (1987)[21] nous donne quelques chiffres récents en matière d'homogamie sociale et nous indique des pistes de réflexion au niveau du sens social que cette «ressemblance nécessaire entre époux» paraît apporter.

1. Quelques chiffres

Claude Thelot (1982), Alain Desrosières (1978), Louis Roussel (1975)[22] ont observé une homogamie sociale (d'origine) aux deux extrémités de l'échelle sociale. En effet, les couples les moins dissemblables au niveau de l'origine sociale s'observent en milieu rural, ouvrier et en milieu supérieur. Les unions les plus homogènes se réaliseraient surtout dans les classes supérieures, notamment parmi les professions libérales, les industriels, les gros commerçants et les professeurs. Jean Kellerhals *et al.* (1982)[23] montrent dans leur étude sur les mariages à Genève que l'homogamie intragénérationnelle, c'est-à-dire la ressemblance culturelle et sociale entre conjoints, est plus forte que la mobilité intergénérationnelle, c'est-à-dire que le statut acquis l'emporte sur le statut d'origine, avec cependant des différences importantes quant à la chance d'épouser un cadre selon que l'on est soi-même une femme cadre ou ouvrière.

«Qui épouse qui?» reste donc une question chiffrable dans l'étude du mariage et dans celle des processus de reproduction des classes. Cependant, la prédominance du statut acquis sur le statut donné traduit une sorte d'indifférence des acteurs (les fiancés) aux atouts sociaux d'origine de chacun. C'est ici que l'on introduit l'idéologie de l'amour, de la gratuité, du don qui imprègne le modèle culturel du mariage au point qu'il pourrait être considéré comme une sorte de contre-modèle de société, caractérisé par le fait qu'on redistribue les privilèges d'origine. Le mariage pourrait être alors considéré comme une deuxième chance dans la vie après l'orientation donnée par la famille d'origine, par l'école et par l'emploi (J. Kellerhals *et al.*, 1982)[24].

En fait, l'objectivation du choix du conjoint, par la recherche à tout prix de ressemblances culturelles, sociales, géographiques, religieuses, économiques entre les époux tient justement de la volonté (idéologique) de rompre avec les représentations de l'amour aveugle. «Quand on aime, on ne compte pas». Selon les termes mêmes d'Alain Girard, «la liberté de l'individu (...) reste enserrée de toute part, aujourd'hui comme hier, dans un réseau étroit de probabilités et de déterminismes qui poussent moins encore à choisir qu'à trouver un conjoint qui lui soit aussi proche que possible» (1974)[25].

2. *Le sens de l'homogamie*

Il semble que les sociologues s'accordent non seulement à reconnaître des sens liés à la reproduction des capitaux sociaux et sexuels, mais qu'en plus ils associent la probabilité de réussite conjugale aux ressemblances culturelles des époux et de leurs familles. C'est la traduction savante de l'idée du langage courant que les couples «bien assortis» ont plus de chances de réussir que les couples «mal assortis». Cette thèse s'appuie sur une représentation de l'amour, qui ne serait pas aveugle, comme dans les romans de gare, mais qui serait lié à des goûts communs (des dégoûts également) et à des savoir-être semblables jusque et y compris dans l'intimité.

Si l'on fait exception de l'interprétation probabiliste de l'homogamie, énoncée par certains sociologues[26] selon laquelle l'homogamie constatée dans les faits tendrait moins à des calculs stratégiques qu'à la probabilité plus grande de rencontrer le semblable (à l'école, dans les loisirs, à l'usine) que le différent, si, de même, on accepte de replacer la problématique des exigences conjugales singulières dans des cadres sociologiques plus vastes, alors on examinera l'homogamie sous l'angle privilégié des stratégies matrimoniales analysées en termes de reproduction et de régulation des rapports de classe, d'une part, et des rapports de sexe, d'autre part.

a) *Homogamie, stratégies matrimoniales et rapports de classe*

P. Bourdieu (1972)[27] et, dans sa mouvance, A. Desrosières (1978)[28] ont analysé l'homogamie comme la résultante de stratégies matrimoniales anciennes qui tendent à considérer toutes les dispositions inculquées par les conditions matérielles d'existence et par l'éducation familiale comme le principe générateur et unificateur de pratiques issues de structures visant à leur reproduction. Pour reprendre les termes de Bourdieu lui-même, «tout commande de poser que le mariage n'est pas le produit de l'obéissance à une règle idéale, mais l'aboutissement d'une stratégie qui, mettant en œuvre les principes profondément intériorisés d'une tradition particulière, peut reproduire, plus inconsciemment que consciemment telle ou telle des solutions typiques que nomme explicitement cette tradition. Le mariage de chacun de ses enfants, aîné ou cadet, garçon ou fille, pose à toute famille un problème particulier qu'elle ne peut résoudre qu'en jouant de toutes les possibilités offertes par les traditions successorales ou matrimoniales pour assurer la perpétuation du patrimoine» (1972 : 107) [29].

Bien que cette analyse de Bourdieu s'applique précisément aux stratégies des paysans qu'il rend explicite dans un article publié dans les *Annales*, pour Bourdieu et d'autres sociologues, les stratégies matrimoniales s'inscrivent dans une logique, inégalitaire, qui est la logique des alliances (Fr. de Singly, 1977, 1986, 1987) [30]. Pour traduire cela en langage plus clair, on dira que le mariage peut être assimilé à un marché où se négocient, se transmettent, se réalisent différents types d'héritage et de capitaux dont disposent les agents. Plus encore que l'insertion sur le marché du travail, écrit Alain Desrosières (1978) [31], l'entrée dans le mariage engage la totalité de la personne, c'est-à-dire un ensemble d'attributs, d'acquis, de symboles qui caractérisent une classe ou une fraction de classe.

Les capitaux proposés sur le marché matrimonial sont économiques bien sûr, mais aussi culturels (habitus de classe), physiques. C'est tout un savoir-faire, un savoir-être, des relations sociales, des goûts, des conceptions du monde qui vont acquérir une valeur «marchande». La cérémonie du mariage peut, en raccourci dans le temps et dans l'espace, illustrer, par une saisissante mise en scène sociologique, la manière dont deux familles vont confronter, échanger, négocier une multiplicité de signes hautement signifiants. La force de l'homogamie dans cette optique n'est pas de mesurer la «*règle homogamique*», mais au contraire d'estimer l'intensité des stratégies de défense qui se mettent en place pour que les inégalités éventuelles n'apparaissent pas ou soient compensées. C'est ce qu'exprime François de Singly (1977) [32] lorsqu'il affirme que certaines femmes, filles d'ouvriers, obtiennent sur le marché du mariage un homme de valeur socio-professionnelle supérieure à celle de leur père parce qu'elles bénéficient d'une dotation scolaire qui dépasse la dot des filles d'ouvriers faisant un mariage homogame. A l'inverse, des filles de cadres supérieurs qui ne réalisent pas leurs atouts initiaux en valeur ajoutée de capital scolaire, risquent de faire un mariage qui les feront perdre quelques points sur une échelle d'homogamie.

Ce sont donc les variations dans le volume de la valeur ajoutée qui rendent le mieux compte de la distribution des unions autour d'un point d'équilibre qui serait l'homogamie. L'hétérogamie, dont le poids réel est important, perd alors son caractère mystérieux car, du point de vue des acteurs, ce n'est pas l'homogamie ou l'hétérogamie qui deviennent l'objectif matrimonial, mais l'attention d'une reconnaissance de la valeur actuelle de chacun des partenaires, celle-ci étant aujourd'hui fortement liée aux investissements éducatifs (Fr. de Singly, 1987)[33].

Dans les termes de François de Singly (1987), «la formation du couple s'établit dans un processus d'estimation réciproque où chaque partenaire tente, consciemment ou non, d'actualiser au mieux sa valeur en jouant de tous ses capitaux» (1987 : 192)[34]. Comme on le voit, la problématique des «stratégies de reproduction», dans une perspective déterministe dure, est petit à petit abandonnée par des sociologues, comme de Singly, qui invoquent la fragilité du postulat et son impossible vérification statistique. Car ces théories déterministes reposent sur la croyance que tous les individus sans exception ont intériorisé les objectifs de la lutte pour le maintien de leur statut social. Elles présupposent que les instruments stratégiques dont disposent les individus soient fiables et reproductibles. Ce pari sociologique renvoie à la question des voies et moyens par lesquels une personne se juge digne de devenir le conjoint d'une autre personne, et vice-versa. Ce pari est sociologiquement insoutenable dans la mesure où entrent dans les choix amoureux et affectifs des réalités qui ne sont pas analysables en termes cognitifs mais qui renvoient au domaine de l'affect, du psychologique et de l'inconscient. Le «beau mariage» n'est pas nécessairement tout ce que les sociologues en disent. Il n'en reste pas moins vrai qu'il existe une relation sociologique entre l'estime amoureuse et l'estimation sociale. Cette relation peut être analysée par exemple dans un autre cadre théorique, celui des relations inter-individuelles (Goffman, Berger). J'y reviendrai plus loin dans ce même chapitre.

b) L'hypergamie des femmes, le sexe des capitaux et les rapports de sexe

Dans le cadre de la problématique de l'homogamie, l'hétérosexualité du groupe conjugal a été fort peu étudiée ou, si elle l'a été, ce fut dans la problématique de la *mobilité sociale par le mariage*. Cette problématique s'inscrit bien sûr dans une représentation traditionnelle du mariage qui resterait le meilleur placement et la meilleure carrière pour les femmes.

Jean-Claude Deville (1981)[35] souligne que le critère d'homogamie le plus évident, l'âge des époux, a été négligé et il note que le système de préférence d'âge a de quoi surprendre puisque cette différence est en moyenne de trois ou quatre années (l'homme est plus âgé que la femme). Cette observation empirique traduit la distance culturelle toujours manifeste entre les âges des femmes et ceux des hommes. En Belgique, selon les données de l'Institut National de Statistiques (1986)[36], la différence moyenne d'âge entre les époux tourne, depuis plus de trente ans, autour de trois ans. Depuis 1983, cet écart tend à s'accentuer. On pourrait faire l'hypothèse «douteuse» qu'avec la crise de l'emploi, le marché matrimonial est plus ouvert pour les femmes que le marché de l'emploi. Cette situation pousserait les femmes plus jeunes à chercher un homme qui leur assurerait des moyens d'existence, donc un homme plus âgé. Il faudra encore attendre quelques années pour voir si cette hypothèse se confirme ou non, et surtout recueillir d'autres données plus qualitatives.

Toujours est-il que l'oubli de l'appartenance sexuelle des mariés s'est concrétisé dans un courant d'études très précis qui est celui de la mobilité sociale et, plus précisément encore, la mobilité sociale des femmes par le mariage, en d'autres termes, l'hypergamie féminine. Ce courant d'étude et les faits observés dans le sens d'une mobilité proviennent en fait d'une double erreur : une erreur méthodologique d'abord qui consiste à comparer le statut social et culturel du mari avec celui du père de la jeune fille, une erreur épistémologique ensuite qui vise à gommer la spécificité de la position des femmes sur le marché du travail (toujours inférieure à celle des hommes de même qualification), sur le marché de la formation (l'accès des femmes à l'éducation est plus tardif et moins prestigieux) et sur le marché matrimonial (rapport à la production). Comme l'écrit Christine Delphy (1977)[37], on a nié la spécificité de la femme mariée qui est d'être dans un rapport de production caractérisé par la dépendance économique et l'appropriation de sa propre production (domestique).

Le sexe des capitaux «existe» (Fr. de Singly, 1986)[38] comme «existe» le sexe du travail, le sexe du temps. Ce qui veut dire qu'utiliser le capital scolaire ou le capital social pour mesurer la différence ou, au contraire, la ressemblance entre les hommes et les femmes, c'est oublier qu'il n'y a pas convertibilité entre le capital culturel et le capital économique d'une part, et c'est évacuer l'inégalité des sexes dans la valorisation des capitaux sur le marché du travail. Les femmes parviennent à une moindre rentabilité de leurs richesses scolaires parce qu'elles sont pour la plupart, en même temps, chargées dans la famille du travail de reproduction. Dès lors, l'inégalité moyenne des femmes reflète dans un premier temps l'inégalité des femmes-épouses et celles des femmes-mères. L'institution matrimoniale et familiale n'est cependant pas la seule à pouvoir être associée à la dévalorisation féminine, puisque de toute manière, une femme monnaie en général moins bien que l'homme ses atouts sur le marché professionnel, qu'elle soit mariée, mère ou célibataire.

On peut donc tirer de cette approche en termes de sexe des capitaux que la problématique de l'homogamie, mesurée sur des acteurs sociaux dont les capitaux ne sont pas comparables, n'a pas de sens, sauf idéologique (un mariage homogamique a plus de chances de réussir). La sociologie classique ne tient pas compte de la dimension sexuelle qui permet de montrer qu'au-delà des stratégies des familles qui peuvent trouver dans la formation d'un couple un intérêt évident, toutes les unions sont hétérogames, dans la mesure où elles sont sociologiquement hétérosexuelles. Ceci pourrait apparaître comme un truisme mais les capitaux économiques, culturels, physiques, psychologiques d'une femme ne se valorisent pas de la même façon que ceux d'un homme, que ce soit sur le marché du travail ou sur le marché matrimonial.

Ces différences apparaissent notamment dans la (re)présentation différentielle des petites annonces matrimoniales. Ainsi, François de Singly (1984)[39] a montré, en décodant des annonces parues dans le *Chasseur Français*, que la majorité des hommes insistent sur leur dimension économique (travail et possession de bien), tandis que les femmes décrivent davantage leur silhouette physique ou leurs qualités relationnelles. La valorisation de l'homme sur le marché du mariage passe presque obligatoirement par la reconnaissance de sa profession, pour la femme, la détermination de sa valeur passe encore par la reconnaissance de ses qualités dans la sphère domestique. Dans leur autoportrait, hommes et femmes repèrent leurs atouts sociaux ; quand il s'agit de faire l'étude de la demande, les mêmes exigences se retrouvent. Les exigences féminines se portent sur l'économique, les exigences masculines sur le relationnel et le corporel. L'homogamie, en termes de rapports de sexe, traduit donc toujours bien l'équivalence par la complémentarité mais celle-ci se cache derrière les représentations désignées en termes de capitaux, de ressources, d'atouts équivalents.

2) Répartition des tâches et autorité

a) *Analyse en termes d'inégalités sociales et de ressources*

De même que le « choix du conjoint » traduit des accommodations, des savoirs, des placements que s'autorisent les acteurs sociaux en fonction de leur héritage familial, de même l'échange conjugal traduit l'aménagement, dans son fonctionnement et sa structuration, d'inégalités d'âge et de sexe pour chacun des membres du couple.

L'étude du partage des tâches domestiques et des modalités de distribution de l'autorité, du pouvoir au sein de la famille a déjà été faite maintes et maintes fois. Jean Kellerhals *et al.* (1982), dans *Mariages au quotidien*[40], ont fait une analyse empirique, très fine, des inégalités sociales et culturelles qui traversent l'organisation familiale; car, conclue ou pas au nom de l'amour, l'union conjugale est d'abord et avant tout une unité de vie quotidienne. Les questions de division du travail, d'allocation de ressources et d'exercice d'autorité y interviennent au premier chef. Je n'ai pas l'intention de faire ici le point sur l'état d'avancement des travaux sociologiques empiriques sur la division et la répartition du travail domestique selon le sexe et les classes sociales. Enseignant depuis plusieurs années la sociologie de la famille dans une université, je sais à quel point ce problème continue à fasciner des étudiantes. Certaines en font même de brillants travaux de fin d'études (G. Herla, 1988)[41]. Je sais aussi à quel point on n'avance pas beaucoup si l'on prend, à priori, des cadres théoriques que viendront infirmer ou confirmer n'importe quelles observations (exemple : montrer l'égalitarisme croissant dans les classes moyennes ou, au contraire, le maintien, quelle que soit la classe sociale considérée, d'une division des tâches domestiques suivant le sexe). La théorie structuro-fonctionnaliste des rôles conjugaux (Parsons-Bales, 1955)[42] a entraîné dans son sillage une série d'études empiriques qui visaient soit à la conforter, soit à la démolir. Les nombreuses critiques « alliées au mouvement historique d'indifférenciation croissante dans l'allocation des tâches ont conduit progressivement les chercheurs à privilégier l'analyse des facteurs de la différenciation (selon les sociétés et les classes) plutôt qu'à garantir l'universalité et la fonctionnalité de cette différenciation. (...) Pour les sociétés contemporaines, le courant général de privatisation relatif aux finalités sociales et à l'organisation des familles met au premier plan l'analyse des *facteurs* de la différenciation des rôles, tant en termes de tâches allouées qu'en matière de pouvoir respectif des conjoints » (J. Kellerhals *et al.*, 1984 : 45)[43].

C'est justement à la recherche et à l'analyse de ces facteurs de différenciation des rôles en termes de tâches allouées et de détection du pouvoir dans la famille que se sont attachés Blood et Wolfe (1960)[44] dans leurs travaux portant sur la théorie des ressources. Pour ces auteurs américains, ce ne sont pas tant les normes culturelles qui déterminent la division du travail dans la famille que le souci des conjoints d'optimiser leurs capitaux comparés (formation, qualification professionnelle, ressources monétaires, aptitudes personnelles). Le pouvoir sera d'autant plus grand dans le chef de l'un ou l'autre conjoint que les ressources seront comparativement plus importantes. Quant à la répartition des tâches domestiques, les facteurs qui la déterminent sont plus d'ordre pragmatique que culturel. La participation du mari aux tâches domestiques ne sera pas tant conditionnée par le poids de la tradition que par les ressources professionnelles comparées des conjoints, le temps dont ils disposent et leur degré de qualification dans l'exercice de l'une ou l'autre tâche. Certaines critiques ont été avancées contre Blood et Wolfe. Jean Kellerhals *et al.* (1982, 1984)[45] y ont apporté des développements qui vont dans le sens d'une amélioration de ce modèle. En effet, si l'on suit Blood et Wolfe, seuls les capitaux socio-économiques des conjoints peuvent fixer le montant des ressources et à eux seuls expliquer le choix de division du travail ou les formes de pouvoir au sein des familles. D'autres capitaux tels que l'amour, la sexualité, la beauté physique, le rôle irremplaçable joué auprès des enfants doivent être pris en compte car ils jouent dans le sens d'une diversification sociale plus complexe.

Jean Kellerhals *et al.* (1982)[46] proposent le choix des paramètres suivants pour mesurer les modalités de l'union en étroite relation avec le statut social :

1) La disposition, par l'un ou l'autre ou chacun des conjoints, de ressources *négociables* en dehors de la famille. L'existence de ces ressources introduit la possibilité d'une extension ou d'une renégociation de l'échange.

2) Le fait concret de *solutions de rechange* à l'identité sociale (acquisition de pouvoir, de prestige, d'autonomie, ...) concurrençant, complétant les rôles et statuts liés à la situation matrimoniale ou comportant certaines attitudes (fidélité, pérennité).

3) La plus ou moins grande probabilité de pouvoir établir avec une hypothétique tierce personne une relation apportant des gratifications approximativement semblables à celles qu'offre la relation actuelle.

Cette probabilité gouverne en partie les choix en matière de fidélité et de pérennité.

4) L'importance, notamment en matière économique, du surplus éventuel (du solde) qui subsiste après les dépenses faites pour la survie quotidienne. C'est en somme du *montant des ressources* qu'il s'agit.

5) La possibilité d'élaborer et de faire légitimer des *savoirs alternatifs* concurrençant les modèles hérités du passé. Ces savoirs sont socialement très localisables et portent soit sur les enfants, soit sur les facteurs présumés d'épanouissement ou sur les «mérites» socialement définis et comparés des conjoints.

Ces différents paramètres sont pour la plupart directement associés au statut social des personnes, mesuré par la profession ou la formation, ou la famille d'origine. Mettre en jeu ces paramètres, écrit Jean Kellerhals (1982) «revient au plan empirique à penser que les milieux populaires (ouvriers, employés) se distingueront des milieux de ‹cadres› par une extension plus prononcée attribuée à l'échange, par l'accent mis sur les forces centripèdes des normes sociales (fidélité, pérennité), par une plus grande conformité normative au modèle ‹bourgeois› de division des tâches (en réciprocité de perspective avec une centralité plus grande de l'enfant et des travaux y associés)» (1982 : 46)[47].

Si l'on devait faire un résumé des recherches empiriques qui se sont intéressées au rapport entre le milieu d'appartenance et les «préférences» en matière d'organisation familiale, de répartition des tâches et de prise d'autorité, on dirait qu'il y a en matière d'*autorité* trois modèles qui correspondent plus ou moins à une division sociale en trois catégories.

1) Le *modèle hiérarchique* (classes supérieures) où généralement l'homme prend les décisions et les exécute.

2) Le *modèle synarchique* (caractéristique des classes moyennes) où tous les domaines de décision engagent l'un et l'autre des époux.

3) Le *modèle compartimenté* (classes populaires) dans lequel chacun dirige le ou les secteur(s) pour le(s)quel(s) il est aussi exécutant et reconnu compétent (exemple : l'argent est géré majoritairement par les femmes en milieux populaires).

En matière de *répartition des tâches*, je serai plus méfiante à l'endroit des modèles, d'où qu'ils viennent, car la plupart des études reposent sur des indicateurs discutables, qu'on analyse en les combinant différemment. Par exemple, l'usage du téléphone (plus féminin que masculin) est repris comme indicateur d'une tâche domestique dans certaines études américaines. Est-ce une tâche? Pour qui? Quand?

En outre, les enquêtes de budgets-temps, qui sont à la base de ces études, gauchissent les résultats dans la mesure où le «temps» n'a pas le même sens pour tout le monde. Il est socialement et sexuellement construit. Une heure (soixante minutes) n'a pas la même signification pour une ménagère que pour un cadre.

Dans son étude longitudinale sur cinq cents familles genevoises, l'équipe de Jean Kellerhals (1982)[48] met en évidence une double modalité de fonctionnement qui opposerait les milieux populaires, d'une part, et les autres, d'autre part. Le *modèle différencié* où chacun des époux garde des attributions spécifiques est largement associé aux classes populaires, tandis que les classes moyennes optent massivement pour une *organisation indifférenciée*.

Toutes les études sur les rôles masculins et féminins, en fonction des classes sociales, mettent en évidence à la fois une évolution vers un modèle plus égalitaire quand les deux époux travaillent, et des clivages qui demeurent très réels lorsque seul l'homme a la fonction de gagne-pain. Les clivages induits par la formation de l'épouse apparaissent comme plus nets que ceux liés à la profession de l'homme.

b) Analyse en termes d'inégalités sexuelles : le sexe du travail

L'ensemble de la problématique de la (re)production domestique et notamment de son articulation avec la production marchande, le rapport charnière entre les sexes qui modèle la vie de toutes les femmes parce qu'il constitue la base de l'actuel système économique et social, a été remis en question de plusieurs manières et sur de nombreux fronts.

1° En construisant, d'un point de vue micro-sociologique, une relation entre le système familial (dans lesquels les conjoints sont maîtres) et les structures économiques et sociales, Blood et Wolfe (1960)[49] avaient ébranlé le modèle parsonien : c'est leur *théorie des ressources*. La classification de telle ou telle tâche en «instrumentale» ou en «expressive» était apparue difficilement maintenable du fait de la coexistence dans la famille d'intérêts matériels et d'objectifs sentimentaux. Les auteurs de *Husbands and Wives* (1960)[50] proposaient de ne plus considérer les formes de division du travail et de l'autorité comme les purs produits de sous-cultures de classes mais comme des systèmes de régulations adoptés par les conjoints en fonction de leurs capitaux réciproques, en vue de les optimiser. En proposant cette théorie, Blood et Wolfe évacuaient l'idée de l'infériorité naturelle des femmes et montraient la nécessité pour le fonctionnement familial de la doter des mêmes aptitudes, de la même formation que l'homme. Leur point de vue était progressiste, il ne fut pas adopté par les féministes.

2° Tout un courant d'études (durant les années 1970), et ceci dans les pays industrialisés, mit en évidence l'importance de la production intrafamiliale. Ceci eut pour conséquence, même pour les sociétés traditionnelles, de nier la dominance systématique de l'homme dans sa fonction instrumentale. «L'économie domestique à la cause marchande» nous valut alors beaucoup de méthodes et surtout beaucoup de chiffres. «Les grandes personnes aiment les chiffres», disait le Petit Prince. «Il faut leur dire : ‹J'ai vu une maison de cent mille francs›. Alors, elles s'écrient : ‹Comme c'est joli!›» (A. de Saint-Exupéry : 421, 422)[51].

L'intérêt pour l'approche comptable vint de plusieurs horizons et s'appuya sur des critères et des considérations économiques et politiques assez différentes. Comme l'écrivent Louise Vandelac et al., (1985)[52], il convient de souligner que, dès le début des années 1960, cette question se posa de manière cruciale pour les pays en voie de développement qui occultaient dans leur comptabilité nationale une partie importante de leurs productions vivrières parce qu'elles n'étaient pas directement monétaires. Cette critique s'imbriquait dans une plus vaste réflexion amorcée au cours de la même période par les mouvements contre-culturels, concernant la crise des sociétés de consommation, la qualité de la vie et la sauvegarde de l'environnement. C'est dans ce contexte économique (Nord-Sud) et culturel que vint se greffer le mouvement des femmes qui exigèrent que l'on comptât leur production. S'est alors posée la question : «D'accord, oui. Mais compter quoi? Et comment?».

Louise Vandelac (1985)[53] retient trois méthodes principales qui furent utilisées.

a) La première qui considère le salaire des employées domestiques polyvalentes ou spécialisées est connue sous le nom de «méthode du coût de remplacement par du personnel domestique». Le chiffrage est très simple en apparence, puisqu'il suffit de multiplier le nombre total d'heures prestées en travail domestique effectué par une population donnée, par le coût horaire moyen d'une employée de maison. Cette méthode est l'une des plus anciennes. Si elle a constitué au début du siècle, lorsque la proportion de domestiques était relativement élevée, un instrument de mesure adéquat, elle n'est plus applicable aujourd'hui car elle suppose que l'ensemble de tout le travail familial peut être accompli par une seule domestique et que les résultats sont équivalents à ceux d'une ménagère au tarif d'une domestique, dont, en plus, le nombre est en déclin total.

b) La deuxième s'inspire de la comparaison des salaires des travailleurs d'entreprises marchandes, dont les tâches équivalent à celles de la production domestique, avec le non-salaire des ménagères. C'est la méthode dite «du coût de remplacement» pour chacune des fonctions domestiques en comparaison du salaire des travailleurs du secteur marchand dont les qualifications correspondent aux qualifications requises pour les tâches domestiques. Il s'agit par exemple des activités de femme de ménage, de cuisinière, de serveuse, de bonne d'enfants, de puéricultrice, de blanchisseuse, d'infirmière, de couturière, ...

Cette méthode consiste à évaluer, à partir d'enquêtes de budgets-temps, celui qui est nécessaire à chacune des activités domestiques, à appliquer ensuite le taux de salaire horaire moyen des employées accomplissant des tâches équivalentes sur le marché du travail.

La méthode appelle au moins deux critique importantes :

– Premièrement, elle s'appuye sur des outils de mesure (budgets-temps) propres aux relations industrielles et ne tiennent pas compte des conditions de productivité réelles du travail domestique (exemple : plusieurs tâches en même temps, interruption de l'une pour passer à l'autre, production horaire mal définie, etc.). Les études de budgets-temps oublient aussi tout le symbolisme des travaux ménagers masculins et féminins, allant de l'identification sexuelle au rôle de père et mère jusqu'à la production de sens. En même temps qu'elle donne à manger à son enfant, la mère lui apprend les bonnes manières (la contrainte), qu'il faut manger pour vivre (la nécessité). Elle lui apprend aussi qu'il faut assumer le déplaisir avant d'avoir droit au plaisir (manger la viande et les pommes de terre avant le dessert). Quant au père, l'enfant l'associe, dans la même action, au jeu mais aussi au travail, à l'évasion mais aussi à la concentration, au dehors et au dedans, à la récompense et à la sanction. En jouant avec son enfant, le père lui apprend les règles. Toute cette symbolique dans la petite enfance ne peut se ramener à des questions d'horaire. Pourquoi privilégier une tâche plutôt qu'une autre, quand elles ont lieu en même temps et quand elles ne sont pas toutes du même ordre ?

– Deuxièmement, la définition du travail domestique mériterait d'être affinée, car le travail des femmes lié à la (re)production familiale est déterminé par le statut socio-professionnel de l'homme et à sa propre carrière. Par exemple, préparer le repas du conjoint serait un travail, préparer le sien n'en serait pas, et préparer ensemble un repas pour dix personnes annulerait le travail de l'un et de l'autre. On retrouve dans le livre d'Andrée Michel, «*Les femmes dans la société marchande*» (1978), une étude de Pierre Kende[54], qui reprend une liste d'activités en fixant pour chacune un tarif horaire. On constate qu'il y a une tendance (peut-être inconsciente) à sous-évaluer en argent le travail accompli par les femmes [exemple : faire les lits (femmes), réparations électriques (hommes)] et, par conséquent, même si les hommes n'accomplissent que 10 % à 30 % du travail domestique, le fait qu'ils se «choisissent» les activités «masculines» mieux rétribuées hausse considérablement la valeur marchande de leur «mince» contribution.

c) La troisième méthode enfin est celle qui repose sur la notion de salaire potentiel perdu par ceux et celles qui se consacrent au travail domestique. C'est la «méthode des coûts alternatifs» ou «des gains potentiels» selon laquelle le travail domestique à temps plein ou à temps partiel équivaut à un salaire que la personne qui travaille au foyer pourrait retirer si elle était sur le marché du travail. Dans la foulée des travaux de Becker, cette méthode suppose que si l'un ou l'autre membre de la famille se consacre au travail familial plutôt qu'au travail salarié, c'est que, compte tenu de ses performances domestiques et de ses capacités de gain (sa formation), il serait économiquement rentable ou équivalent à l'être. Il est clair que cette méthode rendue populaire par Gary Becker[55] n'évalue ni la somme de travail familial effectué, ni sa qualité. Ce n'est pas le travail domestique, ni sa répartition qui sont pris ici en considération, mais uniquement les coûts supposés du retrait ou de la non-entrée dans un emploi qui représenterait la valeur du travail familial. Implicitement, les coûts relatifs à l'absence de l'emploi sont ceux supportés par les femmes puisque, compte tenu de leurs compétences domestiques et de leurs bas salaires, ce sont plus souvent elles qui «choisiront» d'entrer ou non sur le marché du travail rémunéré.

Que valent ces évaluations monétaires? On est en droit de s'interroger étant donné que, de toute façon, elles ne sont pas comptabilisées. Dans les faits, l'opération est nulle, mais comme facteur de conscientisation des femmes et des hommes, cette évaluation peut éventuellement contribuer à modifier les rapports de force et arracher quelques miettes... de pouvoir. De tels calculs peuvent non seulement aider à conscientiser les membres de la famille, mais aussi à exiger une meilleure répartition du travail et des efforts fournis. C'est dans les études des relations interpersonnelles que l'on pourra éventuellement vérifier l'impact de discours monétaires sur le fonctionnement quotidien de la famille.

3° Si ces thèses ont été reprises par un certain nombre de féministes dans les années 1970, les chercheuses du groupe APRE qui travaillent sur la problématique des rapports de sexe ont abandonné le discours en termes de budgets-temps, double journée, meilleure répartition, etc. pour parler en termes de *rapports de sexe antagonistes*, puisque fondés sur l'exploitation d'un sexe par l'autre. Dans l'ouvrage collectif «*Le sexe du travail*» (1984)[56] ainsi que dans six Cahiers de l'APRE (1985-1986)[57], les chercheuses féministes ont tenté de construire la notion de rapports de sexe à partir d'une triple observation et théorisation :

a) une socialisation sexuée des parcours de vie (A. Langevin, 1985)[58];

b) une articulation entre les systèmes familiaux et productifs et l'existence de sphères professionnelles et familiales sexuées (M. Chaudron, 1984; D. Kergoat, 1984; M.A. Barrère-Maurrisson, 1984)[59];

c) l'existence de rapports intra-familiaux, modélisés et traversés par des rapports de sexe (F. Battagliola, 1987; M. Ferrand, 1986)[60].

a) Une socialisation sexuée des parcours de vie

Par le biais d'une étude du «temps» de frères et de sœurs, Annette Langevin (1985) a mis l'accent sur une régulation différentielle du temps de la jeunesse selon les sexes. «Frères et sœur, écrit Annette Langevin (1985 : 51)[61], ont en commun des potentialités de dotation du milieu et des parents. Ils ont également vécu la même dynamique de dotation. Et pourtant, bien qu'ayant en commun l'historicité du processus de socialisation, ils se socialisent différemment et cette socialisation est sexuée». C'est aujourd'hui banal de dire, après Simone de Beauvoir, qu'«on ne naît pas femme, qu'on le devient»; ce l'est moins quand on fait une étude empirique sur des frères et des sœurs et que l'on constate que la régulation sociale des activités durant le temps de vie «enfance», «jeunesse», «préadulte» ne comportent ni les mêmes implications, ni les mêmes cheminements pour l'un et l'autre sexe. Et ce qui est plus grave, c'est de s'apercevoir que cette socialisation au niveau scolaire, professionnel, familial a des effets irréversibles. Etre «jeune garçon» n'est pas être «jeune fille». Pour certaines activités, c'est trop tôt pour une fille, pour d'autres c'est trop tard. Il en va de même pour le garçon. Ainsi, 25 ans est un palier pour une fille (Sainte-Catherine) mais ne l'est guère pour un garçon. D'autre part, certaines activités ne seront jamais autorisées pour les filles, alors qu'elles le seront pour les garçons. La notion de filière d'emploi à temps partiel n'entre pas dans la socialisation du garçon, elle est omniprésente pour la fille quel que soit son milieu. Le choix du conjoint est intériorisé de manière différente, et les filières scolaires sont à ce point dissemblables qu'un frère et une sœur constitueraient rarement un couple homogame alors que, selon les critères d'Alain Girard (région, famille, religion, ...), ils devraient l'être au plus haut point. Si, sur le plan économique (le rapport à la sphère professionnelle), les garçons prennent l'avantage sur les filles, sur le plan des diplômes, les filles sont parfois en apparence surdotées (par rapport à leur père et mère). Mais un diplôme de même nature et de même niveau n'est pas équivalent pour l'une et pour l'autre dans la même fratrie, et pour le même groupe familial.

b) Articulation entre les systèmes familiaux et les systèmes économiques, et l'existence de filières professionnelles et familiales sexuées

Parmi les chercheuses ayant étudié cette problématique, je retiendrai Marie-Agnès Barrère-Maurrisson (1984, 1987)[62] qui a montré à partir de recherches empiriques à quel point il existe une articulation entre vie familiale et vie professionnelle, et aussi à quel point cette articulation concourt à des itinéraires familiaux et professionnels sexuellement très différenciés.

En plus de la division du travail au sein même de la famille entre l'homme et la femme, vient s'ajouter le fait qu'au cours d'une même vie, l'homme est appelé à exercer le plus souvent une activité professionnelle suivie, tandis que les femmes connaissent des discontinuités dans leur activité et leur emploi. Les discontinuités sont différentes selon que l'on est ouvrière ou non (D. Kergoat, 1982)[63], mais elles impliquent des retours difficiles, parfois même impossibles sur le marché du travail, surtout après un certain âge. La crise de l'emploi et l'instabilité des carrières conjugales et familiales rendent cette articulation entre famille et travail plus visible. En effet, la perte d'un emploi chez un homme peut entraîner des tensions dans le couple, allant jusqu'au divorce (M. Sommer, B. Bawin-Legros, 1987)[64]. L'absence d'emploi peut retarder ou faire renoncer une femme à la maternité; au contraire, un emploi plus stable peut être un incitant à cette maternité (B. Bawin-Legros, M. Sommer, 1986)[65]. Inversement, un divorce se produisant sur terrain défavorable (divorce pour cause déterminée, enfants à charge, inactivité féminine) va forcer les deux conjoints, appauvris, à rechercher un partenaire, mais l'inégalité des chances devant le deuxième mariage est très grande entre les sexes étant donné que la grande majorité des femmes (78 %) ont la garde des enfants après un divorce et qu'elles sont souvent sans emploi (36 %) (J.F. Guillaume, B. Bawin-Legros, 1987)[66]. Cette absence d'emploi va soit les mobiliser à prendre n'importe quoi, soit les entraîner dans des voies d'une marginalisation rapide assortie de risques de pauvreté.

La notion de filière professionnelle des femmes met en évidence la spécificité du marché de l'emploi féminin qui continue à les pousser vers le mariage. La notion d'articulation entre systèmes familiaux et systèmes productifs touche à la double inscription différenciée des hommes, comme des femmes, dans les deux structures. Dans cette perspective, aucune étude statique (exemple : budgets-temps) ne peut rendre compte efficacement de la division sexuelle du travail domestique, celle-ci s'inscrit dans la dynamique de la double ou simple insertion de l'homme et de la femme dans les sphères économiques et familiales. C'est pourquoi il ne convient pas d'étudier les effets du travail professionnel sur la vie familiale, ou l'inverse, mais il est indispensable de les analyser d'emblée comme relevant d'une même logique qui attribue à l'homme et à la femme des places spécifiques dans la production. Cette place dans la production marchande est indissociable de la place dans la famille, et réciproquement.

c) L'existence de rapports intrafamiliaux traversés par des rapports de sexe

J'ai déjà eu l'occasion d'aborder ce point et ce qui précède nous y amène tout naturellement. Si les garçons et les filles connaissent des socialisations sexuées, s'ils s'inscrivent dans des filières scolaires, professionnelles et matrimoniales différentes, s'ils monnaient différemment leurs atouts sur tous les marchés, si enfin leur vie familiale et professionnelle s'articulent d'une façon qui les renvoie à leur position initiale, de fille et de garçon, on ne peut qu'arriver à la conclusion que les rapports intrafamiliaux seront déterminés par des logiques contradictoires, certains renvoyant aux rapports de classe et de position d'âge uniquement, toutes renvoyant à des rapports de sexe. Ces rapports, écrivent A.-M. Daune-Richard et A.-M. Devreux (1986)[67], existent à l'intérieur des familles et se reproduisent dans la famille par la socialisation sexuée des enfants. Même si une position aussi dogmatique n'est pas acceptable comme telle, elle a le grand mérite de mettre l'accent sur l'imprégnation des cycles de vie (enfance, formation, mariage), sur l'articulation entre sphère marchande et sphère familiale. De plus, la dynamique des rapports de sexe est négociable à la condition de refuser l'idéologie des modèles familiaux qui portent en eux les instruments de la reproduction de ces rapports. L'idée d'une reproduction des rapports de sexe est partiellement vraie, mais s'inscrit par trop dans une problématique déterministe où serait évacuée la place de l'acteur, le rôle du sujet agissant, c'est-à-dire le système des relations sociales qui traduisent les rapports sociaux mais leur permettent de se modifier dans un rapport dialectique. La question des frontières, des limites, des contours des catégories que nous construisons est toujours au premier plan des questions qui doivent préoccuper les chercheurs.

3. LE MARIAGE COMME SYSTEME DE RELATIONS SOCIALES

La théorie en sciences sociales, faut-il encore le rappeler, n'est qu'une structuration particulière parmi d'autres possibles de la réalité. En cela, elle est très proche de l'idéologie. Sa spécificité tient presque tout entière dans le caractère nouveau qu'elle imprime à l'évolution des représentations et à la force du consensus qu'elle entraîne avec elle et autour d'elle.

Dans cette interprétation de la théorie, il est permis de dire qu'étudier le mariage comme système de relations sociales est bien sûr un mode d'analyse qui consiste à aborder le social par sa forme, son fonctionnement, son subjectivisme (un niveau «micro») plutôt qu'en fonction du contenu, de l'objectivisation (à un niveau «macro») (Cl. Javeau, 1987)[68].

L'approche du «social-mariage» visera à comprendre et à épuiser la ritualisation de la vie quotidienne, les formes multiples et mouvantes de l'échange conjugal, les mécanismes par lesquels les acteurs aménagent leurs ressources pour masquer, diminuer ou, au contraire, accentuer les disparités de départ. Les études de Jean Kellerhals *et al.* (1982)[69] sont, en sociologie francophone, une illustration parfaite de la façon dont on peut opérationnaliser et étudier de manière empirique les relations familiales. Si cette approche est crédible, il en est une autre qui l'est tout autant et qui ne lui est d'ailleurs en rien contradictoire. Poser le mariage comme système de relations sociales, sur le mode de l'interaction en face-à-face, équivaut d'emblée à se placer dans un cadre philosophique et théorique précis qui nous renvoie aux phénoménologues (Lévinas et le thème de l'autre qui crée le lien social)[70], aux théoriciens de l'interaction (Berger-Goffman)[71] et à la sociologie de la vie quotidienne dont j'ai déjà parlé plus haut (voir chapitre I)[72].

Pour peu que le lecteur accepte ce «bricolage» des théories, on reconnaîtra alors que l'histoire de la famille et des sentiments s'écrit dans les brumes d'une polémique qui tourne autour de l'opposition entre tradition et modernité, famille et communauté. En d'autres termes, les sociologues sont toujours enclins, contrairement aux historiens, à mettre en évidence l'apparition de processus sociaux «nouveaux» qui n'auraient rien à voir avec la lointaine histoire. Cette problématique nouvelle est celle du fameux «repli domestique» (J.C. Kaufmann, 1988)[73] et de l'idéologie de la privation des familles (J. Kellerhals et al., 1982)[74]. On en cherche évidemment les causes et les plus évidentes semblent se raccrocher au changement survenu dans le mode de production. Le capitalisme qui draine derrière lui un ethos individualiste et égoïste est alors souvent présenté comme l'élément d'explication central, au cœur de la modernité, de l'atomisation, de l'urbanisation et donc, du repli sur la vie privée dans un large courant culturel appelé «intimiste». Il est probable que le capitalisme fut l'agent moteur mais aussi une simple conséquence d'un mouvement plus vaste vers l'individualisation, caractéristique des sociétés occidentales dès le XVIIIe siècle. La portée vraiment révolutionnaire de cette individuation des agents sociaux dépasse le plan de la vie privée. En effet, dans l'émancipation ontologique des individus, chacun devient plus ou moins «responsable» du cadre signifiant de sa propre existence, prend conscience de l'intentionnalité de ses actes. L'individualisme ne peut être assimilé, par un procédé d'amalgame, à l'industrialisation et à l'atomisation, car celle-ci est plus apparente que réelle. En effet, toutes les observations sociologiques nous amènent à conclure que l'homme moderne, même s'il est seul, est en interconnexion permanente (interdépendance structurelle) avec un nombre croissant de ses semblables, notamment par le biais des institutions qu'il est amené à fréquenter (école, travail...). L'interaction, c'est-à-dire la rencontre de deux ou plusieurs individus, physiquement en présence de la réponse l'un de l'autre, s'est elle aussi étendue même si les réseaux apparaissent comme plus lâches, plus incertains, plus petits. Le point de départ du «corps à corps» suppose paradoxalement la non-pertinence d'une distinction sociologique classique, à savoir l'opposition entre vie privée et vie publique, la distinction entre relations intimes à long terme (privées) et relations flottantes et épisodiques (publiques). Car, quel que soit le lieu, ou le cadrage, les mêmes règles de circulation sont d'application, que ce soit dans les cuisines encombrées ou dans les rues surpeuplées. Les mêmes droits d'interruption (hiérarchique) intéressent les déjeuners privés ou les cours des tribunaux; les diminutifs affectueux peuvent être utilisés dans les supermarchés comme dans les chambres à coucher. S'il y a des différences, elles tiennent plus au rituel qu'à leur substance même.

Dans cette perspective, le mariage et la vie de couple peuvent être considérés comme un arrangement social qui crée pour les acteurs un *ordre* qui permet de donner sens à leur vie quotidienne (P. Berger et H. Kellner, 1971)[75]. Le mariage est un geste «dramatique» par lequel deux étrangers vont se mettre ensemble pour se définir et se redéfinir. Le drame de cet acte est socialement légitimé, organisé bien avant qu'il ne prenne place dans la vie d'un individu. Il est amplifié par la force d'une idéologie persuasive dont les thèmes dominants sont l'amour, l'épanouissement personnel et sexuel, la formation d'une famille. Ce processus idéologique imprègne tous les milieux sociaux, certains y résisteront mieux que d'autres.

Le caractère d'«étranger» des époux n'est pas lié aux facteurs sociaux décrits plus haut en termes d'homogamie ou de rapports de sexe mais tient au fait que chacun des acteurs a vécu d'autres relations personnelles, d'autres face-à-face. Ils n'ont pas le même passé, même si celui-ci présente des structures comparables en termes d'origine de classe, ethnique, religieuse, géographique. En d'autres mots, si l'on parle de relations interpersonnelles, tout groupe social, même homogame, est hétérogame, et tout mariage, même le plus hétérogame, va essayer pour maintenir son projet de diminuer ou d'aménager les différences de départ. L'homogamie dans le vécu quotidien va devenir un objectif. Cette exigence liée à la réussite du couple demande un grand effort personnel de la part de chacun des conjoints. Car contrairement à une situation sociale, déjà connue, le mariage embarque les individus dans un univers qu'ils devront construire et dans lequel ils devront vivre. Pour y arriver, les époux disposent d'un stock de connaissances objectives en matière de mariage qui leur vient de leur histoire familiale et de la culture ambiante. Ils ont vécu un certain rituel familial, même dans les gestes intimes, et ce rituel, ils vont à la fois l'objectiver pour le rendre stable et le subjectiver pour le rendre commun à leur nouvelle famille. C'est en cela qu'un mariage est une aventure périlleuse, parce qu'il nécessite des efforts d'une intensité inversement proportionnelle au bagage commun d'origine. L'arrivée des enfants par le fait qu'elle fixe la parentalité, va intensifier la volonté d'objectivation pour rendre la cellule conjugale peut-être moins fragile[76].

Le mariage peut donc être vu comme la traduction, la visibilité de rapports sociaux, d'inégalités, mais aussi telle une pièce de théâtre dramatique où les acteurs principaux sont deux individus qui apportent et mettent à la disposition de leur projet, un stock d'expériences et de connaissances, une quantité de ressources, mais dont ils ne connaissent pas le scénario, la dramaturgie. Parce qu'ils se marient, ils savent qu'ils devront les construire, mais parce qu'ils ne savent pas ce qu'est le mariage, sur le plan concret, ils vont devoir puiser dans d'autres stocks de connaissance et de relations pour maintenir le projet. Ils devront improviser même si les époux ont les mêmes attentes face au mariage, du fait de leurs capitaux sociaux et culturels proches. Ils devront créer des rôles qu'ils ne connaissent pas, et cela au fil des jours. Ainsi défini, le mariage exige d'être envisagé comme une construction permanente d'une réalité subjective et objectivable à travers l'étude de la vie quotidienne.

Chaque vie quotidienne est singulière dans la mesure où chaque mariage invite à la création d'un nouveau monde où se forgeront de nouvelles identités, de nouveaux rituels d'interaction, mais chaque vie quotidienne est aussi sociale, parce que tout geste s'inscrit dans un rituel déjà en partie codifié qui appartient à l'univers de la mystique domestique. Dans ces termes, le mariage et la vie familiale constituent une dynamique qui se construit tous les jours, dans un processus dialectique d'opposition, de négociation, d'agencement, d'innovation. C'est une dynamique fragile car les ressources de chaque époux à la case départ évoluent au cours du temps, les relations interpersonnelles s'ajoutent, certaines renforcent le mariage, d'autres le déstabilisent. Mais à chaque fois, les époux renégocieront en fonction des ressources anciennes et nouvelles dont ils disposent.

Tout mariage comprend donc une phase de socialisation qui peut, sous certains aspects, être comparée à celle de l'enfance ou de l'adolescence, mais qui lui est aussi étrangère dans la mesure où chaque conjoint est déjà socialisé. Il devra donc plus que dans n'importe quelle autre situation, s'il veut réussir son projet, collaborer avec l'autre, les autres, accommoder les différents. La vie quotidienne implique des efforts journaliers qui peuvent expliquer que certains couples se séparent, confrontés qu'ils seront à l'incapacité psychologique, culturelle, matérielle d'assumer le projet de « bonne famille » dans lequel ils s'étaient engagés. C'est peut-être aussi cela qui explique que, bien que la famille soit une valeur forte, elle fasse à ce point peur, car le projet qu'elle renferme est durable et pousse donc à s'y engager prudemment (d'où peut-être le nombre de mariages à l'essai). De plus, dans le monde actuel, l'oscillation entre l'obédience à l'image du couple et de la bonne famille, et l'aspiration à l'épanouissement personnel s'amplifie par l'existence d'alternatives au foyer. On assiste donc paradoxalement à deux mouvements historiques qui ont tout pour s'affronter sur le terrain du mariage, un mouvement vers un repli intimiste qui encourage la formation du couple d'une part, et un mouvement vers une individualisation encore plus prononcée qui pousse au célibat, ou au mariage de type contrat, sans projet à long terme.

Le conflit entre ces deux tendances contradictoires est rendu moins visible par la sacralisation de la vie privée, l'attention portée à l'enfant et surtout à l'amour, qui permet à l'amoureux de rester cramponné à ses certitudes. Car l'amour est au centre de l'éthique domestique, il modèle les relations dans le sens d'une plus grande égalité ou d'une plus grande inégalité selon les familles. Il est l'instrument de cohésion en même temps que source de brusques éclatements toujours possibles, puisque ce mariage repose sur le libre choix.

Quels que soient les lieux où s'observent les relations sociales, que ce soit lors de la cérémonie du mariage, c'est-à-dire à ce moment précis où les signes du lien sont les plus hautement signifiants (mariage religieux, mariage civil, grand mariage, mariage dans l'intimité), que ce soit dans la mise en scène de la vie quotidienne (observation des modalités de l'échange), il faudra donc analyser ces relations à l'aide de deux paradigmes théoriques indispensables par leur efficacité.

1° Celui de la dynamique des interactions humaines, de la construction de la réalité par les acteurs eux-mêmes (Berger). La vie familiale est un lieu où évoluent les relations, dans le temps, sous l'influence de l'âge, du cycle de vie ou dans l'espace social par la modification éventuelle des rapports initiaux (exemple : l'accroissement des ressources pour l'un des conjoints, la modification dans la perception des ressources).

2° Celui de la ritualisation de la vie quotidienne qui fonde l'ordre de l'interaction (Goffman). Une fois placés en présence immédiate de l'autre, les individus non seulement se heurtent à des contraintes de territoire personnel mais manifestent aussi de la courtoisie, de la différence, voire de l'affection. Nos vulnérabilités rituelles deviennent aussi nos ressources rituelles. Elles se voient dans l'observation des gestes de la vie quotidienne qui traduisent des conflits et des négociations.

Cette analyse du mariage en termes de relations sociales est à la fois complémentaire de celle faite en termes de rapports sociaux dans la mesure où la première donne à lire la seconde ; elle est aussi en contradiction avec elle, dans le sens où rien n'est jamais définitif et où le mariage, avec le projet qui le soutient, est justement ce lieu où vont s'aménager, se négocier, se reconstruire, s'infléchir inégalités ou égalités de départ. Cette analyse peut révéler les propriétés de chaque mariage mais aussi ses faiblesses et ses moments de conflit, voire même de rupture. Le tout récent ouvrage de Jean-Claude Kaufmann, « *La chaleur du foyer* » (1988) est particulièrement intéressant dans la mesure où il s'inscrit directement dans l'étude dynamique de la vie quotidienne des familles. Les termes de Jean-Claude Kaufmann en sont l'illustration : « Le marchandage incessant, spontanément porté par la conversation de tous les jours, est vécu comme la recherche d'une vérité que doit livrer la référence éthique du ménage. Affronté à une situation donnée, il leur suffit, leur semble-t-il, de repréciser la hiérarchie de leurs objectifs, de leurs valeurs et d'analyser l'engagement de chacun par rapport à cette dernière, pour qu'une réponse commune et satisfaisante en résulte. Cet ajustement constitue la trame du vécu domestique » (1988 : 11)[77].

Par la simple apparition d'un problème nouveau, la hiérarchie des objectifs se doit d'être reformulée, sous peine d'un conflit ouvert, et cela, à partir des conditions du moment. L'ethos du mariage se constitue dans sa continuité à travers cette infinie succession de recompositions dans l'instant, recompositions qui ne seront pas nécessairement cohérentes entre elles. On voit que cette analyse du mariage s'inscrit en opposition à celles des modèles et typologies, selon qu'elle met en évidence la dynamique familiale, les stratégies des acteurs qui mélangeant le concret et le symbolique, appliquent les règles données à des conjonctures précises. En d'autres mots, les époux ajustent, négocient, transforment les références. L'analyse en termes de modèles et typologies a son utilité, elle donne une grille de lecture dans laquelle devront s'insérer les biographies singulières construites à partir des matériaux fournis dans le cadre de l'étude dynamique de la vie quotidienne.

4. QUELQUES IMAGES DU MARIAGE

Il n'y a guère de doute, et les enquêtes le montrent à souhait, l'investissement affectif dont la famille fait l'objet aujourd'hui est lié à certaines de ses représentations, celles-ci étant le produit de l'évolution des pratiques et des mœurs. Autre chose est de savoir ce que *représente encore le «mariage» en tant qu'institution* et *pourquoi les gens se marient encore*, ou mieux, *que disent les gens quand on leur demande pourquoi ils se marient.*

Dans l'étude, souvent citée, de Jean Kellerhals *et al.* (1982)[78], les auteurs repèrent quatre raisons invoquées ou plutôt quatre interprétations reconstituées à partir des paroles de 500 couples qui s'étaient mariés à Genève en 1975.

1° La première interprétation est appelée *charismatique* (12 % des hommes et 15 % des femmes), parce qu'on est persuadé que l'officialisation du lien change, en bien, la qualité de celui-ci, lui donne une autre dimension. On en trouve deux sous-types : le type religieux où le mariage correspond à un dessein de Dieu et le type séculier basé sur l'idée que l'officialisation du lien permet à celui-ci de mieux s'exprimer, tant en raison des changements d'attitudes que l'officialisation du lien provoque dans l'entourage que par les symboles qu'il met en œuvre. Cette perspective charismatique apparaît comme importante auprès de la moitié des femmes sans formation ou ouvrières. Elle tend à diminuer au fur et à mesure que l'on monte dans l'échelle des professions pour se limiter à une réponse sur dix chez les universitaires.

2° La deuxième interprétation est appelée *pragmatique* (28 % des hommes, 43 % des femmes). Elle tient en la conviction qu'il est plus pratique, plus commode de vivre la vie en couple en se mariant. Cette conviction peut procéder de motifs très matériels (trouver un appartement, un emploi) ou plus symboliques (les enfants). Quand on souhaite un enfant, il est jugé préférable d'être marié par 76 % des hommes et 77 % des femmes interrogées. Le pragmatisme caractérise presque tous les milieux sociaux.

3° La perspective *statutaire* considère le mariage comme préférable au lien officieux parce qu'il procure un certain statut social à la personne, parce qu'il la nantit d'une sécurité sociale, d'une protection (40 % des femmes). L'idée est de préserver les investissements psychologiques et matériels accompagnant une liaison de longue durée par une protection juridico-sociale. Les motivations statutaires ont peu d'influence sur les femmes universitaires (et pour cause); par contre, la moitié des femmes ouvrières et employées subalternes ont considéré que le souci de garantir une certaine sécurité avait joué un rôle important, sinon décisif, dans leur décision. Les mêmes variations se retrouvent chez les hommes.

4° Enfin, le souci du *conformisme* consiste simplement à ne pas déplaire à l'entourage (familial surtout) qui ne tolérerait pas à long terme une liaison sans mariage. L'importance des pressions explicites est faible (3 % des hommes, 7 % des femmes estiment cette raison décisive) et, à nouveau, c'est dans les classes populaires qu'il s'affirme plus volontiers. La motivation conformiste décroît quand on monte dans l'échelle sociale. De toute manière, on met peu l'accent sur ce motif. Jean Kellerhals et ses coauteurs font une analyse poussée des motivations. Je préfère engager le lecteur à se référer au texte lui-même plutôt que de résumer ici en quelques lignes les développements riches et passionnants du travail genevois.

Pour en venir à la question «Le mariage a-t-il une bonne image?» on se réfèrera à une enquête effectuée par Michel Loriaux *et al.* (1981)[79] en Wallonie et à Bruxelles auprès de 3.500 personnes et portant sur les attitudes et opinions des citoyens francophones belges en matière de vie familiale, de fécondité, d'attitudes face au travail professionnel des femmes, aux rôles sexuels, etc.

Dans ce chapitre, je reprendrai seulement les quelques questions relatives aux attitudes exprimées vis-à-vis du mariage.

Trois questions portant sur le mariage m'ont paru être intéressantes à noter :

1) l'existence d'un projet de mariage ;
2) les raisons invoquées par les gens pour se marier ;
3) une prise de position sur la proposition suivant laquelle le mariage reste la cellule de base de notre société.

1) **En ce qui concerne le projet de mariage**
   (une question qui ne vise pas les gens déjà mariés)

	Prochainement	Un jour	Jamais	Ne sait pas	Total
TOTAL	5,5	36,1	44,8	13,6	1.083
REGION					
Bruxelles	4,9	29,3	46,4	19,4	311
Wallonie	5,7	38,9	44,2	11,2	772
URBANISATION					
urbain	4,4	26,9	54,0	14,7	642
suburbain	7,4	49,5	29,8	13,3	319
rural	6,1	47,2	37,5	9,2	122
SEXE					
homme	5,7	47,8	31,2	15,3	449
femme	5,3	26,9	55,4	12,3	633
AGE					
18-29 ans	9,9	68,5	7,5	14,0	438
30-44 ans	5,4	24,9	46,5	23,2	154
45-59 ans	2,0	8,4	70,5	19,1	178
60-75 ans	0,0	2,3	93,4	4,3	312
ETAT CIVIL					
célibataire	7,2	53,2	24,0	15,6	606
autre	2,7	7,1	80,0	10,2	475
CATEGORIE SOCIO-PROFESSIONNELLE					
ouvrier	7,3	49,4	32,2	11,1	138
employé	16,3	47,0	23,5	13,1	92
cadre moyen	6,5	35,5	34,1	23,9	158
cadre supérieur	9,8	22,1	41,6	26,6	22
indépendant	5,8	13,9	56,8	23,4	62
inactif avec revenus	1,5	10,1	81,0	7,3	351
inactif sans revenus	4,3	61,2	21,9	12,6	254

On constate que 36 % du total des personnes interrogées caressent le projet de se marier un jour, alors que 45 % déclarent n'en avoir pas le projet. Des différences importantes apparaissent en fonction des milieux — non urbain et urbain — où le rejet du projet de mariage est plus grand. Les femmes semblent aussi moins disposées à se marier que les hommes, et les jeunes (18,29 %) apparaissent plus favorables au projet que leurs aînés (30,44 %); la tranche d'âge des 30-44 ans est largement composée de gens qui ont déjà été mariés et qui refusent l'idée d'un deuxième projet de mariage. Enfin l'influence du milieu social mesuré par la catégorie socio-professionnelle nous montre que c'est globalement dans les classes moyennes qu'on envisage le plus souvent de ne jamais se marier.

2) Les raisons qui amènent généralement les gens à se marier légalement

	1	2	3	4	5	6	7	Total
TOTAL	35,8	16,8	15,3	15,3	13,7	1,6	2,1	3.498
REGION								
Bruxelles	36,2	15,2	16,6	15,0	13,8	0,9	2,3	756
Wallonie	35,1	17,3	14,9	15,3	13,7	1,8	2,0	2.742
URBANISATION								
urbain	35,4	15,8	15,4	15,3	15,0	1,3	1,8	1.772
suburbain	34,9	17,5	15,5	14,6	13,1	2,3	2,2	1.250
rural	36,2	18,8	14,2	16,9	10,4	0,7	2,8	475
SEXE								
homme	30,1	17,9	17,9	16,6	14,5	1,0	2,0	1.633
femme	39,9	15,9	13,0	14,1	12,9	2,1	2,1	1.864
AGE								
18-29 ans	35,5	15,7	21,6	10,9	13,9	0,7	1,7	813
30-44 ans	35,4	14,4	19,0	14,3	13,1	1,6	2,3	970
45-59 ans	35,7	17,2	11,5	17,4	14,0	1,5	2,7	938
60-75 ans	34,5	20,8	8,5	18,5	13,8	2,6	1,3	775
ETAT CIVIL								
célibataire	30,2	17,8	21,9	14,8	12,0	1,6	1,7	606
marié	36,2	17,1	13,8	15,9	13,6	1,4	1,9	2.417
autre	37,3	14,1	14,4	12,4	16,3	2,5	3,0	475
CATEGORIE SOCIO-PROFESSIONNELLE								
ouvrier	36,6	16,5	14,0	12,1	15,4	2,8	2,6	522
employé	35,7	18,8	14,6	11,5	15,5	1,6	2,3	308
cadre moyen	34,2	14,5	21,0	18,3	10,6	0,3	1,1	555
cadre supérieur	29,4	11,0	23,9	21,0	10,5	0,9	3,4	155
indépendant	31,0	15,9	19,3	17,2	14,4	1,0	1,2	268
inactif avec revenus	33,5	19,5	10,8	16,7	15,0	1,7	2,7	883
inactif sans revenus	40,0	16,2	14,6	13,1	12,9	1,9	1,4	792

Signification des codes :
1. le désir d'avoir des enfants légitimes ;
2. le besoin d'assurer la stabilité du couple ;
3. la pression sociale ou familiale ;
4. les convictions morales ou religieuses ;
5. le fait que «cela va de soi» quand on aime quelqu'un ;
6. le désir d'avoir une cérémonie ;
7. autre.

Observation : ces raisons concernent les gens en général, et non les interviewés personnellement.

Les données belges confirment toutes les données d'enquêtes étrangères. C'est le désir d'avoir des enfants légitimes (une interprétation pragmatique) qui remporte le plus d'adhésion, quels que soient le milieux, l'âge, le sexe, l'appartenance sociale. Il est intéressant de souligner l'importance que revêt, chez les jeunes, la pression de l'entourage (une interprétation conformiste), de même que dans la catégorie des cadres supérieurs où elle joue encore un rôle certain (24 %). Les convictions religieuses ou morales sont également réparties, sauf parmi les classes supérieures qui semblent être plus influencées par des considérations d'ordre charismatique.

3) Le mariage doit-il être maintenu à tout prix, car il est la base de la société?

	1	2	3	4	5	Total
TOTAL	50,9	18,7	10,7	8,0	11,2	3.498
REGION						
Bruxelles	44,0	15,2	12,0	10,9	17,5	756
Wallonie	52,8	19,6	10,4	7,2	9,5	2.742
URBANISATION						
urbain	51,1	17,1	11,1	7,8	12,3	1.772
suburbain	49,7	20,3	10,9	8,7	10,3	1.250
rural	53,3	20,3	8,7	6,7	10,0	475
SEXE						
homme	53,1	18,3	11,0	6,1	11,2	1.633
femme	48,9	19,0	10,5	9,6	11,3	1.864
AGE						
18-29 ans	27,0	19,5	19,1	11,9	22,2	813
30-44 ans	44,5	18,6	14,4	8,6	13,8	970
45-59 ans	61,0	19,6	6,2	6,1	6,3	938
60-75 ans	71,7	16,7	2,8	5,5	2,7	775
ETAT CIVIL						
célibataire	30,9	20,8	17,0	11,2	19,0	606
marié	56,0	18,9	9,7	6,5	8,6	2.417
autre	50,6	14,8	7,8	11,9	14,5	475
CATEGORIE SOCIO-PROFESSIONNELLE						
ouvrier	51,1	19,7	10,8	6,6	11,5	522
employé	42,4	16,3	15,8	11,8	13,4	308
cadre moyen	35,9	20,7	13,8	11,1	18,2	555
cadre supérieur	39,4	20,1	14,6	9,5	16,4	155
indépendant	57,6	16,4	10,1	5,9	9,7	268
inactif avec revenus	67,0	16,6	5,3	4,9	5,4	883
inactif sans revenus	46,7	20,4	11,8	9,0	11,4	792

Signification des codes :
1. tout à fait d'accord ;
2. plutôt d'accord ;
3. ni pour ni contre ;
4. plutôt pas d'accord ;
5. pas du tout d'accord.

Il est intéressant de souligner ici que cette proposition rallie encore près de 70 % des réponses (regroupement de 1 et 2). Des différences importantes apparaissent cependant selon l'âge des personnes interrogées. Plus on est âgé, plus on adhère à cette représentation du mariage; de même que plus on est marié, plus on y souscrit, ceci n'a rien de surprenant, les deux étant liés.

Ces quelques données, ainsi que celles de Reszohazy (1982)[80] ou l'étude de Eric Baruffol (1985)[81] confirment l'analyse française de Barthélemy *et al.* (1986)[82] ainsi que l'étude de Jean Kellerhals *et al.* (1982)[83], à savoir que le mariage en tant que tel s'inscrit dans des valeurs surtout liées à la stabilité de la société et à la création des enfants. Toujours ressenti comme «institution sacrée», même si c'est pour des raisons pragmatiques, le mariage renvoie moins à l'institution qu'il renforce, qu'à la famille qu'il crée, en légitimant les enfants. Cette représentation ne semble ni pour la France, ni pour la Belgique, ni pour la Suisse, refléchir la diversité des situations particulières, mais renvoyer davantage à une image d'un modèle qui reste dominant parce qu'il réunit des parents et des enfants.

Le mariage ne représente plus une cérémonie, une maison, un nom, une identité ou un lignage. C'est la famille concrète, qui est perçue comme la cellule de vie se définissant à travers le seul personnage qui la crée et la représente : l'enfant. L'analyse des variables socio-économiques et socio-démographiques fait apparaître finalement peu de différences dans la *perception du mariage* alors que la famille, quant à elle, devient un lieu dont les contours peuvent fluctuer en fonction de l'expérience de chacun et être modifiés tout au long du cycle de vie. C'est donc au niveau des *représentations de la famille* que les différences peuvent exister, et c'est là que réside l'un des enjeux principaux pour les sociologues de la famille, c'est-à-dire la nécessité de prendre en compte les situations familiales qui se forment et se transforment dans l'organisation des systèmes symboliques et idéologiques des individus. Ce constat conduit à s'interroger une fois de plus sur l'acharnement qui pousse les sociologues de la famille à définir l'*objet famille* en tant qu'objet séparé du reste de la vie sociale.

NOTES ET BIBLIOGRAPHIE

[1] SINGLY Fr. de, «Le sexe des capitaux» in *Cahiers de l'APRE*, Paris, C.N.R.S., PITREM, 1986, n° 5, pp. 15-24. — SINGLY Fr. de, «Théorie critique de l'homogamie» in *L'Année Sociologique*, 1987, vol. 37, pp. 181-205.
[2] DE COSTER M., *Introduction à la sociologie*, Bruxelles, Ed. de Boeck, 1987.
[3] ROUSSEL L., «Données démographiques et structures familiales» in *L'Année Sociologique*, 1987, vol. 37, pp. 45-91.
[4] SARDON J.P., «Evolution de la nuptialité et de la divortialité en Europe depuis la fin des années 60» in *Familles d'aujourd'hui*, Actes du Colloque de l'AIDELF à Genève, 1984, Paris, INED, 1986, pp. 15-30.
[5] ROUSSEL L., *op. cit.*, 1987, pp. 45-91.
[6] MONNIER A., «La conjoncture démographique : l'Europe et les pays développés d'outre-mer» in *Population*, 1983, n°s 4-5, pp. 827-840.
[7] Institut National de Statistique, Statistiques Démographiques, Bruxelles, Ministère des Affaires Economiques, 1986.
[8] BAWIN-LEGROS B., SOMMER M., «Modes de vie des familles en Belgique francophone», *op. cit.*, 1986.
[9] SARDON J.P., *op. cit.*, 1986, p. 18.
[10] ROUSSEL L., *op. cit.*, 1987, pp. 45-91.
[11] ROUSSEL L., *op. cit.*, 1987, p. 50.
[12] VILLAC L., *op. cit.*, (chap. I), 1983-1984.
[13] FOUCAULT M., *La volonté de savoir*, Paris, Gallimard, 1976.
[14] JAVEAU Cl., *Leçons de Sociologie*, *op. cit.*, 1986.
[15] DUMONT L., *Homo Hierarchicus*, Paris, Gallimard, Coll. Tel., 1979, p. 34.
[16] JAVEAU Cl., *op. cit.*, 1987, p. 198.
[17] JAVEAU Cl., *op. cit.*, 1987, p. 181.
[18] GIRARD A., *Le choix du conjoint*, Paris, INED, 1re édition, 1964, 3e édition, 1981.
[19] BOURDIEU P., «Les stratégies matrimoniales dans le système de reproduction» in *Annales*, E.S.C., 1972, n° 24, 4-5, pp. 1105-1125. — DESROSIÈRES A., «Marché matrimonial et structures de classes sociales» in *Actes de la Recherche en Sciences Sociales*, 1978, n° 21, pp. 97-107.
[20] GIRARD A., *op. cit.*, 1964, 3e édition, 1981. — LAMBRECHTS E. et HENRYON C., *Le mariage en Belgique*, Université Catholique de Louvain, 1968. — KELLERHALS J. et al., *Mariages au quotidien*, *op. cit.*, 1982.
[21] SINGLY Fr. de, «Théorie critique de l'homogamie» in *Année Sociologique*, 1987, n° 37, pp. 181-205.
[22] THELOT Cl., *Tel père, tel fils*, Paris, Dunod, 1982. — DESROSIÈRES A., *op. cit.*, 1978. — ROUSSEL L., *Le mariage dans la société française*, Paris, INED, 1975.
[23] KELLERHALS J. et al., *op. cit.*, 1982.
[24] KELLERHALS J. et al., *op. cit.*, 1982.
[25] GIRARD A., «Sociologie du Mariage» in *Encyclopedia Universalis*, Paris, 1974.
[26] KELLERHALS J. et al., *op. cit.*, 1982.
[27] BOURDIEU P., *op. cit.*, 1972.
[28] DESROSIÈRES A., *op. cit.*, 1972.
[29] BOURDIEU P., *op. cit.*, 1972, p. 107.
[30] SINGLY Fr. de, «Mobilité féminine par le mariage et dot scolaire» in *Economie et Statistique*, 1977, n° 91, pp. 33-44. — SINGLY Fr. de, *Fortune et infortune de la femme mariée*, Paris, P.U.F., 1986. — SINGLY F. de, *op. cit.*, 1987.
[31] DESROSIÈRES A., *op. cit.*, 1978.

[32] SINGLY Fr. de, *op. cit.*, 1977.
[33] SINGLY Fr. de, *op. cit.*, 1987.
[34] SINGLY Fr. de, *op. cit.*, 1987, p. 192.
[35] DEVILLE J.C., « De l'enfance à la constitution d'une famille » in *Données Sociales*, 1981.
[36] Institut National de Statistique, *Statistiques Démographiques*, Bruxelles, Ministère des Affaires Economiques, 1986.
[37] DELPHY C., « Les femmes dans les études de stratification » in *Femmes, Sexisme et Société*, éd. A. Michel, Paris, P.U.F., 1977, pp. 25-38.
[38] SINGLY Fr. de, « Le sexe des capitaux » in *Cahiers de l'APRE*, Paris, C.N.R.S., PITREM, n° 5, pp. 15-24.
[39] SINGLY Fr. de, « Les manœuvres de séduction » in *Revue Française de Sociologie*, 1984, XXV, pp. 523-559.
[40] KELLERHALS J. *et al.*, *op. cit.*, 1982.
[41] HERLA G., « Partage des responsabilités familiales » in *Cahiers de Psychologie Sociale*, Liège, 1987, n° 35, pp. 9-50.
[42] PARSONS T. et BALES R., *op. cit.* (chap. I), 1955.
[43] KELLERHALS J. *et al.*, *Micro-sociologie de la famille, op. cit.*, 1984, p. 45.
[44] BLOOD R.O. et WOLFE D.H., *Husbands and Wifes. The Dynamics of Married Living*, New York, Free Press 1960.
[45] KELLERHALS J. *et al.*, *op. cit.*, 1982. — KELLERHALS J. *et al.*, *op. cit.*, 1984.
[46] KELLERHALS J. *et al.*, *op. cit.*, 1982, pp. 45-46.
[47] KELLERHALS J. *et al.*, *op. cit.*, 1982, p. 46.
[48] KELLERHALS J. *et al.*, *op. cit.*, 1982.
[49] BLOOD R.O. et WOLFE D.H., *op. cit.*, 1960.
[50] BLOOD R.O. et WOLFE D.H., *op. cit.*, 1960.
[51] SAINT-EXUPERY A. de, *Le Petit Prince*, Paris, Gallimard, 1959, pp. 421-422.
[52] VANDELAC L. *et al.*, *Du travail et de l'amour, op. cit.*, 1985.
[53] VANDELAC L. *et al.*, *op. cit.*, 1985.
[54] KENDE P., « Les biens et les services autoproduits dans la consommation des ménages français » in *Les femmes dans la société marchande*, Ed. A. Michel, Paris, P.U.F., 1978, pp. 225-244.
[55] BECKER G.S., « A Theory of the Allocation of Time » in *The Economics of Women and Work*, AMSDEN, Aline H. (ed); New York, Penguin Book, 1980, pp. 52-81.
[56] Collectif, *Le sexe du travail*, P.U. Grenoble, 1984.
[57] *Cahiers de l'APRE*, Paris, C.N.R.S., n°s 1-6, 1985-1986.
[58] LANGEVIN A., « Socialisation sexuée des parcours de vie : approche comparative entre frère et sœur. Questions de méthode » in *Cahiers de l'APRE*, Paris, C.N.R.S., 1985, n° 2, pp. 45-62.
[59] CHAUDRON M., « Sur les trajectoires sociales des femmes et des hommes. Stratégies familiales de reproduction et trajectoires individuelles » in *Le sexe du travail, op. cit.*, 1984, pp. 17-28. — BARRÈRE-MAURRISSON M.A., « Le cycle de vie familiale. Méthodologie et champ d'utilisation » in *Le sexe du travail, op. cit.*, 1984, pp. 29-44. — KERGOAT D., « Plaidoyer pour une sociologie des rapports sociaux. De l'analyse critique des catégories dominantes à la mise en place d'une nouvelle conceptualisation » in *Le sexe du travail, op. cit.*, 1984, pp. 207-220.
[60] BATTAGLIOLA F., « Séquence de la vie familiale, évolution des rapports familiaux » in Travaux du Colloque *Temps et Durée dans la vie familiale*, Paris, Institut de l'Enfance et de la Famille, 16-17 décembre 1987. — FERRAND M., « Modèles familiaux et rapports sociaux de sexe » in *Cahiers de l'APRE, op. cit.*, 1986.
[61] LANGEVIN A., *op. cit.*, 1985, p. 51.

[62] BARRÈRE-MAURISSON M.A., *op. cit.*, 1984. — BARRÈRE-MAURISSON M.A., «Structures économiques et structures familiales» in *L'Année Sociologie*, 1987, n° 37, pp. 67-91.
[63] KERGOAT D., *Les ouvrières*, Paris, Sycomore, 1982.
[64] SOMMER M. et BAWIN-LEGROS B., *Ruptures et réorganisations familiales*, recherche effectuée pour le Ministère des Affaires Sociales, Communauté Française de Belgique, Liège, 1987, rapport ronéotypé.
[65] BAWIN-LEGROS B., et SOMMER M., *Modes de vie des familles en Belgique francophone, op. cit.*, 1986.
[66] GUILLAUME J.F. et BAWIN-LEGROS B., *Problématique socio-économique des créances alimentaires en Belgique*, étude financée et publiée par le Secrétariat d'Etat à l'Environnement et à l'Emancipation Sociale, Bruxelles, octobre 1987.
[67] DAUNE-RICHARD A.M. et DEVREUX A.M., «A propos des rapports sociaux de sexe. Parcours épistémologiques» in *La reproduction des rapports de sexe*, Paris, C.N.R.S., A.T.P., 1986.
[68] JAVEAU Cl., *op. cit.*, 1987.
[69] KELLERHALS J., PERRIN J.F., STEIVANER-CRESSON G., VONÈCHE L. et WIRTH C., *op. cit.*, 1982.
[70] LÉVINAS E., *Ethique et Infini*, Paris, Fayard, 1982.
[71] BERGER B. et LUCKMANN Th., *La construction sociale de la réalité, op. cit.*, 1986. — GOFFMAN E., *La mise en scène de la vie quotidienne*, Paris, Editions de Minuit, Tomes 1 et 2, 1973. — GOFFMAN E., *Les rites d'interactions*, Paris, Editions de Minuit, 1974.
[72] La sociologie de la vie quotidienne est représentée dans le monde francophone notamment par Michel MAFFESOLI et Claude JAVEAU. J'en ai déjà fait mention sous le point 4.1. du chapitre I.
[73] KAUFMANN J.C., *La chaleur du foyer. Analyse du repli domestique*, Paris, Méridien, Klincksieck, 1988.
[74] KELLERHALS J. *et al., op. cit.*, 1982.
[75] BERGER P. et KELLNER H., «Mariage and the Construction of Reality» in *Sociology of the Family*, M. Anderson (ed.), Penguin Books, 1971, pp. 302-324.
[76] On peut se poser la question de savoir, en cette grande période de transition démographique si le nombre d'enfants est lié à l'intensité du lien conjugal. Les travaux sur le désir d'enfant montre que la parentalité semble satisfaite dès la venue du premier enfant dont la fonction est essentiellement affective : il magnifie la relation et fixe les rôles parentaux.
[77] KAUFMANN J.C., *op. cit.*, 1988, p. 111.
[78] KELLERHALS J. *et al., op. cit.*, 1982, pp. 95-102.
[79] LORIAUX M., REMY D. et GARSOU M., *Enquête sur le citoyen et la population*, Centre de Démographie de l'Université Catholique de Louvain, 1981.
[80] REZSOHAZY R., *op. cit.*, 1982.
[81] BARUFFOL E., *La famille et la structure de ses représentations*, thèse de Doctorat en Psychologie, Université Catholique de Louvain, 1985 (non publié).
[82] BARTHELEMY M., MUXEL A. et PECHERON A., *op. cit.*, 1986.
[83] KELLERHALS J., *op. cit.*, 1982.

Chapitre III
Au divorce

1. PRESENTATION D'UNE ANALYSE POSSIBLE

Rien ne paraît plus simple et plus évident pour mesurer la stabilité de l'institution familiale dans un temps et en un endroit donnés, que d'y compter le nombre de divorces. Des esprits n'ont pas manqué d'ailleurs, de voir dans l'accroissement rapide du taux de divortialité une conséquence et un facteur de la fragilisation de l'entité familiale tout entière. Pourtant, comme l'écrit Irène Théry (1986), «l'un des effets principaux de la montée en flèche de la divortialité depuis vingt ans en France et dans de nombreux pays occidentaux a justement été de mettre en cause une telle démarche et la double assimilation/réduction qu'elle suppose: assimilation de la stabilité familiale à la stabilité conjugale, assimilation de l'entité familiale à sa forme institutionnelle» (1986 : 53)[1].

Lorsque près d'un mariage sur trois est susceptible de se terminer par un divorce, les chiffres paradoxalement cessent de nourrir les certitudes et les angoisses de ceux que la désintégration de la famille inquiète. Le changement est manifestement qualitatif, il suppose et impose une «banalisation» du problème divorce en même temps qu'une «dé-stimagtisation» qui ne manifeste pas autre chose que l'intégration progressive, complexe et contradictoire de la *précarité conjugale* comme l'une des composantes de la notion contemporaine de famille, comme l'une des options possibles dans les itinéraires individuels.

S'interroger sur le divorce, c'est donc avant toute chose mesurer jusqu'à quel point les critères mêmes de la stabilité conjugale ont changé, c'est-à-dire examiner des conduites dont la signification sociale s'est profondément transformée. On y reviendra dans ce chapitre.

Le divorce comme le mariage peut être appréhendé dans sa dimension sociale. Cette approche, bien qu'indispensable, est cependant d'un intérêt restreint si elle limite son analyse à un stade purement descriptif corrélant un ensemble de variables telles l'âge des divorcés, l'âge au mariage, la durée du mariage, ou encore les catégories socioprofessionnelles des conjoints. Notons néanmoins que cette approche sociale est nécessaire dans la mesure où elle met en évidence des inégalités sociales et sexuelles face au divorce et surtout face à ses conséquences (garde des enfants - survie économique après divorce).

Une approche sociologique des divorces, en revanche, nous permet de chercher à intégrer le divorce, devenu statistiquement non déviant dans le système plus global qui le produit, en l'occurrence le système matrimonial. On introduira alors dans la compréhension du phénomène, des variables qui lui donnent sens, c'est-à-dire les points de vue juridique et judiciaire, ainsi que des variables qui permettent d'en mesurer ses conséquences, c'est-à-dire l'économique et le social. Car le divorce, ainsi que l'écrit Jacques Commaille, «est à la fois l'effet d'une pratique sociale (la décision d'un couple), l'effet d'une loi et l'effet des instances chargées d'appliquer les lois» (1979: 1)[2]. Cette définition a le mérite d'intégrer le divorce dans le cadre plus vaste des attitudes et pratiques en matière familiale, ces attitudes et ces pratiques étant socialement diversifiées. De plus, comme Jacques Commaille le précise, on ne négligera pas l'influence de l'appareil légal et judiciaire qui tantôt facilite ou freine l'accès au divorce, tantôt joue le rôle de régulateur ou dérégulateur des conditions de vie familiale (pensions alimentaires, garde des enfants, conflits...).

L'analyse sociologique actuelle du divorce a le mérite de se situer entre la «pathologisation» de ce dernier et sa pure et simple «banalisation» qui consisterait à voir le divorce tel un événement comme un autre dans la trame d'une vie. Elle se place plutôt dans une «compréhension» des conséquences que le divorce aura pour certaines catégories de divorcés et pour leurs enfants.

Il existe assurément de multiples degrés de compréhension. Dans ce cas-ci, on ne peut se contenter de renvoyer le divorce à d'autres faits ou objets sociaux par le seul mécanisme de l'analogie (ex. : fin de contrat). Il faut tenter de comprendre les actes des individus impliqués, par le biais des motifs directs — en vue de — ainsi que des motifs — parce que —, sans essayer cependant d'interpréter toutes leurs motivations étant donné les horizons de plans de vie personnelle, leur passé d'expérience, leurs références à la situation unique qui les détermine. Traiter le phénomène «divorce» revient alors à saisir celui-ci, non pas comme un objet isolable en soi, mais plutôt comme une situation qu'il faut replacer dans l'ensemble des comportements familiaux sujets à de multiples transformations. Le divorce en effet participe à l'évolution de l'ensemble à des attitudes face au mariage, à la sexualité, à la parentalité, en même temps il ne peut être envisagé en dehors des transformations de l'appareil productif (crise de l'emploi) et du système politique et juridique et cela dans tous les pays industrialisés.

1. Analyse sociale du divorce

1. Ampleur du phénomène

La désaffection de plus en plus grande des jeunes vis-à-vis du mariage semble aller de pair avec une fragilité accrue des unions conclues. En effet, il convient peut-être de rapprocher la diminution importante du nombre des mariages conclus au cours des dix dernières années de l'augmentation tout aussi spectaculaire du nombre de divorces.

Ainsi, alors même que les mariages sont de plus en plus tardifs et moins fréquents, on observe un nombre croissant de ruptures d'unions par divorce, ces ruptures intervenant de plus en plus tôt dans le mariage, qu'il y ait ou non des enfants. Le divorce apparaît donc comme un élément déterminant, au même titre que le mariage, des nouveaux types de rythmes familiaux qui se mettent en place dans les pays industrialisés et qui modifient le passage dans lequel se constituent et se reconstituent les familles. La question de la nouveauté du phénomène est régulièrement posée comme à chaque fois qu'un changement social important s'opère. Le caractère de «nouveauté», possède dans notre société une sorte de légitimation, le nouveau étant souvent mieux que l'ancien (le nouveau Dash, les nouveaux philosophes, les nouveaux pères, etc.). A tous ceux qui affirment «qu'il n'y avait pas de divorces dans les sociétés traditionnelles», on répondra que cette assertion est vraie pour l'Europe Occidentale de l'ère chrétienne. C'est d'ailleurs ce point de «jusqu'à ce que la mort nous sépare», qui distingue les usages matrimoniaux de presque tous les peuples christianisés à travers les âges, qu'il s'agisse des Romains, des Anglo-Saxons, des Celtes ou de la plupart des habitants d'Afrique et d'Asie qui ont été convertis par les missionnaires pendant plusieurs siècles (F. Mount, 1982)[3].

L'Eglise sut d'ailleurs parfaitement faire taire les ressentiments des ménages mal assortis, en recourant à la pratique de l'annulation du mariage ; au Moyen Age par exemple, cette pratique invoquait souvent la proximité de parenté[4]. L'exemple le plus célèbre des situations extrêmes atteintes par l'interdiction du mariage pour affinité était celui de l'homme épousant sa filleule. Si on découvrait un tel rapport entre époux, selon Mount (1987), le mariage était aussitôt frappé de nullité. Ce bref détour par l'histoire n'a d'autre but que celui d'éviter aux sociologues une vue par trop myope et d'invoquer la nouveauté là où il n'y a simplement qu'un retour voire simplement une plus grande visibilité des faits.

La décennie 1960 marque dans tous les pays d'Europe la fin d'une grande stabilité du nombre de divorces (*la Loi et le Nombre*, collectif, 1983)[5]. Partout les indices se mettent à augmenter, d'abord assez faiblement, puis beaucoup plus massivement au cours des années 1970 comme le montre le tableau suivant (J.P. Sardon, 1986)[6].

Somme des taux de divorce par durée de mariage (en ‰)

Année	Angle-terre	Au-triche	Bel-gique	Bul-garie	Dane-mark	Fin-lande	France	Hon-grie	Italie
1965	107	145	82	103	182	137		107	227
1966	110	149	87		186	145		113	
1967	122	154	90		189	155		114	
1968	129	168	91		203	158		110	
1969	144	173	97		238	170		113	
1970	163	182	96	148	251	171		120	250
1971	207	177	106		(355)	209		142		52
1972	328	177	117		348	229	131*	142		98
1973	289	179	125		339	243	136*	147		53
1974	306	193	150		358	276	152*	167		52
1975	322	197	161	154	367	258	156*	172	277	31
1976	335	208	183	157	365	281	168*	177	284	35
1977	340	220	185	181	378	283	198*	204	286	33
1978	379	236	194	177	373	293	204*	226	297	33
1979	393	262	208	185	393	273*	215*	(243)	289	33
1980	393	262	208	185	393	273*	222*	(247)	294	32
1981	397	266	220	188	431	277*	240*		293	
1982	401	286	(223)	188	444	(288)*	260*		310	
1983	404	294		201	(451)	(293)*	275*		324	
1984		296		191	(448)		291*			
1985							308*			

Année	Nor-vège	Pays-Bas	Pologne	RDA	RFA	Roumanie	Suède	Suisse	Tchécoslovaquie	URSS
1965	102	72			122**	201	178	127	168	149***
1966	106	78			120**	140	190	125		
1967	114	84			128**		197	130		
1968	120	90			132**	22	204	137		
1969	123	98			146**	39	220	146		
1970	134	110	146		159**	44	234	155	218	261***
1971	144	121			163**	54	247	168		
1972	154	157			172**	181	64	281	180	
1973	176	185			181**	191	83	302	188	
1974	193	194			199**	212	104	521	192	
1975	208	200	154	288	210**	234	202	499	209	273	298***
1976	217	207	140	309	226**	241	212	434	226	356	320***	365
1977	228	212	155	289	171**	170	151	413	247	250	327***	377
1978	233	219	123	299		76	195	417	255	262		379
1979	248	235	138	323		185	209	423	257	253		388
1980	251	257	136			277		422	273	266		37
1981	273	285	134			263		435	282	271		370
1982	(276)		159			288		454	(296)	274		358
1983	(300)		155			298			(302)	291		
1984	(315)								(290)			

* Non comparable à la série antérieure
** Obtenu par combinaison des quotients de divorce par durée de mariage.
*** Divorces intervenus à des durées de mariage inférieures ou égales à 20 ans.
() Provisoire
Sources : P. Festy, «L'évolution récente du nombre de divorces en Europe occidentale», in *Le divorce en Europe occidentale : la Loi et le Nombre*, GIRD-CATEL-INED, Paris, 1983. — A. Monnier, «L'Europe et les pays développés d'outre-mer». *Population*, 4-5, 1985, 749-764.

Cette relative similitude des évolutions n'en cache pas moins, comme en matière de nuptialité, des particularités nationales ou régionales. Ainsi les pays d'Europe du Nord (Angleterre et Scandinavie) se distinguent par une divortialité traditionnellement plus élevée et par une augmentation plus forte des divorces durant les années 1970 (de 15 à 35 %). Pour le reste de l'Europe, l'indice de divortialité ne dépasse pas 25 %. Les différences de taux d'un pays à l'autre reflètent l'appartenance à des sphères culturelles différentes mais aussi à des systèmes de droit différents.

Durant les années 1970, des réformes de législation sur le divorce ont été réalisées dans beaucoup de pays (France, 1975, Belgique,

1974). En Belgique, où le nombre de divorces en 1985 atteint le chiffre de 18.437, c'est-à-dire un divorce sur trois mariages, on a constaté une forte augmentation des divorces durant la période 1975-1980, laquelle suit la réforme de 1974. On a assisté à un phénomène de «déstockage» des gens mariés qui semble maintenant se terminer et les chiffres provenant de l'Institut National de Statistique indiquent pour 1985 et 1986[7] une légère stagnation, voire une diminution de divorces enregistrés à l'état civil en Belgique.

Si cette tendance à la baisse se maintenait, on pourrait faire deux hypothèses :

a) Soit qu'on atteint un niveau de saturation du nombre de divorces possibles ou un arrêt du déstockage ;

b) Soit que dans les centres urbains où la divortialité est la plus forte, on préfère choisir la séparation au divorce. Celle-ci est moins coûteuse et satisfait les modes de vie des milieux urbains.

Il faut souligner que les effets les plus notables des réformes législatives en matière de divorce vont toutes dans le sens d'un plus grand libéralisme et concernent principalement des groupes sociaux qui n'avaient pas accès au divorce auparavant.

2. Socio-démographie du divorce

Durée médiane des mariages dissous,
âge médian des divorcés et des divorcées

Au regard de la progression spectaculaire du divorce, on est frappé par la relative stabilité de la durée médiane des mariages dissous, durée qui oscille toujours autour de 10 à 12 ans de mariage. Lorsqu'on fait une analyse par promotion de mariages et par pays (J.-P. Sardon, 1986)[8], on constate cependant que les durées moyennes de mariages ont baissé en 20 ans, qu'elles se stabilisent plutôt autour de 10 ans de mariage dans la plupart des pays.

En Belgique, la durée médiane des mariages dissous était en 1962 de 11 ans et 8 mois ; en 1980-1982, elle est passée à 10 ans (réforme du divorce) ; aujourd'hui, la durée médiane est de 12 ans. Quant à l'âge médian des divorcés, il est également très stable ; en Belgique, en 1985, il était de 36 ans 4 mois pour les hommes et de 34 ans pour les femmes. L'écart entre les hommes et les femmes reproduit des âges au mariage[9].

Répartition proportionnelle des divorces d'après l'âge des divorcés
(Périodes 1940 à 1970, années 1971 à 1985)

Périodes et années du divorce	Age de la femme							
	< 21 ans	21 - < 25 ans	25 - < 30 ans	30 - < 35 ans	35 - < 50 ans	50 ans et plus	Inconnu	Total
1940-1945	0,45	6,00	18,52	25,83	42,93	6,27	—	100,00
1946-1950	0,43	6,55	21,24	22,27	43,46	6,05	—	100,00
1951-1955	0,50	6,98	20,54	22,64	40,96	8,38	—	100,00
1956-1960	0,48	7,30	23,05	23,86	36,90	8,41	—	100,00
1961-1965	0,69	7,45	21,22	22,32	37,36	8,18	2,18	100,00
1966-1970	0,80	9,36	20,98	21,13	39,70	7,56	0,47	100,00
1971	0,90	10,57	24,20	20,94	36,05	7,30	0,04	100,00
1972	0,58	10,39	25,06	19,60	36,63	7,74	—	100,00
1973	1,12	10,15	26,93	19,85	34,34	7,61	—	100,00
1974	1,05	9,36	27,17	20,05	35,08	7,29	—	100,00
1975	1,07	9,83	26,73	19,61	34,18	8,58	—	100,00
1976	0,93	9,62	24,85	19,08	31,54	13,98	—	100,00
1977	0,85	9,97	24,65	20,46	31,08	12,98	0,01	100,00
1978	1,01	10,37	24,39	21,48	31,21	11,52	0,02	100,00
1979	0,88	10,04	25,41	22,18	31,39	10,07	0,03	100,00
1980	0,94	9,98	25,83	22,64	31,44	9,16	0,01	100,00
1981	0,68	10,10	26,36	22,96	31,10	8,79	0,01	100,00
1982	0,72	9,90	26,12	23,67	31,36	8,21	0,02	100,00
1983	0,61	8,82	25,33	23,07	33,23	8,90	0,04	100,00
1984	0,48	7,68	24,55	22,63	35,11	9,54	0,01	100,00
1985	0,47	7,45	23,32	22,82	36,28	9,64	0,02	100,00

Répartition proportionnelle des divorces d'après l'âge des divorcés
(Périodes 1940 à 1970, années 1971 à 1985)

Périodes et années du divorce	Age de l'homme							Total
	< 21 ans	21 - < 25 ans	25 - < 30 ans	30 - < 35 ans	35 - < 50 ans	50 ans et plus	Inconnu	
1940-1945	0,07	2,04	12,10	24,93	51,45	9,41	—	100,00
1946-1950	0,07	2,46	14,97	20,86	52,62	9,02	—	100,00
1951-1955	0,03	2,52	15,60	21,69	47,15	13,01	—	100,00
1956-1960	0,06	2,32	17,42	23,85	43,43	12,92	—	100,00
1961-1965	0,06	2,12	15,84	22,80	44,02	12,78	2,38	100,00
1966-1970	0,08	3,27	17,26	21,24	46,08	11,60	0,47	100,00
1971	0,06	4,51	20,25	21,19	43,29	10,66	0,04	100,00
1972	0,02	4,14	20,52	21,59	42,76	10,97	—	100,00
1973	0,06	4,47	22,03	22,22	39,86	11,36	—	100,00
1974	0,07	3,92	22,30	21,61	40,82	11,28	—	100,00
1975	0,10	4,00	22,22	21,20	40,14	12,34	—	100,00
1976	0,10	3,77	22,10	20,10	36,67	17,26	—	100,00
1977	0,09	4,03	21,02	22,63	36,04	16,18	0,01	100,00
1978	0,09	4,26	20,97	23,34	36,44	14,88	0,02	100,00
1979	0,07	4,13	21,38	24,12	37,12	13,16	0,02	100,00
1980	0,03	3,89	21,97	24,26	38,03	11,81	0,01	100,00
1981	0,03	3,77	21,65	25,64	36,92	11,98	0,01	100,00
1982	0,06	3,50	22,06	25,43	37,92	11,02	0,01	100,00
1983	0,05	3,03	20,71	24,77	39,48	11,94	0,02	100,00
1984	0,05	2,40	18,75	24,48	41,52	12,78	0,02	100,00
1985	0,04	2,21	17,91	24,25	42,89	12,68	0,02	100,00

Cette stabilité relative de la durée médiane des mariages et de l'âge des divorcés a une signification immédiate : au fil des ans, les taux de divorces se modifient à la même vitesse, que les mariages soient récents ou anciens, et l'accroissement des divorces «profite» également à tous les couples quelle que soit la durée du mariage (P. Festy, 1983 : 116)[10].

Si l'âge médian reste relativement stable, la propension au divorce varie évidemment selon l'âge comme nous l'indiquent les deux tableaux précédents pour la Belgique (Institut National de Statistique, 1987)[11].

Deux observations doivent être faites à propos de ces tableaux.

1) On divorce de plus en plus tôt, c'est en effet parmi les catégories âgées de moins de 30 ans que l'évolution est la plus marquée.

2) Les oscillations observées dans les autres catégories d'âge peuvent être rapportées à certains événements historiques : l'immédiat après-guerre pour les catégories de 35 à 50 ans et les changements législatifs pour les catégories de plus de 50 ans. Ainsi, parmi les aînés, on observe après 1974 une augmentation relativement importante de la proportion des divorcés et divorcées. Mais après quelques années, les moyennes reviennent à leur taux antérieur. En 1974, l'accès au divorce est facilité en Belgique ; en 1975, il l'est en France. L'augmentation observée entre 1975 et 1980 pourrait procéder d'un «déstockage» facilité par les changements législatifs.

3. Divorce et partie demanderesse

Si la législation belge connaît trois sortes de divorces :
- le divorce pour cause déterminée (sanction),
- le divorce par consentement mutuel,
- le divorce automatique après 5 ans de séparation de fait (remède),

les statistiques officielles n'en retiennent que deux : le divorce pour cause déterminée et le divorce par consentement mutuel.

Le divorce pour cause déterminée constitue en France comme en Belgique le divorce le plus répandu. On verra plus loin que le choix de la mise en scène du conflit conjugal n'est pas socialement innocent. En 1985, il y a eu en Belgique plus de 58 % des demandes accueillies par les tribunaux qui émanaient d'un seul conjoint contre 41,9 % qui provenaient des conjoints (M. Sommer, B. Bawin-Legros, 1987)[12].

Les demandes féminines, lorsqu'il y a demande d'un seul conjoint, dépassent toujours la demande masculine. P. Festy (1987)[13] observe que, déjà forte en 1976 (67 %), cette demande féminine n'a pas cessé de croître en France où elle atteint 73 % en 1984. Il ne faut cependant pas se tromper sur cette initiative féminine et lui donner un sens qu'elle n'aurait pas. S'il est vrai que les transformations radicales du système de production — la diminution apparente des fonctions de la famille a donné aux femmes une plus grande autonomie professionnelle et sociale —, il ne faudrait pas en tirer comme conséquence que la remise en cause des mariages vient de l'émancipation des femmes. En fait, dans le mariage, la femme reste toujours plus impliquée que l'homme, elle abandonne presque toujours son nom, donc son identité première, elle «fait» et élève les enfants. Il est donc probable que si les conditions du projet familial ne sont pas remplies, elle en sera d'autant plus affectée qu'elle y aura plus investi (rapports de sexe). Pour peu qu'elle soit alors dans les conditions culturelles et matérielles pour le faire, elle prendra l'initiative de la démarche judiciaire. Ceci ne préjuge pas que ce soit elle qui ait, la première, donné un «coup de canif» dans le contrat de mariage.

La répartition des divorces selon le type de procédure choisi fournit un élément de réflexion. Malgré l'introduction du consentement mutuel en France (1975) et l'assouplissement de la plupart des législations européennes en matière de procédure, la forme contentieuse du divorce reste prépondérante. La diversité des procédures choisies répond sans doute à la diversité du déroulement des vies matrimoniales, mais le choix de la procédure contentieuse peut trahir plus souvent non seulement le sentiment d'un échec, d'une faillite, mais aussi celui d'une faute «commise» par un des deux conjoints, faute qu'il faudra réparer d'une manière ou d'une autre (notamment par la pension alimentaire).

4. Divorces et classes sociales

a) Idées reçues

Traditionnellement la sociologie a traité l'appartenance sociale de la famille en fonction du statut social du mari. Cependant, quand il s'est agi de procéder à une analyse sociale du divorce, il a bien fallu, dans un premier temps, pointer un coupable. On a cherché alors à mettre en évidence une relation directe entre le statut socio-professionnel de la femme et une propension plus facile à recourir au divorce. Cette argumentation était d'autant plus aisée à développer qu'elle s'inscrivait dans la même logique que celle observée dans d'autres comportements, notamment la fécondité. En d'autres termes, l'activité professionnelle plus fréquente chez les femmes qui divorcent (A. Boigeol, J. Commaille, 1974)[14] témoignerait de la plus grande autonomie de ces dernières à l'intérieur comme à l'extérieur du foyer et se traduirait encore par une initiative féminine plus fréquente en matière de divorce, tout particulièrement lorsque la femme appartient aux couches sociales les plus élevées. Si l'on peut admettre que les positions acquises à l'extérieur, dans le domaine public, influencent les positions et stratégies possibles dans la sphère privée, il faut bien reconnaître que la logique des ressources matérielles n'épuise pas la totalité des logiques de l'échange conjugal. C'est l'idée d'une adéquation entre ressources extérieures et ressources intérieures qui a permis dans un premier temps d'expliquer la fréquence plus élevée de divorce dans la catégorie des cadres et des classes moyennes par rapport à celle des ouvriers. On notera que le divorce moins fréquent dans les classes supérieures est alors analysé dans le cadre d'une autre logique, celle de la reproduction sociale.

Par rapport à la relation entre classes sociales et divorce, il faut bien reconnaître que c'est depuis quelques années seulement qu'en sociologie francophone, l'on commence à avoir non seulement de nouvelles idées mais surtout de nouvelles données.

b) Nouvelles données

« De même que le mariage, pour être privatisé, régi par l'idéologie de l'amour, n'en est pas moins l'objet de déterminations socio-économiques rigoureuses, le divorce laissé en apparence à la liberté des parties et à l'idéologie du désamour n'est-il pas lui aussi soumis à des ajustements et des modes de contrôle plus précis ? » (B. Bastard, L. Cardia-Vonèche, 1985 : 24)[15].

Dans une recherche sur les ruptures et réorganisations familiales faite à Liège (M. Sommer, B. Bawin-Legros, 1987)[16], on a tenté à la fois de déprivatiser le divorce et de mettre en lumière sa dimension sociale. Cette dimension sociale peut être appréhendée de multiples façons ; aussi a-t-on défini quatre axes déterminant chacun une série de questions auxquelles on a essayé d'apporter des éléments de réponses par des données empiriques (1.700 ordonnances de divorces dépouillées, c'est-à-dire 1 an de divorces à Liège, 1984). Ces quatre axes sont :

1) Affrontement/négociation

Il existe différentes façons de se démarier, les unes plus conflictuelles que les autres. Les modalités choisies renvoient principalement aux positions occupées dans la sphère sociale ;

2) Publicisation/privatisation

Le rapport privé/public peut être appréhendé par l'attitude des conjoints face à l'institution judiciaire mais aussi par leurs pratiques à l'égard des dispositifs d'aide sociale ;

3) Autonomie/dépendance

L'augmentation du nombre de divorces a souvent été mise en relation avec l'autonomie professionnelle des femmes mais cette autonomie toute relative se module selon les milieux sociaux. Dans la mesure où plusieurs types concrets de familles coexistent, notamment en ce qui concerne l'organisation des tâches domestiques ou la construction des rôles parentaux et professionnels, on pourra s'interroger sur les effets du mariage et ses conséquences sur le divorce, non seulement en matière de survie économique après le mariage (problématique des créances) mais encore sur le point précis de la garde des enfants ;

4) Continuité/discontinuité

Le rapport entre vie familiale et vie sociale gagne à être analysé dans une perspective dynamique. Le divorce rompt une carrière conjugale mais aussi sociale. La manière dont les familles se réorganisent va devenir un enjeu de la définition de ce qu'est la *stabilité familiale*. Dans le cadre des logiques de réorganisation, ce sont les situations transitoires qui vont susciter un intérêt tout particulier, qu'elles concernent la carrière professionnelle des conjoints ou leur vie privée (ex. : isolement). Par rapport aux logiques de substitution, le divorce sera perçu comme une interruption passagère du continuum familial et la *nouvelle famille* deviendra l'objet d'attention des anciens conjoints séparés et des instances de régulation sociale. Dès lors, ce sont les parcours familiaux dans leurs diversités sociales qui deviendront les objets d'analyse, le divorce n'étant qu'une étape du cycle de vie familial, ou au contraire un facteur de différenciation essentiel.

En analysant les données de divorces à Liège (M. Sommer, B. Bawin-Legros, 1987)[17], on a pu mettre en évidence que ce sont essentiellement les rapports entre les situations de faiblesse ou de force sur le marché du travail ainsi que l'autonomie plus ou moins grande à l'égard du «divorce» qui débouchent, soit sur les stratégies de négociation, soit sur l'affrontement.

La stratégie de négociation se repère lorsque l'homme et la femme sont professionnellement actifs dans des professions où la différence entre les sexes influence peu le salaire, la stabilité de l'emploi ou la promotion. On observe cette stratégie plus fréquemment dans les «nouvelles classes moyennes salariées» mais aussi chez les employés et les indépendants.

La stratégie d'affrontement apparaît lorsque les sphères familiale et professionnelle sont en étroite interdépendance. Les situations concrètes sont plus diversifiées, elles répondent à plusieurs logiques. Citons quelques exemples :

– *Le manque de ressources* rend le salaire du conjoint (ou la pension alimentaire) indispensable. C'est le cas des couples où la femme est professionnellement inactive (36 % de nos données). Mais c'est aussi le cas des ménages ouvriers, nombreux à divorcer, pour qui la carrière professionnelle de la femme est souvent discontinue. Les ouvrières, à la recherche d'une moindre exploitation, restent au foyer lorsque les enfants sont petits et retournent ensuite sur le marché du travail, dans un mouvement de mobilité descendante : de la production aux services (D. Kergoat, 1982)[18]. De plus, dans les milieux ouvriers, le salaire de la femme reste considéré souvent comme un salaire d'appoint.

– *Le travail invisible* ou socialement non reconnu de certaines femmes les place dans une situation de dépendance économique par rapport au mari, ce qui rend le divorce plus difficile parce qu'il brise un mode de vie jugé indispensable par les deux conjoints (ex. : femmes d'indépendants, de cadres ou de professions libérales).

Comme on le voit, une analyse de la situation entre milieux sociaux et divorce est relativement complexe dans la mesure où le divorce n'est pas la fin d'une vie familiale et où les conditions de survie d'après divorce vont être liées non seulement à l'insertion professionnelle des époux, mais encore au nombre d'enfants, voire à la mise en scène du conflit conjugal.

D'une étude sur les créances alimentaires en Belgique (J.F. Guillaume, K. Maddens, B. Bawin-Legros, J. Van Houtte, 1988)[19], il ressort que le recours à l'une ou l'autre procédure de divorce ne semble pas s'opérer indifféremment si l'on retient l'appartenance socio-professionnelle et les charges familiales comme critères de distinction. L'absence d'enfants à charge dans un plus grand nombre de situations, un taux d'activité professionnelle plus élevé dans la population féminine et une appartenance plus importante aux classes moyennes apparaissent comme les traits les plus marquants de la population des individus engagés dans une procédure en divorce par consentement mutuel (le bon divorce) par opposition à ceux que la dépendance économique et la charge d'enfants poussent à opter pour un mode de séparation fondé sur la faute ou sur les griefs (38 % des femmes inactives, 18,5 % des ouvrières et 29 % des employés recourent au divorce pour cause déterminée) (J.F. Guillaume *et al.*, 1988 : 9)[20].

Les nouvelles données sur le divorce et sur les classes sociales nuancent fortement les affirmations plus anciennes sur la position des femmes face au divorce et montrent que le divorce ne touche pas seulement les classes moyennes. Les ouvriers divorcent beaucoup et cette tendance chez l'homme décroît avec l'augmentation de son statut professionnel. Pour les femmes, on observe plutôt une relation curvilinéaire (J. Kellerhals *et al.*, 1985)[21]. Si les manœuvres et ouvrières spécialisées connaissent un taux très élevé de divorce, ce taux s'effondre brusquement dans l'ensemble des professions subalternes du secteur tertiaire pour grimper à nouveau fortement chez les femmes ayant une situation de cadre. Celles-ci auraient, suivant les données recueillies à Liège, tendance à se diviser en deux sous-groupes (B. Bawin-Legros, M. Sommer, 1988)[22] :

– les femmes pour qui l'accès aux études a joué comme facteur de mobilité sociale par rapport à leur classe sociale d'origine ;
– les femmes qui, au contraire, ont été déqualifiées par l'inflation des diplômes.

En ce qui concerne le divorce et l'appartenance sociale, le modèle unique d'explication doit être évité. L'étape du cycle de vie familial où se situe l'événement deviendra aussi un facteur de différenciation dans l'évaluation des effets du divorce : la présence d'enfants et leur âge, les modalités selon lesquelles le partage des tâches est organisé, la phase d'insertion professionnelle des femmes sont autant d'éléments qui définiront à la fois le coût du mariage et le type de divorce.

2. Analyse sociologique du divorce

1. Evolution dans l'approche du divorce

Définir le divorce en tant que problématique est une chose, le comprendre en tant que problème social en est une autre. Pendant les années 1950-1960, le divorce fut étudié, surtout dans la littérature sociologique américaine, comme un problème social, comme un dysfonctionnement du système conjugal, une source de pathologies pour les enfants. On a vu fleurir un ensemble de publications alarmantes sur «l'Enfant du divorce» présenté comme un handicapé social doublé d'un délinquant potentiel, bref un sujet à risques de troubles de tous ordres. Les tenants et les aboutissants idéologiques de ces généralisations abusives ont été dénoncés maintes fois. (J. Commaille, 1982; J.P. Almodovar, 1984)[23]. Il faut toutefois souligner que l'équation parents divorcés = enfants perturbés, même si elle relève d'un conservatisme étroit, d'un sursaut ultime pour lutter contre l'extension du divorce, fut à l'origine d'une conception nouvelle, celle de l'«Intérêt de l'Enfant», critère important sinon exclusif dans l'attribution de la garde.

Aujourd'hui, pour les sociologues de la famille, étudier le divorce, ce n'est plus rechercher ses causes, c'est se pencher sur ses conséquences et se demander avec Louis Roussel (1980)[24] de quel mariage il est la rupture. Analyser *l'après-divorce* dans ses rapports avec les effets du mariage est devenu une priorité puisque, contrairement à ce qu'on a pu croire, la fin du couple conjugal n'ouvre pas la voie vers une nouvelle étape de la vie indépendante des étapes l'ayant précédée. La relation entre présent, passé et futur, souvent matérialisée dans la présence d'enfants communs, joue aussi dans d'autres domaines de l'existence. Ainsi les chances de se remarier, les capacités de réinsertion professionnelle ne sont pas sans rapport avec le chemin déjà parcouru. La durée de l'échange conjugal, les modalités selon lesquelles se sont construits les rôles conjugaux et parentaux définissent pour chacun des conjoints le «coût» du mariage ou son éventuelle «plus-value». Dans cette relation dialectique entre vie privée et vie sociale, hommes, femmes, jeunes et moins jeunes n'ont pas les mêmes chances de succès et la logique des ressources acquises à l'extérieur de la famille va jouer dans le divorce puisque celle de l'affection et du don aura disparu ou se sera estompée.

L'évolution de la réflexion dans l'étude du divorce qui s'est centrée sur *l'après-divorce* a ouvert plusieurs champs d'investigations et laissé la place à de nombreuses critiques. Avant d'en arriver à l'étude des nouveaux champs, voyons d'abord sur quels fronts se sont portés les critiques.

a) Critique d'une conception normalisante et privatisée

En même temps que le divorce devenait l'avenir statistiquement possible de tout un chacun (le nombre banalise toujours un phénomène quel qu'il soit), il cessa d'être stigmatisé et considéré comme le reflet d'une carence de couple. A bien des égards, l'attitude vis-à-vis de la «problématique divorce»[25] prit l'allure d'une volte-face. Témoin cette phrase de R. Chambeau extraite du journal *Le Monde* et reprise dans les documents préparatoires au Colloque de l'Institut de l'Enfance et de la Famille en 1985 : « J'avais une douzaine d'années quand mes parents ont divorcé, ma mère est devenue (dans l'esprit des gens) une moins que rien, une p... et puis vingt ans après, j'ai vu ces mêmes personnes soutenir ma cousine qui voulait divorcer »[26].

Quand on regarde de plus près, on constate que la stigmatisation sociale n'a pas complètement disparu, elle a seulement pris un nouveau visage quand la divortialité a fait tache d'huile. La stigmatisation procède aujourd'hui davantage par différenciation entre les ruptures dites « normales » (les bons divorces) et les ruptures « pathologiques » (les mauvais divorces). Les « déviants » n'ont pas complètement disparu avec la banalisation du divorce, écrit Irène Thery (1985) « mais au contraire, ils seraient d'autant plus discernables (et condamnables) que la preuve est faite par des milliers de divorces, apparemment amiables, qu'il est possible désormais de se démarier sans fracas » (1985 : 77)[27]. Curieuse déstigmatisation qui consiste à banaliser les bons divorces et pénaliser les autres! On peut formuler en quelques traits essentiels le modèle du *divorce normalisé*, tel qu'il fonctionne dans le discours que l'on pourrait qualifier, faute de mieux, de « volontariste et psychologisant » :

1) La bonne rupture suppose une décision conjointe face à l'échec du couple. Il n'y a plus un coupable et une victime, mais un simple constat de faillite. La crise conjugale est courte et ne va pas au-delà de la rupture. Elle est circonscrite aux deux époux et ne rejaillit ni sur les enfants ni sur la famille élargie.

2) Le couple n'existe plus en tant que couple conjugal mais il se prolonge en tant que couple parental. S'il y a présence d'enfants, ceux-ci seront éduqués en concertation.

3) La justice et les instances légales de régulation interviennent très peu dans ce modèle volontariste : elles se bornent à entériner les décisions prises par les conjoints. La forme juridique de cette rupture normalisée est le divorce par consentement mutuel.

4) Le divorce est « léger » également du point de vue de ses conséquences matérielles. La désunion ne provoque que des difficultés financières passagères, chacun pouvant ensuite *repartir* en faisant comme si rien ou presque rien ne s'était passé.

5) Les ex-conjoints sont souvent enclins à reconstituer sans attendre de nouvelles unités familiales. Il est en effet très suspect de rester seul.

Cette capacité à reconstituer le plus rapidement possible une nouvelle et bonne famille va devenir le critère principal d'évaluation de la stabilité psychologique des conjoints et le meilleur garant de l'avenir de l'enfant.

Cette vision normalisante et très idéologique fait aujourd'hui partie du discours courant en matière de divorce, surtout chez les psychologues et chez les thérapeutes familiaux. Le *divorce pathologique* est au contraire caractérisé par la permanence du conflit conjugal et parental. Trouvant sa source dans la «personnalité» des conjoints, ce conflit nécessiterait une aide psychologique afin de faciliter l'adaptation individuelle de tous les ex-conjoints comme les enfants à la nouvelle situation.

Lorsqu'on s'interroge en sociologue sur les conditions de production de ce discours du «bon divorce» (comme s'il y avait des bons et des mauvais divorces!), on tenterait volontiers une analogie avec ce que R. Lenoir (1970)[28] appelle l'invention du 3e âge. Pour ce chercheur, le troisième âge, au singulier, temps de liberté et de disponibilité, étape nouvelle de la vie, n'est qu'une fiction pour la majorité des retraités. Cette invention serait liée à l'apparition sur le marché de la retraite, de retraités socialement privilégiés et physiquement mieux conservés que leurs prédécesseurs. Ils seraient porteurs d'exigences nouvelles à l'égard de la retraite. Cette image émerge en même temps que prolifère une série de spécialistes divers (gériatres, gérontologues...) qui, intéressés par cette nouvelle définition de la retraite, contribueraient à leur tour à l'imposer. De manière similaire, on peut dire que l'image du *divorce normalisé* n'est pas étrangère d'une part à l'entrée sur le marché de la rupture, de divorcés socialement privilégiés, issus de ménages à double carrière et d'autre part à la psychologisation de la gestion des relations sociales. Des spécialistes, experts en relations humaines, intéressés par cette nouvelle approche du phénomène, contribueraient à leur tour à donner forme à ce *bon divorce*.

Cette conception ou la situation de l'après-divorce semble entièrement dépendre de la bonne volonté individuelle, où tout conflit paraît suspect, ne fait certes pas l'unanimité mais elle s'insinue jusque et y compris dans les lieux où on l'y attendrait le moins. Ainsi, analysant les dossiers d'ordonnances modificatives en matière de garde d'enfants en France, I. Thery (1985) observe que le conflit parental à propos de la garde des enfants paraît toujours suspect et est interprété en termes psychologiques, c'est-à-dire lié à la personnalité des parents. A bien y réfléchir, ce conflit ne pourrait-il, écrit l'auteur, «trouver sa source dans l'après-divorce et plus précisément dans les effets de l'alternance parentale qui leur est imposée? Ne pourrait-il trouver sa source dans les conditions de vie nouvelles auxquelles sont confrontés les parents divorcés, y compris les conditions matérielles d'existence que l'on oublie bien souvent d'invoquer?» (1985 : 76)[29].

Le succès de cette conception d'un divorce «normal» opposé à un divorce «pathologique» tient en ce qu'il s'inscrit dans un climat culturel qui est celui de la privatisation. Tout ce qui tient à la vie familiale et même à la vie sociale apparaît aujourd'hui dominé par l'idéologie de la privatisation et de l'autonomie. Comparée à la famille traditionnelle qui subit les contraintes sociales et économiques, la famille moderne, selon une idée largement répandue, «se fonde» : elle n'est plus une affaire d'arrangements ni d'échanges de biens; sa seule finalité est la recherche du «Bonheur», un bonheur de plus en plus individualisé.

Parler de privatisation de la vie affective signifie alors qu'en l'absence de réglementation sociale explicite, seules les variables psychologiques et biologiques modèleront les choix personnels en cette matière (J. Kellerhals et al., 1982)[30]. Dès lors, le mariage d'abord, le divorce ensuite, deviendraient de simples histoires de sentiments. Cette conception d'un modèle matrimonial «privé» est avalisée par certains juristes surtout lorsqu'il n'y a pas d'enfants. Nombreux sont ceux qui considèrent qu'en «l'absence de ‹postérité›, les difficultés conjugales affectent une relation privée dont il faut en principe laisser aux époux eux-mêmes la maîtrise» (F. Rigaux cité par E. Vieujean)[31]. Dans ce cas, le traitement du divorce se banalise et se donne pour une simple instance d'enregistrement (B. Bastard, L. Cardia-Vonèche et J.F. Perrin, 1987)[32].

b) Critique d'une conception univoque et homogénéisante

Il est courant de considérer le divorce comme un phénomène univoque; si l'on prend soin de distinguer ses compatriotes selon leur âge, leur sexe, leur profession, on parlera *des divorcés* comme d'une population homogène qu'on opposera aux *non-divorcés*.

Cette conception de la dissociation familiale procède non pas par différenciation mais par amalgame. Ainsi, l'engouement récent, en sociologie de langue française, pour le concept de *Familles monoparentales* permet de ranger sous une même étiquette des familles très diversifiées du point de vue de leurs ressources matérielles et culturelles et dont le chef de ménage est séparé, divorcé, veuf ou célibataire (N. Lefaucheur, 1985)[33]. Ces familles font l'objet d'une multitude d'études statistiques qui les désignent comme familles «à risques». Un modèle de causalité unique attribue à la monoparentalité une série de situations dont les conséquences sont lourdes sur le plan psychologique et social (voir chapitre IV).

Dans le cas des divorces, la même conception homogénéisante a prévalu dans les années 50-60. Aujourd'hui, presque tout le monde serait d'accord pour distinguer un événement surgissant sur un terrain *favorable* ou sur un terrain *défavorable*. De ce point de vue, un accident de parcours n'engendrera une situation difficile que s'il se produit sur un fondement social au départ fragile. Ainsi, lors d'une séparation, d'une rupture, une femme connaîtra une diminution de ses revenus mais cet événement malheureux ne sera pas à l'origine d'une situation de pauvreté si la femme exerce une activité professionnelle, si elle possède un niveau de qualification suffisant et si elle dispose d'un réseau de relations lui permettant de «réagir» moralement et matériellement. A l'inverse, si dans la même situation, elle se trouve sans ressources, sans métier, avec une qualification faible ou nulle, tout la prédisposera à la précarisation et à la pauvreté. De la même manière qu'on relativise *l'événement divorce* dans sa composante socio-économique, on soumettra à la même lecture diversifiée des variables telles que l'âge de la personne, la charge d'enfants, le cycle de vie dans lequel le divorce se produit, bref toute une série de composantes susceptibles de faire perdre au divorce sa singularité, son caractère homogénéisant. Pour les adversaires du divorce, au contraire, la seule dimension de l'épreuve que subissent les enfants au moment de la rupture, *fait système* et ne peut être réduite à de simples événements. En réalité, écrit Roussel (1985), «les positions les plus opposées acceptent des postulats communs. Elles considèrent le divorce comme une réalité univoque et ses effets sur l'enfant comme mécaniques. Cette réification de la rupture et de ses conséquences débouche sur une vision manichéenne opposant d'un côté les familles ‹intactes› dont les enfants gardent une forte probabilité d'être normaux et de l'autre les familles ‹dissociées› dont les enfants courent pour le moins de hauts risques d'échec personnel et d'inadaptation sociale» (1985 : 4)[34].

Les critiques à l'approche normalisante et homogène du divorce ont fait éclater les vieux discours moralisateurs et ouvert de nouveaux champs d'investigation dans l'analyse du divorce et de ses conséquences.

2. Mariages et divorces. Une même problématique

Il revient à Louis Roussel (1980) d'avoir interprété le premier le divorce comme l'expression non plus pathologique mais comme l'issue «logique» d'un certain type de mariage qui se caractériserait moins par la croyance en l'institution et l'alliance qu'en l'association d'individus «autonomes». En d'autres termes, pour Louis Roussel, le type de projet familial du départ, les orientations dans l'échange conjugal, la finalité du couple interviennent comme facteurs *endogènes*, pour expliquer l'occurrence ou pas d'un divorce. Louis Roussel fait l'hypothèse de l'existence dans une même population de modèles multiples de mariages, présentant chacun une nécessité interne qui rend cohérents comportements et attitudes en y réglant la probabilité d'occurrence du divorce et les modalités que prendra celui-ci (L. Roussel, 1980 : 1026)[35]. «Mariage et Divorce sont deux éléments d'une réalité unique, le modèle matrimonial» (Roussel, 1980 : 1038)[36].

Il définit ainsi quatre types de mariages, chaque type ayant ses caractéristiques face au mariage et au divorce.

1) *Le mariage traditionnel* est fondé sur l'institution. La survie des individus est la finalité du couple, le divorce est exclu ou alors exceptionnel.

2) *Le mariage-alliance* où l'idée de bonheur prend le relais de la finalité traditionnelle de survie. Le divorce y est vécu telle une *sanction* qui ne se justifie que par l'existence d'une faute grave, laquelle entraînera un sentiment de honte de même qu'une stigmatisation sociale.

3) *Le mariage-fusion* (modèle dominant) dans lequel la durée et les modalités de l'union se fondent sur la seule intensité de la relation affective. Le divorce prend la forme d'un *échec* avec des conséquences psychologiques pouvant être graves, étant donné la culpabilité et l'angoisse que cette rupture entraîne.

4) *Le mariage-association* qui est la forme contemporaine du mariage de raison. Chaque partenaire attend des satisfactions personnelles immédiates et l'on se méfie de l'exaltation amoureuse. Le divorce sera envisagé comme une simple affaire privée, une cessation de contrat. Le climat relativement serein lors de la dissociation permet éventuellement une coopération des parents pour l'éducation des enfants.

Cette notion de lien entre projet de mariage et divorce est réaffirmée par J. Kellerhals et P.Y. Troutot (1982)[37] qui évoquent la variation du statut fonctionnel des divorces par rapport au mariage. Le divorce est tantôt une composante du modèle familial (le bon divorce des classes moyennes), tantôt le produit de contradictions internes au modèle normatif (ex. : le mariage, au départ avantageux comme support économique, devient un coût après quelques années, suite à une ascension professionnelle rapide d'un des conjoints), tantôt enfin il s'inscrit comme le résultat de tensions entre le modèle tel quel et les conditions socio-économiques de son application. Pour certains groupes plus défavorisés en effet, les contraintes de la vie quotidienne (travail obligatoire, horaires inadaptés, (sur)charge d'enfants) contredisent l'image de la «Bonne famille» diffusée par la culture ambiante.

Pour Kellerhals et Troutot (1982)[38], il existe une difficulté à classer un type de mariage précis dans toute typologie d'une part et de l'assortir d'autre part d'un lien spécifique avec le divorce. Une étude empirique récente de Kellerhals *et al.* (1985)[39] montre l'intérêt d'étudier *les causes* du mariage afin de mieux comprendre celles du divorce.

Reprenant leur échantillon de départ de 1975, Jean Kellerhals *et al.* ont comparé, après dix ans, les couples encore mariés de ceux qui ne l'étaient plus (21,5 % de l'échantillon). Quatre hypothèses ont été testées :

1) l'instabilité conjugale est le résultat d'un mauvais apprentissage. Les «bonne manières d'être avec autrui» n'ont pu être apprises par le sujet, soit parce que le milieu familial d'origine était conflictuel, soit parce que le mariage actuel s'est conclu trop vite (trop jeune), sous la pression d'événements (grossesses) qui ont conduit les conjoints à s'unir sans avoir eu le temps de se connaître ;

2) les séparations sont attribuées à des carences de ressources qui font que les conjoints ne peuvent affronter les contraintes quotidiennes sans rencontrer de grandes difficultés ;

3) les ruptures d'union procèdent de la différence, du manque d'homogamie entre les deux conjoints ;

4) les séparations proviennent d'un type d'organisation du mariage, d'un projet de couple qui mettrait davantage l'accent sur l'épanouissement personnel plutôt que sur la famille.

Les résultats tendent à accréditer la thèse de Louis Roussel selon laquelle le divorce contemporain ne naîtrait pas d'un système de carences mais serait davantage une expression normale d'un modèle de mariage. Ce serait à un certain type de mariage «moderniste» que pourrait correspondre le taux le plus élevé de séparations. Dans certains cas même, le divorce pourra être appréhendé en termes de « distinction sociale » œuvrant à la recherche de vies conjugales alternatives, porteur de valeurs nouvelles que sont l'autonomie des individus, l'égalité entre les sexes, le bonheur et la satisfaction immédiate. Cela ne veut pas dire que la séparation est prévue dès l'entrée dans le mariage, écrit J. Kellerhals, mais « on accepte l'idée que la fidélité aux projets individuels puisse impliquer une séparation, de même que l'on répugne à supporter au nom du ‹nous-famille› une insatisfaction profonde » (1985 : 825)[40].

La relation entre divorce et mariage a été aussi analysée par une chercheuse féministe, Christine Delphy (1975)[41] qui s'interroge sur l'institution du divorce par rapport à celle du mariage. Ch. Delphy avance l'hypothèse que le mariage n'est pas contredit par le divorce, car si ce dernier met fin à une union particulière, il n'est nullement la fin du mariage en tant qu'institution. Le divorce révèle les aspects institutionnels du mariage, les met en action alors qu'ils n'étaient que virtuels dans le mariage. Analysé sous l'angle de la production qu'assurent les femmes à l'intérieur du mariage, on voit que la non-valeur de ce travail est induite institutionnellement par le contrat de mariage qui se transforme en contrat de travail, contrat de travail particulier puisqu'il n'y aura pas de rémunération à la clef.

La charge des enfants, attribuée généralement à la mère en cas de divorce et tout le travail domestique y afférant, est l'aspect de l'état du divorce qui éclaire le plus le mariage. Selon Ch. Delphy, ceci confirme que le mariage continue après le divorce, qu'il n'en est ni le contraire ni sa fin, mais plutôt sa transformation. Alors que dans le mariage, l'appropriation du travail de la femme est légalement voilée, le divorce la met en évidence et la notion d'« intérêt de l'enfant » qui guide le choix du mode de garde va pousser les femmes, même les plus mal loties, à revendiquer la garde des enfants et le coût de leur entretien comme une compensation à la perte du mari, une sorte de privilège de consolation. Pour Christine Delphy, l'institution judiciaire va jouer le plus souvent dans le sens où elle liera le divorce au mariage mais en renforçant cette dernière institution.

Toute liaison particulière entre divorce et mariage a le mérite de mettre en évidence le problème du coût de la charge des enfants après le divorce et renvoie donc non seulement à la notion d'intérêt de l'enfant, mais aux rapports sexuellement inégaux dans le mariage.

3. De l'intérêt de l'enfant aux types concrets de garde

Selon Irène Théry (1986)[42], l'équation fameuse parents divorcés = enfants perturbés a quand même permis l'amorce de l'étude d'une problématique nouvelle qui, loin de désigner des victimes et des coupables, a défini davantage les besoins particuliers liés aux enfants et à leurs parents. La notion d'*Intérêt de l'Enfant* est donc apparue dès le XIXe siècle comme critère unique, sinon exclusif, d'attribution de la garde. Tandis qu'aujourd'hui, on cherche à redéfinir les normes familiales de l'après-divorce, c'est davantage la *stabilité familiale* qui décidera de l'avenir de l'enfant.

Cette notion de *stabilité familiale* reflète un renversement de situation dans la mesure où elle va désormais jouer en faveur du remariage; le parent qui vit seul pourra dès lors être considéré comme suspect tandis que celui qui refait sa vie s'inscrira plus facilement dans le modèle du «bon divorce» (cf. *supra*). Cette notion d'Intérêt de l'Enfant est primordiale car, au nom de l'enfant, il est bien évident que c'est toute une *image de la famille après-divorce* que l'on va construire. L'élaboration progressive de la notion d'*Intérêt de l'Enfant* traduit d'abord une modification des pouvoirs parentaux. En passant de la puissance paternelle à l'autorité parentale, on change les représentations traditionnelles des fonctions de l'institution familiale et des relations internes à la famille. C'est aux parents que revient d'abord le soin de définir l'intérêt de l'enfant, l'autorité juridique n'étant appelée à trancher qu'en cas de conflit ou d'abus parental. Cette conception, traduite concrètement dans la législation française, coïncide avec la représentation de la vie familiale des individus comme une affaire privée, mais aussi avec la constatation de l'existence d'une pluralité de modes d'organisation de cette vie privée. «Le pluralisme et le libéralisme qui dominent les représentations contemporaines de la famille, dont le caractère privé est réaffirmé, donnent sa légitimité à une législation... qui a renoncé à privilégier un schéma familial au détriment des autres» (I. Théry, 1985 : 42)[43]. La détermination de *l'intérêt de l'enfant* est de portée essentiellement idéologique car on ne fait pas référence aux conditions matérielles ni aux valeurs sociales ou morales qui seront considérées dans le processus de détermination et d'attribution de la garde.

Ayant étudié de façon systématique 235 dossiers de procédure de changement de garde, Irène Théry a montré que les valeurs dominantes qui donnent cours au critère abstraitement défini «d'intérêt de l'enfant» sont les suivantes : stabilité et sécurité, dépassement de la crise conjugale par les ex-conjoints, refus de l'instrumentalisation de l'enfant. Si ces valeurs sont ambiguës, Irène Théry constate cependant que dans chaque affaire, ces valeurs vont s'organiser selon deux logiques dominantes qui seront soit la *logique de la substitution*, soit la *logique de la pérennité* (I. Théry, 1986 : 58)[44].

La logique de substitution apparaît comme statistiquement dominante. Le divorce y est perçu comme une *interruption* d'un continuum familial. Au foyer disparu devra se substituer pour l'enfant un foyer reconstitué par son parent gardien et ce foyer sera d'autant plus valorisé qu'un second époux y viendra jouer le rôle du premier absent, devenant ainsi un substitut parental. La stabilité familiale étant présentée comme norme fondamentale, celui des parents qui, de ce point de vue, donnera le plus de garanties l'emportera. C'est à ce point vrai, écrit Irène Théry, que le remariage est aujourd'hui valorisé et que le divorce est assumé comme ayant des effets sur les liens de filiation. Un enfant sera amené à vivre dans une maison avec deux adultes et c'est le nouveau couple qui fera référence parentale.

La logique de transition ou de réorganisation familiale est celle qui présente le divorce comme une *transition* dans l'histoire familiale dont la continuité est affirmée par la réorganisation dans l'après-divorce de la famille initiale. L'*unicité* de cette famille n'est pas mise en cause. Dans cette perspective, la rupture conjugale, si elle entraîne la dissolution de deux foyers, maternel et paternel, n'est pas une désagrégation familiale, c'est une famille bipolaire ou bilocale. Est valorisé alors le double lien qui unit l'enfant à ses parents qui restent ses parents, uniques et irremplaçables. L'alternance de logement, les allées et venues d'une maison à l'autre sont assumées comme conditions de l'assurance pour l'enfant du «droit à conserver ses parents» quoi qu'il arrive. La cohérence de cette logique de pérennité familiale implique la mise en place d'un mode de vie très différent de celui de la famille nucléaire initiale. On minimisera les effets du divorce et la stabilité familiale sera mesurée par la capacité des deux conjoints à coopérer malgré la rupture et d'éventuelles reconstitutions de couples. Comme on le voit, ce sont bien les critères *de stabilité familiale* qui définissent les représentations de la famille après le divorce, et cela autour de la personne de l'enfant.

Naturellement, il s'agit de modèles et les histoires particulières qui sont souvent complexes, entretiennent avec ces logiques des rapports parfois très contradictoires. Bornons-nous à constater que ces deux modèles coexistent, chacun définit un enjeu idéologique autour du lien de filiation, l'un ne peut être taxé de nouveau au détriment de l'autre qui serait l'ancien. L'intérêt de toute recherche empirique est de montrer de quelle façon les types concrets rencontrés dans la vie répondent à l'un ou l'autre modèle, les contredisent, les aménagent.

En ce qui concerne la «garde de l'enfant», c'est-à-dire à qui les enfants sont confiés, des données recueillies en Belgique (J.F. Guillaume *et al.*, 1988)[45] confirment l'ensemble des données européennes, à savoir que le droit de garde est principalement attribué à la mère (78 % des cas). Dans 15 % des cas, le père reçoit la garde des enfants. Les autres situations concernent des gardes alternées ou conjointes. L'examen de données étrangères fournit des résultats comparables (J. Trost, 1981)[46] :

	Mère	Père	Partage	Autres
Finlande	90 %	10	—	—
France	81	13	4	2
Italie	78	21	1	1
Suisse	77	12	6	5
Suède	74	10	16	—
Pays-Bas	88	12	—	—

Ces données quelque peu brutes ne reflètent guère la réalité concrète vécue par les familles. Dans une étude conduite à Liège sur les ruptures et réorganisations familiales (M. Sommer et B. Bawin-Legros, 1987)[47], on a pu dégager à travers une cinquantaine d'interviews conduites en profondeur, des *types concrets* de mode de garde qui mettent en évidence d'une part la dynamique du processus et l'articulation constante entre vie familiale et vie professionnelle, que la garde des enfants met en évidence de manière parfois dramatique. Ce type d'approche nous a permis de dégager des enchaînements de faits qui renvoient le plus souvent aux conditions matérielles d'existence, aux ressources et aux projets. On a pu repéré quatre types concrets de modes de garde qui sous-tendent chacun des logiques différentes :

1) *Prédominance du rôle de la mère reconnue par les deux parents* avec des modalités d'applications concrètes liées à l'insertion professionnelle de la mère, son réseau social et ses réengagements affectifs.

2) *Prédominance du père reconnue par les deux parents* sur la base de difficultés personnelles de la mère à s'ajuster à l'après-divorce, difficultés évaluées en général sur le mode psychologique et n'étant pas définitives.

3) *Conflit dans le partage des rôles parentaux*. Les enfants sont ballottés d'un parent à l'autre suivant les moments de la vie privée et sociale des deux parents; ce seront vraisemblablement les enfants les plus «perturbés».

4) *Partage égalitaire des rôles parentaux* qui renvoie au divorce normalisé et où les ressources des parents sont comparables (bon divorce).

Les entretiens que nous avons eus avec des femmes séparées ou divorcées depuis moins de cinq ans, nous ont montré à quel point il faut résister à la tentation, soit de pathologiser, soit de banaliser les conséquences du divorce. Il convient de distinguer et pour les enfants et pour l'époux qui en a la charge les effets à court terme des effets à long terme. Ce qui peut et doit être interprété comme un événement grave dans les mois qui suivent la rupture devra être réenvisagé plusieurs années après. Au-delà des types concrets de modes de garde, qui se caractérisent tous par le maintien d'une conception forte du sentiment de parentalité, on peut et on dit s'interroger sur le discours des enfants qui apparaît en filigrane à travers les paroles des parents interviewés. En cela, l'étude d'Odile Bourguignon (1983)[48] prend toute son importance puisqu'elle a tenté d'explorer l'expérience de lycéens de 17 et 18 ans qui, à des âges divers, ont connu le divorce de leurs parents, et de recueillir *leurs opinions* sur les difficultés qu'ils ont pu connaître. Si *tous* les adolescents interrogés identifient le divorce parental comme l'événement le plus marquant de leur vie, des différences sensibles apparaissent aux niveaux de la perception concrète des «avantages» et des «inconvénients».

Le problème lié à toutes les études sur la recherche des conséquences d'un événement sur une catégorie sociale, en l'occurrence ici les enfants, de décisions prises par des adultes à leur égard provient de la difficulté rencontrée par les chercheurs d'éviter une forme de pédagogie qui échappe mal aux pièges de la normativité. La sociologie ici fait place à la psychologie qui devra avec ses observations et ses *a priori* de départ formuler l'ensemble des conditions qui troublent un enfant lors du divorce de ses parents. Ce trouble peut varier en fonction de l'âge de l'enfant au moment du divorce et du cadre familial qui sera celui de l'enfant après la rupture.

Les recherches cliniques ont mis en évidence des points douloureux du divorce parental pour un enfant : conflits précédant la rupture, séparation, perte d'un parent, vie dans une famille à parent unique, etc.

Sous peine de tomber dans le discours misérabiliste et psychologisant, je dirai qu'il appartient à chacun de faire son métier, au sociologue, il revient de dire que le divorce est un sujet généralement traité avec peu de sérénité. Peut-être a-t-on, en ce domaine, donné trop souvent la parole aux idéologues et aux spécialistes. A la recherche du meilleur, personne n'évite le pire, que ce soient ceux qui divorcent ou ceux qui en parlent. Le danger de stigmatiser et de regrouper sous une même étiquette «enfants de divorcés» des enfants aux situations souvent très différentes vient du fait que l'on oublie souvent de les opposer à un groupe contrôle qui serait constitué des «enfants de non-divorcés»; on risque bien alors d'attribuer au divorce des conséquences néfastes qu'il n'a peut-être pas eues (par exemple, en matière de scolarité où l'on constate que 6 enfants sur 10 en Belgique doublent une année d'enseignement primaire, enfants de divorcés ou pas).

Les difficultés qui surgissent lorsqu'il s'agit d'apprécier les conséquences socio-émotionnelles que le divorce peut avoir sur les enfants ont été particulièrement bien mises en évidence par A. Chahnazarian (1986)[49] qui pointe les problèmes méthodologiques liés à ce type d'enquêtes menées aux Etats-Unis où le nombre d'enfants touchés par le divorce est particulièrement important. Les difficultés sont d'abord :

a) *d'ordre conceptuel*. Quand commence-t-on à divorcer et quand finit-on ? Le concept légal de divorce n'est qu'une manière d'identifier un échantillon provenant d'une population plus large de parents ;

b) *liées aux variables contextuelles associées au divorce des parents*. Si le conflit conjugal définit une catégorie de variables, le contexte économique, social, culturel de la famille en définit une série d'autres et la réorganisation familiale encore une autre ;

c) *liées aux variables définies comme dépendantes*, c'est-à-dire les conséquences mesurables chez l'enfant. Celles-ci présentent une grande diversité et il n'y a pas de cadre théorique unique qui puisse donner des définitions objectives à des concepts tels que «adaptation», «bien-être», «développement», «fonctionnement» sans que ce cadre ne participe d'un engagement idéologique implicite, dans un domaine où le sceau émotionnel est tel qu'il peut provoquer des opinions variées quant à ce qui constitue des comportements «désirables» ou «appropriés» (A. Chahnazarian, 1986 : 559)[50].

Ces difficultés n'ont cependant pas empêché la prolifération d'une littérature abondante dont on trouvera une bonne représentation dans l'article de Chahnazarian (1986) ou dans *Family Studies* (D.H. Olson et

B.C. Miller ed., 1984)[51]. On peut suggérer dans ce domaine que soient davantage pris en considération l'hétérogénéité sociale des familles, les effets à court et à long terme ainsi que d'éventuels critères de «normalité».

4. Divorce et systèmes de régulations

«Les approches sociologiques sur la famille nous ont paru souvent victimes d'une division du travail regrettable dans la production des connaissances : d'un côté, la sociologie de la famille, de l'autre les analyses portant sur les politiques sociales ou la production du droit ou ses applications. L'association internationale de sociologie, dans son organisation interne en comités de recherche, consacre cette division dans la production des savoirs» (J. Commaille, 1986 : 113)[52].

La question fondamentale que pose Jacques Commaille est en fait celle-ci : peut-on approcher sociologiquement la famille en se limitant à l'étude des comportements et des attitudes, sans considérer leurs fondements normatifs et ce que ceux-ci révèlent des déterminations socio-économiques et culturelles qui pèsent sur cette famille ?

Pour répondre à cette interrogation, Commaille élabore un champ nouveau qui est la sociologie des régulations sociales; celle-ci permet d'accorder une place particulière aux déterminations institutionnelles (politiques, juridiques, administratives, judiciaires) s'appliquant à la sphère de la famille. Cette conception des régulations sociales n'a rien de finaliste. Il s'agit plutôt d'appréhender des processus d'ajustements, d'oppositions, de contradictions entre des logiques multiples différentes. Les aboutissements provisoires des régulations socio-légales appliquées à la famille ne peuvent être que le fait de multiples actions convergentes, contradictoires, complémentaires des sujets eux-mêmes, des agents et des instruments de régulation. Dans le processus de régulation sociale, le divorce prend tout son intérêt si l'on veut bien envisager les transformations juridiques ou politiques que ce fait social entraîne. Il ne s'agit plus ici d'étudier la transformation du modèle familial traditionnel en termes de valeurs ou de représentations sociales mais des faits réels qui impliquent la prise en charge d'affaires privées par l'Etat, en d'autres termes un transfert relatif de responsabilités de la sphère du privé vers la sphère publique (J. Commaille, 1979)[53].

C'est à travers deux événements concrets que sont le problème de la garde des enfants et celui des créances alimentaires que pourront le mieux se comprendre les sensibles redéfinitions de la stratégie de l'Etat à l'égard du divorce. On pourra voir aussi dans quelle sorte de «no man's land» juridique l'on se retrouve quand la jurisprudence et les pratiques des acteurs dépassent et remettent en question la règle de droit.

a) La garde des enfants

L'évolution de la plupart des législations européennes en matière de divorce est caractérisée par l'abandon de l'idée de faute au profit de celle de faillite ou/et de consentement. Il n'est donc plus question de confier l'enfant à l'époux innocent mais vu l'intérêt de cet enfant à celui des deux parents qui offre le plus de garanties en matière de stabilité matérielle et affective.

Cette notion de l'Intérêt de l'Enfant reste vague, subjective, relative et ne peut constituer un principe objectif de décision. L'intérêt de l'enfant peut être vu comme un argument et une légitimation des politiques successives en matière de protection de l'enfant (Chauvière, 1982)[54] ou comme référence obligée à des pratiques judiciaires extrêmement diverses. L'enjeu réel est de déceler la diversité de l'évaluation que reflètent les pratiques en matière de garde des enfants de divorcés ou les débats sur la question qui pousse au pluralisme. Ce pluralisme, s'il existe dans l'esprit de la loi, existe peu dans la pratique puisque celle-ci va dans le sens d'une attribution massive du droit de garde à la mère. Alors que leur revenu est presque toujours inférieur à celui de leur mari, ce sont les mères qui assument le plus gros de l'éducation des enfants car, comme l'écrit Ch. Delphy (1975)[55], officieusement la garde des enfants est considérée comme un privilège et même une compensation pour les femmes mal loties par ailleurs. Objectivement, l'«intérêt de l'enfant» a contribué à ancrer les femmes dans leurs rôles domestiques et à créer des conditions de vie dans lesquelles l'avenir de l'enfant pourrait bien être de revenir vers son père. L'intérêt de l'enfant, surtout s'il est jeune, renvoie à la philosophie, largement acceptée et revendiquée par les mères elles-mêmes, qu'il leur revient tout naturellement de s'occuper de leurs enfants même si elles sont pauvres, sans qualification et sans métier. Cette thèse naturaliste fut renforcée par une certaine vulgarisation psychanalystique qui accrédite l'idée qu'un enfant a «besoin» de sa mère pour lui assurer un développement psychique et affectif normal. En revanche, la garde conjointe, statistiquement très faible, selon la plupart des données (− de 10 %), représente la tentative faite pour préserver l'image du couple parental et de la familiarité au-delà du divorce et au bénéfice de l'enfant. Les juges sont peu enclins à préconiser cette solution et nous avons pu constater (J.F. Guillaume *et al.*, 1988)[56] que pour la majorité des juges, l'intérêt de l'enfant était de satisfaire la demande de la mère, même si cette demande n'allait pas dans le sens des intérêts concrets de l'enfant.

Dans le domaine de la garde des enfants divorcés, c'est donc dans une certaine confusion que s'effectuent les régulations socio-légales qui encouragent le familialisme plutôt que le légalisme. Le familialisme conduit la plupart du temps à faire de la femme le dernier rempart de la forteresse familiale au risque de favoriser le recours fréquent à des professionnels de l'aide sociale (travailleurs sociaux) ou de la relation affective (psychologues, thérapeutes familiaux). Jacques Commaille (1984 : 16-17)[57] souligne à ce propos les incertitudes et les contradictions des systèmes de régulations sociales face aux transformations de la famille ; ces systèmes de régulation se caractérisent soit par un interventionnisme trop lourd, soit au contraire par une absence d'intervention qui risque d'accentuer les processus de marginalisation et d'isolement social pour les enfants et les mères qui en ont la garde.

b) La pension alimentaire

L'étude de la rupture du mariage offre l'occasion de saisir certains aspects structurels de la relation matrimoniale et en particulier la dimension économique des rapports et des relations entre conjoints qui se trouve occultée tant que dure l'union. Les déterminismes sociaux, les stratégies matrimoniales sont aménagés dans l'union «romantique» par les modes d'échanges (J. Kellerhals *et al.*, 1982)[58]. La vie conjugale contemporaine véhicule avec elle l'image du don et de la réciprocité. En fait, le mariage se construit sur une relation d'échanges au sens structurel du terme. En effet, il y a transferts de capitaux, les époux évaluant (consciemment ou inconsciemment) leurs prestations respectives dans le domaine du travail ménager, de l'éducation des enfants ou du travail professionnel. La représentation qu'ils se font de la durée du mariage et du projet familial contribue à rendre la négociation plus ou moins facile. De plus, les conjoints sont amenés à comparer les investissements qu'ils font et les satisfactions qu'ils en retirent avec ce qu'ils pourraient obtenir hors mariage ou avec un autre partenaire (J. Kellerhals *et al.*, 1982)[59]. Dès lors que l'on envisage les rapports matrimoniaux sous cet angle, il devient évident que c'est au moment du divorce que l'appréciation des investissements réciproques prendra toute sa dimension. La séparation devient une réponse à une situation dans laquelle «l'utilité» de la dissolution du mariage est jugée supérieure à celle de sa continuation (B. Bastard et L. Cardia-Vonèche, 1983)[60]. C'est ainsi que le divorce, de par sa définition normative, donne lieu à une évaluation des ressources matérielles dont les époux disposaient pendant le mariage.

Sur le plan matériel, l'étude des créances alimentaires fait apparaître les pertes subies par les conjoints lors de la séparation. Ces pertes devront être compensées par le système légal qui prévoit un « maintien des mêmes conditions d'existence après le divorce ».

Au-delà des données chiffrées que nous pouvons apporter (J.F. Guillaume, K. Maddens, B. Bawin-Legros et J. Van Houtte, 1988)[61] sur la situation précaire des créanciers et débiteurs d'aliments[62], au-delà de l'analyse sociale qui dégage des groupes à risques de pauvreté — en l'occurrence les femmes sans profession, avec peu de qualification et charge d'enfants —, il est intéressant de montrer par quel biais l'étude des créances alimentaires révèle les coûts du divorce et le prix du mariage. Le divorce devient ainsi le révélateur de disparités individuelles sexuelles et sociales que la vie conjugale avait transformées, masquées, réagencées. Les individus ne sont pas ramenés à la case départ puisque le divorce crée deux situations matrimoniales nouvelles : un foyer monoparental d'un côté, un célibataire de l'autre ; les conjoints sortent du mariage appauvris, avec le sentiment d'avoir perdu ou gagné une bataille, en l'occurrence un procès. Cette situation est plus manifeste dans le divorce pour cause déterminée que dans le divorce par consentement mutuel bien que les deux situations rencontrent la même logique : celle du prix des mariages. Car, dans la problématique des créances alimentaires, que ce soit en Belgique (J.F. Guillaume *et al.*, 1988), en France (J. Commaille, 1982) ou en Suisse (B. Bastard, L. Cardia-Vonèche et J.F. Perrin, 1987)[63], s'il est question de conditions socio-économiques d'existence, il sera forcément fait référence à des états d'autonomie ou de dépendance économique très diversifiés : on peut facilement imaginer qu'une femme ayant charge de trois ou quatre enfants sera d'autant plus dépendante pour sa « survie » d'une pension alimentaire, même mince, que celle-ci constituera une part importante de ses revenus, voire son unique ressource. J. Van Houtte (1985), constatant une tendance vers un « égalitarisme dans la conception du mariage », reconnaît qu'il reste, « que du point de vue financier, l'équilibre est rarement atteint et que des femmes mariées se trouvent plus souvent dans une situation de dépendance vis-à-vis de leur mari » (1985 : 147)[64]. Le principe d'autonomie prônée dans la nouvelle loi matrimoniale (14 juillet 1973) ne pourrait être appliqué que dans un seul type de ménage : le ménage parfaitement homogame où l'homme et la femme exercent une profession et disposent de revenus comparables. Les revenus des hommes et des femmes ne sont cependant jamais comparables (voir Chapitre I). La problématique des créances alimentaires peut être analysée dans le cadre de la sociologie du droit mais aussi dans celle de la famille et celle des régulations sociales.

Dans le cadre de la sociologie de la famille, cette problématique fait apparaître les inégalités sociales mais surtout sexuelles face au mariage et au divorce. Les conditions de vie précaires dans lesquelles se trouvent beaucoup de femmes isolées avec charges d'enfants (en Belgique, en 1987, 34 % des femmes qui bénéficient du minimex sont séparées et 32 % divorcées — P. Vendramin et A. Garcia, 1987)[66] sont étroitement tributaires des normes sociales en vigueur, notamment en ce qui concerne le partage des tâches au sein de la famille et le marché de l'emploi féminin. Les femmes ont davantage que les hommes intériorisé le projet familial, elles abandonnent plus facilement leur profession, leurs ambitions financières au profit de la vie «intime». Le mariage et la solidarité du sein du couple leur offrent des garanties qu'elles *estiment* suffisantes et nécessaires (J. Kellerhals et al., 1982)[67] pour accepter cette situation de dépendance. Lorsque survient un divorce, une rupture, ces garanties disparaissent et l'on se trouve face aux obligations du mariage qu'on avait négligé de connaître, aveuglé par la force de l'amour.

Dès lors les conséquences du divorce vont dépasser le strict règlement privé-juridique entre ex-conjoints et c'est tout le problème du rôle des institutions de régulation qui est posé.

D'un point de vue macro-social, il est important de voir de quelle façon le divorce joue lui-même un rôle de régulateur dans ce qu'il maintient l'existence du mariage et de l'institution familiale par un transfert relatif de responsabilités de la sphère privée vers la sphère publique. Jacques Commaille (1984)[68] ne prétend cependant pas définir le système de régulation sociale en harmonie parfaite avec le système des pratiques privées. Il émet en effet la thèse d'une rupture nécessaire avec l'idée d'un ajustement rationnel entre les régulations après divorce et la vie de famille qui le précède. Il y a même, écrit J. Commaille, «une situation de pluralisme et de contradiction» (1984 : 7)[69].

A travers l'exemple de la garde des enfants et celui de la pension alimentaire, dans une sorte de «no man's land» juridique où la jurisprudence et les pratiques des acteurs dépassent et remettent en question la loi elle-même, on peut percevoir de manière plus explicite de quelle manière la divortialité participe d'un processus complexe de régulation et de dérégulation.

Régulation : parce qu'elle définit des critères de stabilité familiale, de survie après le divorce et de maintien d'un lien de solidarité.

Dérégulation : dans la mesure où le divorce ne ramène pas les individus « à la case départ » mais les cadenasse dans des contraintes d'emploi, de mobilité résidentielle et de ruptures avec les réseaux relationnels préexistants. Par là même le divorce entraîne les individus dans des risques de marginalisation sociale et de pauvreté.

Les modifications législatives européennes facilitant les modalités d'accès au divorce risquent d'entraîner des conséquences sociales graves si elles ne s'accompagnent pas de mesures concrètes assurant la survie matérielle des enfants et de celui ou celle qui les garde (assurance de paiement des pensions alimentaires) ainsi que des dispositions facilitant l'insertion ou le maintien des femmes sur le marché du travail (formations, horaires flexibles, garderies d'enfants). De plus, il convient de se méfier d'une libéralisation du droit matrimonial qui irait de pair avec une accentuation du contrôle social sur les familles par le biais des spécialistes de la santé mentale. Les effets du divorce doivent être appréhendés dans une perspective globalisante, c'est-à-dire en les replaçant dans l'ensemble des problèmes que traversent nos sociétés : crise de l'emploi, crise des valeurs, inégalités persistantes, remises en question enfin des systèmes de solidarité collective pour lesquels nos sociétés n'ont pas encore trouvé de substitut efficace. Il est intéressant d'observer que c'est au moment où le « modèle familial » éclate que l'on demande aux familles de renouer avec des solidarités que ces familles ne sont plus, ni économiquement, ni psychologiquement, ni démographiquement, en mesure d'assumer.

Posant ainsi le problème des relations entre les familles et l'Etat, on s'interrogera sur « le filet social » susceptible d'assurer le relais entre l'individu et la société. La question d'avenir pour laquelle il serait souhaitable que des recherches se multiplient, est bien de savoir quelles solidarités élémentaires vont désormais trouver leur place dans le monde qui se construit. Les liens d'alliance semblent en crise, les liens de sang diminuent quantitativement (diminution du nombre de collatéraux). Qui désormais assurera le soutien et l'intégration sociale de ceux que les coûts sociaux, économiques et psychologiques de modes de vie plus souvent subis que choisis, placent dans l'insécurité matérielle et l'isolement social ?

NOTES ET BIBLIOGRAPHIE

[1] THERY J., «Divorce, enfants, stabilité : le nouveau désordre familial» in *La famille instable*. Paris, Ed. ERES, mars 1986, n° 1, vol. 22, pp. 53-60.
[2] COMMAILLE J., «Vers une nouvelle définition du divorce». Actes du IXe Congrès Mondial de Sociologie, Upsala, 1979 (17 pages).
[3] MOUNT F., *La famille subversive, op. cit.*, 1982.
[4] Aux XIIIe et XIVe siècles en Europe occidentale, le mariage était interdit entre parents jusqu'au 12e degré.
[5] *La Loi et le Nombre*. Le divorce en Europe occidentale. Ouvrage collectif. Genève, GRID-CETEL; Paris, INED, 1983.
[6] SARDON J.P., «Evolution de la nuptialité et de la divortialité en Europe depuis la fin des années 1960» in *Population*, 1986, n° 3, pp. 463-481. La somme des divorces réduits, c'est le nombre de divorces qu'on aurait observé cette année-là si l'effectif de mariages avait été de mille dans les diverses promotions. La somme des divorces réduits élimine l'effet parasite de variations passées de la nuptialité.
[7] Institut National de Statistique, *Statistiques Démographiques*. Bruxelles, Ministère des Affaires Economiques, 1986.
[8] SARDON J.P., *op. cit.*, 1986.
[9] Institut National de Statistique, *Statistiques Démographiques*, Bruxelles, Ministère des Affaires Economiques, 1986.
[10] FESTY P., «Evolution contemporaine du mode de formation des familles en Europe occidentale» in *Population et Prospectives*, Fondation Roi Baudouin, 1983.
[11] Institut National de Statistique, *Statistiques Démographiques*, Bruxelles, Ministère des Affaires Economiques, 1986 + données non publiées.
[12] SOMMER M. et BAWIN-LEGROS B., *Ruptures et réorganisations familiales*, Etude financée par le Ministère des Affaires Sociales et de la Communauté Française de Belgique. Université de Liège, 1987 (Rapport ronéotypé).
[13] FESTY P. «Le divorce et après» in *Population et Sociétés*, Paris, INED, juillet 1987, n° 215.
[14] BOIGEOL A. et COMMAILLE J., «Divorce, milieu social et situation de la femme» in *Economie et Statistique*, 1974, n° 2, pp. 3-21.
[15] BASTARD B. et CARDIA-VONÈCHE L., *Le divorce à Genève : une étude sociologique de la pratique judiciaire*. U. de Genève, 1985 (ronéotypé).
[16] SOMMER M. et BAWIN-LEGROS B., *op. cit.*, 1987.
[17] SOMMER M. et BAWIN-LEGROS B., *op. cit.*, 1987.
[18] KERGOAT D., *Les ouvrières, op. cit.*, 1982.
[19] GUILLAUME J.F., MADDENS K., BAWIN-LEGROS B. et VAN HOUTTE J., «La problématique socio-économique des créances alimentaires en Belgique. Analyse du déroulement judiciaire de l'obligation alimentaire après divorce» in *Revue Belge de Sécurité Sociale*, à paraître, 1988 (27 pages).
[20] GUILLAUME J.F. *et al.*, *op. cit.*, 1988 : 9.
[21] KELLERHALS J., LANGUIN N., PERIN J.P., et WIRTH G., «Statut social, projet familial et divorce» in *Population*, 1985, n° 6, pp. 811-825.
[22] BAWIN-LEGROS B. et SOMMER M., «Famille/familles : difficiles et mouvantes typologies» in *Revue Internationale d'action communautaire*, Montréal, *op. cit.*, 1987.
[23] COMMAILLE J., *Famille sans justice?* Paris, Le Centurion, 1982. — ALMODOVAR J.P., «L'enfant enjeu de savoirs» in *Dialogue*, n° 86, 1984, pp. 59-67.
[24] ROUSSEL L., «Mariages et divorces. Contribution d'une analyse systématique des modèles matrimoniaux», *op. cit.*, 1980.

[25] La problématisation est un mode d'approche et de conceptualisation de la réalité. Il s'agit d'une assertion qui pourrait être soutenue et dont la fin n'est pas percée comme effectivement voulue (voir Dictionnaire Lalande, pp. 835-836).

[26] «*Les enfants et leurs parents séparés*». Colloque de l'I.E.D.F. Paris, octobre 1985. Rapport ronéotypé.

[27] THERY I., «La référence à l'intérêt de l'enfant» in *Du Divorce et des Enfants*, Paris, PUF-INED, Cahier n° 111, pp. 33-114.

[28] LENOIR R., «L'Invention du 3e âge» in *Actes de la Recherche en Sciences Sociales*, n° 26-27, 1979, pp. 57-82.

[29] THERY I., *op. cit.*, 1985, p. 76.

[30] KELLERHALS J. *et al.*, *Mariages au Quotidien*, *op. cit.*, 1982.

[31] VIEUJEAN E., *Les Personnes*, tome II, Notes de cours mises à jour en 1984. Liège, Université de Liège, Faculté de Droit, d'Economie et de Sciences Sociales.

[32] BASTARD B., CARDIA-VONÈCHE L. et PERRIN J.F., *Pratiques judiciaires du Divorce*. Lausanne, Editions Réalités Sociales, 1987.

[33] LEFAUCHEUR N., «Les conditions et niveaux de vie des enfants de parents séparés» in Actes du Colloque, *Les Enfants et leurs parents séparés*, Paris, 1985.

[34] ROUSSEL L., Préface à *Du Divorce et des Enfants*, Paris, PUF, Cahiers INED, n° 111, 1985, pp. 1-10.

[35] ROUSSEL L., *op. cit.*, 1980, p. 1026.

[36] ROUSSEL L., *op. cit.*, 1980, p. 1038.

[37] KELLERHALS J. et TROUTOT P.Y., «Divorce et modèles matrimoniaux». Quelques figures pour une analyse des règles de l'échange in *Revue Française de Sociologie*, 1982, XXIII, pp. 195-222.

[38] KELLERHALS J. et TROUTOT P.Y., *op. cit.*, 1982.

[39] KELLERHALS J., LANGUIN N., PERRIN J.F. et WIRTH G., «Statut Social, Projet familial et Divorce» in *Population*, 1985, n° 6, pp. 811-828.

[40] KELLERHALS J. *et al.*, *op. cit.*, 1985, p. 825.

[41] DELPHY Ch., «Mariage et Divorce : l'impasse à double face» in *Les Femmes s'entêtent*. Paris, Gallimard, 1975, pp. 128-145.

[42] THERY I., «Divorce, enfants, stabilité : le nouveau désordre familial», *op. cit.*, 1986.

[43] THERY I., *op. cit.*, 1985, p. 42.

[44] THERY I., *op. cit.*, 1986, p. 58.

[45] GUILLAUME J.F., MADDENS K., BAWIN-LEGROS B., et VAN HOUTTE J., «La problématique socio-économique des créances alimentaires en Belgique. Analyse du déroulement judiciaire de l'obligation alimentaire après divorce», *op. cit.*, 1988.

[46] TROST J., «Divorce and its consequences for children» in XIXth International CFR seminar on divorce and remarriage, Leuven, KUL, 1981.

[47] SOMMER M. et BAWIN-LEGROS B., *Ruptures et Réorganisations familiales, op. cit.*, 1987.

[48] BOURGUIGNON O., «L'expérience du divorce parental : une enquête auprès d'adolescents» in *Du Divorce et des Enfants*, *op. cit.*, 1985, pp. 159-247.

[49] CHAHNAZARIAN A., «Conséquences socio-émotionnelles pour les enfants de divorcés aux U.S.A.», in *Familles d'Aujourd'hui*, Actes du Colloque de l'AIDELF, septembre 1984, Paris, INED, 1986, n° 2, pp. 559-566.

[50] CHAHNASARIAN A., *op. cit.*, 1986, p. 559.

[51] CHAHNAZARIAN A., *op. cit.*, 1986, pp. 564-565-566. — OLSON D.H. et MILLER B.C. (ed.), *Family Studies*, Review Yearbook, vol. 2, 1984.

[52] COMMAILLE J., «D'une sociologie de la famille à une sociologie du droit. D'une sociologie du droit à une sociologie des régulations sociales» in *Sociologie et Sociétés*, Montréal, vol. XVIII, 1986, n° 1, pp. 113-128.

[53] COMMAILLE J., «Contribution à une problématique pour une recherche internationale sur les enfants de familles dissociées». Actes VI : Colloque *Recherches sur le Divorce*, Paris, 1974.
[54] CHAUVIÈRE M., «L'introuvable intérêt de l'enfant» in *Le Droit face aux politiques familiales*, Paris, Université Paris VII, 1982 (ronéotypé).
[55] DELPHY C.H., *op. cit.*, 1975.
[56] GUILLAUME J.F. *et al.*, *op. cit.*, 1988.
[57] COMMAILLE J., «D'une approche socio-légale du divorce à une sociologie des régulations sociales appliquées à la famille». Séminaire *Social Change and Family Policies*, Melbourne, 1984 (36 pages).
[58] KELLERHALS J. *et al.*, *op. cit.*, 1982.
[59] KELLERHALS J. *et al.*, *op. cit.*, 1982.
[60] BASTARD B. et CARDIA-VONÈCHE L., «Du Coût du Divorce au Prix du Mariage». Communication présentée à la réunion du Comité de recherche de sociologie du droit à l'A.I.S., Anvers, 1983 (20 pages).
[61] GUILLAUME J.F. *et al.*, *op. cit.*, 1988.
[62] De l'enquête il ressort qu'à Gand et Liège, respectivement 65 et 55 % des femmes ne disposent d'aucun revenu ou de revenus inférieurs à 20.000 FB par mois. Il ressort également que remplir l'obligation alimentaire posera probablement des problèmes aux débiteurs puisque 38 % des débiteurs alimentaires doivent verser plus de 25 % de leurs revenus à leurs ex-conjoint et enfants.
[63] GUILLAUME J.F. *et al.*, *op. cit.*, 1988. — COMMAILLE J., *op. cit.*, 1982. — BASTARD B., CARDIA-VONÈCHE L. et PERRIN J.F., *op. cit.*, 1987.
[64] VAN HOUTTE J., «Pour une sociologie des institutions du droit de la famille» in *Revue de l'Institut de Sociologie*, U.L.B., 1985, n° 1-2, pp. 147-173.
[65] DELPHY Ch., *op. cit.*, 1975.
[66] VENDRAMIN P. et GARCIA A., *Profil socio-économique des ayants droit au minimex*. Etude financée et publiée par le Secrétariat d'Etat à l'Environnement et à l'Emancipation Sociale, Bruxelles, juin 1987.
[67] KELLERHALS J. *et al.*, *op. cit.*, 1982.
[68] COMMAILLE J., *op. cit.*, 1984.
[69] COMMAILLE J., *op. cit.*, 1984, p. 7.

Chapitre IV
Nouvelles formes de conjugalité et de parentalité

1. COHABITATIONS, MENAGES DE FAIT, UNIONS LIBRES

1. Problèmes sémantiques

Lorsque Louis Roussel inventa en 1978 le terme de «cohabitation juvénile»[1], ce n'était pas en référence au mode d'organisation d'une certaine vie politique. L'article publié dans la revue *Population* fut une véritable bombe puisque, dix ans après, le terme est passé dans le langage courant. Louis Roussel mettait en évidence une situation relativement nouvelle et importante, celle de jeunes hétérosexuels vivant ensemble sans être mariés, en même temps qu'il inventait une nouvelle expression moins péjorativement connotée que le concubinage et l'union libre. Il convient sans doute de s'attarder sur ces deux mots, «cohabitation» et «juvénile», pour voir quelles réalités ils recouvrent et quels enjeux idéologiques ils sous-tendent.

a) *Cohabitation* : Si le terme de cohabitation est socialement plus neutre que celui de concubinage, il n'est pas évident que l'un et l'autre renvoient nécessairement à la même utilisation. Roussel l'a cependant voulu ainsi. Lorsque l'on cohabite (en 1978), on ne vit pas simplement sous le même toit, sur le même territoire ou à côté de quelqu'un, on entretient aussi avec cette personne un commerce charnel et un type de relations qui ressemblent à s'y méprendre à la vie conjugale. En utilisant le terme de «cohabitation», Roussel a cherché à nommer une nouvelle forme de conjugalité, celle des jeunes de classes moyennes et supérieures, pour pouvoir mieux l'opposer à d'anciennes pratiques dépréciées comme le concubinage des classes ouvrières du dix-neuvième siècle ou comme l'union libre qui présente un aspect plus définitif. Car dans l'esprit de Roussel et de Bourguignon, il s'agit plutôt d'un mariage à l'essai ou d'une phase transitoire dans la carrière conjugale des populations concernées.

b) *Juvénile* : En y joignant le mot «juvénile», Louis Roussel fixe le comportement dans des catégories d'âge (moins de 35 ans) et, de la sorte, balise les itinéraires des individus par des points de repère qui correspondront à l'entrée dans la vie adulte pour l'homme et dans la maternité pour la femme. Il construit des temps sociaux qui ne sont pas anodins puisque ces temps renvoient à un imaginaire social qui structure les trajectoires des hommes et des femmes. Louis Roussel et Odile Bourguignon en sont évidemment conscients quand ils écrivent : «En y ajoutant le qualitatif juvénile, nous avons voulu non seulement limiter le champ de l'étude mais éviter aussi de mélanger des situations très différentes : celles d'adultes de 35 ans qui se sont installés hors mariage et celle du couple de 22 ans dont l'évolution demeure en réalité incertaine» (1978 : 217)[2].

Cette appellation «cohabitation juvénile», bien qu'apparemment plus neutre, présente donc une série de signes socialement signifiants et pose un certain nombre de problèmes rapidement identifiables.

1° Le principal écueil tient à la finalité même de cette cohabitation. D'un simple report d'âge au mariage qu'elle était en 1975, la cohabitation semble aujourd'hui s'étendre et s'installer. Un des éléments de preuve nous est apporté par le nombre de naissances hors mariage qui est passé en dix ans de 3 à 10 % en Belgique[3] et qui, en France, semble tourner autour de 13,5 % des naissances en 1985[4]. L'humeur anti-institutionnelle des années soixante-dix a cédé la place à l'installation dans une commodité où ne s'oppose plus nécessairement la venue de l'enfant mais la reporte tout simplement. J'y reviendrai, mais il faut peut-être souligner ici que la législation belge de 1987 sur la filiation, en mettant tous les enfants sur le même pied d'égalité, a toutes les chances de renforcer le ménage de fait.

2° La deuxième difficulté vient de l'assimilation par Roussel et Bourguignon de la cohabitation juvénile française au modèle scandinave. Alors qu'en France et en Belgique le développement du ménage de fait va de pair avec un recul de la venue du premier enfant, dès l'apparition du phénomène au Danemark ou en Suède (J. Trost,

1979)[5], les jeunes cohabitants ont accepté l'enfant en même temps qu'ils adoptaient ce mode de vie. Ainsi, en 1975, 22 % des femmes cohabitantes du groupe d'âge des 20-24 ans avaient au moins un enfant et cette proportion atteignait 46 % dans la tranche des 25-29 ans. En Suède, pour les mêmes tranches d'âge, les pourcentages étaient respectivement de 43 et 61 % (L. Roussel et O. Bourguignon, 1978)[6]. Il est donc paradoxal de lier juvénilité avec absence d'enfants et itinéraires incertains alors que le modèle de référence, en l'occurrence le modèle scandinave, réfléchit une situation où la cohabitation se montre à voir comme une union libre qui peut perdurer bien au-delà de ce qui est considéré comme l'âge juvénile.

3° Le troisième problème vient de ce que parler de « cohabitation juvénile » comme un phénomène global alors qu'il est socialement localisable et localisé (au sein des classes moyennes) masque ce que la vie hors mariage a de socialement diversifié, même parmi les plus jeunes. Il n'y a pas de déterminations homogènes à la vie hors mariage. Chez certains jeunes (étudiants), il peut s'agir d'une décision pragmatique (ne pas payer deux loyers) qui se terminera éventuellement par un mariage. Pour d'autres (certains milieux scolarisés), la vie hors mariage se fait encore l'écho d'une revendication anti-institutionnelle et aura toutes les chances de se maintenir telle quelle. Pour d'autres encore, il pourra s'agir soit d'une stratégie de compensation, soit d'une succession d'expériences conjugales liées à la difficulté d'insertion professionnelle et sociale. La diversité sociale sous-jacente à ce nouveau mode de vie hors mariage est quelque peu oblitérée par l'étiquette enveloppante de « cohabitation juvénile ».

2. Types de cohabitation et comment les chiffrer

Les types de cohabitation peuvent s'analyser dans une perspective de séquences temporelles qui verraient l'évolution d'un phénomène unique, de 1960 à nos jours, ou au contraire selon des modes plus diversifiés qui renvoient à l'organisation, dans un temps donné, de plusieurs types de vie hors mariage.

a) La séquence temporelle nous montre un film en quatre épisodes (E. Sullerot, 1984)[7]. Cette approche présente le grand intérêt de pouvoir suivre l'évolution des mœurs à travers plusieurs paramètres que sont la sexualité hors mariage, la vie commune, la fécondité.

1° La première phase est celle qui va de *1960 à 1965*. Elle est caractérisée par des relations sexuelles prénuptiales plus fréquentes, suivies encore massivement d'un mariage et d'un enfant. Le taux de naissances hors mariage est à cette époque de 3 % en Belgique et de 5,9 % en France. Ces naissance sont le fait de mères très jeunes (moins de vingt ans) ou de femmes de plus de trente-cinq ans de milieu défavorisé (employées de maison, manœuvres, ouvrières non qualifiées). Une forte proportion de ces enfants ne sont reconnus que par la mère (E. Sullerot, 1984)[8].

2° La deuxième étape va de *1965 à 1972*. La génération du baby-room arrive à l'âge du mariage. On y voit des relations sexuelles avant le mariage très fréquentes, voire une vie commune, une fécondité encore mal maîtrisée avec de nombreuses conceptions prénuptiales qui seront «réparées» par le mariage. Le nombre de naissances hors mariage passe en France à 7 %, un taux relativement faible cependant par rapport à ceux de l'Europe du Nord. La plupart de ces naissances, plus ou moins clandestines, touchent encore de jeunes célibataires de milieu défavorisé et sont en majorité involontaires. Le fait le plus marquant de cette époque est l'augmentation des conceptions hors mariage, c'est-à-dire prénuptiales. Ce n'est qu'avec la distribution massive des pilules sur le marché (1970) que l'on verra le nombre de ces grossesses diminuer. Evelyne Sullerot avance que, pour 1971 et l'ensemble des premiers-nés dont les mères sont mariées, près de 30 % naissent moins de 7 mois après le mariage de leurs parents. Ces couples manifestement ne maîtrisent pas encore bien la contraception, mais le mariage garde le dernier mot quand l'enfant s'annonce.

3° La troisième phase (1972-1978) est celle qui voit l'éclosion de la vie commune sans mariage avec une fécondité bien maîtrisée. Même si l'un et l'autre sont reportés, le désir de mariage existe encore quand il y a désir d'enfant. C'est la grande période de la «cohabitation juvénile». Le nombre de mariages chute tandis que le nombre de naissances subit une baisse simultanée encore plus drastique. Les conceptions prénuptiales diminuent grâce à une meilleure maîtrise de la contraception. C'est à cette époque qu'apparaissent les premiers signes du refus du mariage, même avec enfant (L. Roussel, 1978)[9], dans un esprit résolument anti-institutionnel et novateur. A cette époque aussi, un tiers des enfants suédois naissent hors mariage, la France frôle les 9 % et la Belgique les 6 %. La nouveauté la plus impressionnante durant cette nouvelle phase vient de ce que, à partir de 1972, les enfants hors mariage seront plus généralement faits à deux, c'est-à-dire que le père reconnaît davantage son enfant. Cette proportion d'enfants «naturels» faits à deux va aller en s'accroissant (J.C. Deville, E. Naulleau, 1982)[10].

4° La quatrième phase (de 1978 à...) stabilise la vie commune hors mariage comme un comportement non déviant. La fécondité est bien maîtrisée et la décision d'avoir un enfant hors mariage est présente chez de nombreux couples. Le nombre de ces naissances fait un bond (10 % en Belgique) et les mères concernées ne sont plus les jeunes femmes abandonnées ou les femmes de plus de 35 ans. Ce sont les femmes qui ont «l'âge normal» de procréer qui le font (j'aurai l'occasion de revenir sur cet âge dit normal plus loin dans ce chapitre). Au niveau social, ce sont les milieux scolarisés, urbains, des classes moyenne et supérieure qui induisent le mouvement. On est passé de l'union libre à la parenté libre, assumée par les deux parents. Se marieront-ils un jour? Personne encore ne peut le dire. Il apparaît évident que ce comportement, il y a vingt ans, socialement et statistiquement déviant, est aujourd'hui statistiquement normal et socialement toléré.

Les données de l'enquête belge effectuée en 1981 (M. Loriaux, et al., 1981)[11] nous indiquent qu'à la proposition «Un homme et une femme ont-ils le droit de vivre ensemble sans intention de se marier?», 43,3 % des Belges francophones interrogés répondent «Tout à fait d'accord», et 16,5 % «Plutôt d'accord». Si l'on regroupe ces deux catégories, ce sont donc près des deux tiers des gens qui marquent un accord plus ou moins prononcé. Seuls 17 % des personnes interrogées sont entièrement défavorables. Les résultats sont identiques en ce qui concerne les hommes (43,1 %) et les femmes (43,5 %). C'est au niveau des catégories d'âge que la différence la plus nette se marque : 80 % des jeunes (entre 18 et 29 ans) sont favorables à l'union libre, alors que dans les tranches d'âge supérieures (30-44 ans et 45-59 ans) on trouve respectivement 69 % et 51 % des personnes qui sont totalement ou en partie d'accord avec la proposition. Au niveau des catégories socio-professionnelles, on peut dire que l'attitude favorable suit la pente des classes sociales, du haut vers le bas, avec, entre autres, 63 % d'opinions favorables auprès des ouvriers et 77 % parmi les cadres supérieurs. Les réticences proviennent surtout des personnes âgées, retraitées, et des milieux ruraux (plus catholiques).

b) La classification par types sociaux et familiaux

A l'heure actuelle et dans chaque société, divers types d'unions libres ou de cohabitations coexistent, tout comme se côtoient différents modèles matrimoniaux.

1° *La cohabitation sans mariage* : celle-ci concerne des catégories d'âge relativement jeunes. Les couples non mariés, formés de deux célibataires et où l'homme a moins de 35 ans, sont évalués aujourd'hui, en 1985, à 18,3 % des couples français (P.A. Audiriac, 1986)[12]. C'est apparemment entre 25 et 29 ans pour les hommes et entre 21 et 24 ans pour les femmes que ces unions de fait sont les plus nombreuses (30 %). Mais l'extension considérable des couples non mariés ne doit pas masquer le fait que, même aux âges où la cohabitation est la plus répandue, le mariage conserve encore plus d'adeptes. En Belgique, selon l'enquête réalisée en 1985 auprès de mille femmes de tous âges (entre 18 et 60 ans) (B. Bawin-Legros, M. Sommer, 1986)[13], on obtient une moyenne totale de 8,8 % de cohabitantes, avec une pointe de 13 % dans la catégorie des femmes âgées de 18 à 30 ans. Pour être approuvée, la cohabitation n'est cependant pas toujours avouable. En Belgique en effet, la cohabitation peut être sanctionnée sur le plan fiscal et dans certains milieux une cohabitation notoire avec enfant peut l'être sur le plan professionnel. On peut donc supposer une certaine sous-représentation de ce fait social car les possibilités de le mesurer sont liées aux enquêtes et non aux recensements. Les réticences sont grandes, pour le Belge en tout cas, à révéler une situation de ménage de fait.

2° *La cohabitation après un premier mariage* : celle-ci est particulièrement difficile à mesurer pour des raisons de discrétion et de méfiance des gens, d'une part, mais aussi parce qu'il peut s'agir de situations transitoires entre deux mariages, d'autre part. Selon des données portant sur les remariages, on a pu évaluer à Paris que 70 % des mariages contractés en 1981 avaient été précédés d'une période de cohabitation (L. Roussel, 1981)[14].

3° *Les unions libres* de tous âges. Elle se comptent par la fécondité hors mariage qui tourne autour de 45 % en Suède, 20 % aux Etats-Unis, 13,5 % en France, 10 % en Belgique (P. Festy, 1986)[15]. Il faut néanmoins souligner ici à quel point il est difficile, voire impossible, de chiffrer les unions de fait et de suivre très précisément l'évolution de ce mode de vie. Les chiffres les plus fantaisistes apparaissent parfois dans les médias. Même lors des recensements, les unions de fait ne peuvent être appréciées puisque le locataire ou titulaire du logement peut fort bien ne pas mentionner avec qui il ou elle vit. Les unions de fait échappent presque entièrement aux déclarations fiscales. C'est par le biais du nombre de mariages, chiffrable avec précision, du nombre de divorces, qu'il est également possible de mesurer, et aussi grâce aux enquêtes que l'on pourra essayer de suivre dans chaque pays l'évolution de ce «nouveau» genre de vie. Il faudra également attendre que le temps fasse son œuvre pour voir s'il s'agit d'un refus ou d'un simple retard au mariage.

3. Essais d'explication du phénomène

a) Interprétation globalisante

Bien que les premières enquêtes menées sur ce thème (L. Roussel, 1978)[16] aient mis en évidence le caractère socialement typé de la cohabitation (milieux supérieurs, urbains, étudiants peu attachés aux pratiques religieuses), il est intéressant de constater que les premières explications fournies aient été pour la plupart globalisantes. En effet, que ce soit par Fr. de Singly (1981)[17] ou par H. Lebras (1983)[18], les premières tentations furent d'analyser la cohabitation sous l'angle symbolique soit de la contestation institutionnelle, de la recherche de nouvelles expressions d'une doctrine matrimoniale qui redéfinirait les rapports entre l'affection, la sexualité, l'institution du mariage et le temps, soit comme le renouvellement des rites sociaux du passage, l'aménagement des calendriers entre parents et enfants et entre classes sociales. Bref, il s'agissait d'un phénomène de post-adolescence construit avec l'accord des parties. Le véritable passage social qu'est le mariage ne prendrait d'ailleurs son sens que rapporté à cette ratification ultérieure. Analysant la théorie de R. Sennett dans les *Tyrannies de l'intimité* (1979)[19], Fr. de Singly (1981)[20] voyait dans la cohabitation surtout juvénile la force du narcissisme contemporain et l'adoption de l'authenticité comme critère de jugement des rapports sociaux. «L'institution du mariage, outre son aspect de formalité administrative, devient une contrainte insupportable aux personnes qui déclarent vouloir être vraies en toutes circonstances» (Fr. de Singly F., 1981 : 77)[21]. Les rites du mariage apparaissent comme des formalités vides des désirs et des besoins subjectifs. L'usure de l'attrait amoureux et la permanence du lien institutionnel obligeraient les individus à jouer, à faire comme si, à se jouer la comédie de leurs sentiments. Dans l'optique narcissique, la cohabitation devient un espace ouvert où chacun apprend sur soi par l'intermédiaire du miroir qu'est l'autre. Quand le jeu des révélations réciproques s'achèvera, quand autrui ne sera plus l'occasion de mieux se connaître et de le connaître, l'ennui naîtra et la relation deviendra pesante. Dans la société intimiste, l'expression n'est plus «la présentation d'états et tonalités affectives ayant une signification indépendante de celui qui l'éprouve» (R. Sennett, 1979 : 249)[22]. Cette imbrication des sentiments et de leur formulation interdit la répétabilité et la maîtrise du *temps*. De cette manière, le refus de l'institution du mariage ou son ajournement prend un sens, parce qu'il est resitué dans l'ensemble de l'évolution historique des formes de relations entre acteurs sociaux. La cohabitation devient ainsi inséparable des transformations affectant l'institution familiale, notamment par le nombre de ses ruptures. Car il existe une contradiction entre la situation qui est faite au couple aujourd'hui comme structure devant répondre à une demande de sécurité et de refuge, et la vulnérabilité des sentiments dont le couple tire l'essentiel de sa subsistance. Cette contradiction n'est peut-être pas sans influence sur le choix d'un «mariage informel» dans la mesure où le mariage privilégie d'emblée la notion de durée et d'officialisation de la relation, alors que la liaison informelle a besoin pour s'affirmer d'une confirmation préalable par l'épreuve du temps. L'analyse de Sabine Chalivon-Demersay (1983) montre bien que ce qui caractérise le ménage de fait est le rapport particulier au temps. En refusant l'institution, «les concubins ont inventé une autre façon de vivre le temps, un autre rapport à la temporalité. Les préliminaires sont transformés : à une succession logique et chronologique unique, chaque couple peut substituer le désordre anarchique de ses désirs. Il peut choisir son rythme, construire les étapes de son histoire en dehors de tout arbitrage social, car personne à l'exception d'eux-mêmes n'interviendra pour orchestrer et organiser les moments de leur installation. La vie commune devient une aventure à laquelle la société n'est plus conviée. Ce n'est plus le temps des autres, c'est leur propre temps» (1983 : 100)[23].

Même si cette interprétation un peu lyrique ne peut être retenue du fait de son caractère totalisant, il n'en reste pas moins vrai que les cohabitants, en laissant la porte largement ouverte à la rupture, manifestent d'une attitude très contemporaine qui laisse à l'imaginaire, toujours réactivé, le beau rôle. La non-fermeture de la relation permet, à toute occasion, d'envisager la multitude des autres possibles (G. Neyrand, 1986)[24].

b) Interprétation partielle : cohabitation, milieu social et diversité des modes d'entrée dans la vie adulte

De même qu'il y a différents modèles de vie maritale, il y a également différents modèles de vie hors mariage et ceux-ci peuvent être appréhendés par les discours des jeunes sur leur situation ou par une analyse objective des conditions sociales d'existence. On peut ainsi repérer plus ou moins trois modèles.

– Le premier est le *concubinage traditionnel*, facilité par le déclin de la réprobation sociale qui le frappait très récemment encore et qui reste socialement localisé dans les milieux plus populaires.

– Le second est l'*union libre*, prolongement d'un militantisme personnel et d'une critique des institutions, que l'on trouve plus volontiers dans ce que Bourdieu appelle les «nouvelles classes moyennes».

– Le troisième est la *cohabitation* ou union prénuptiale faisant dépendre l'officialisation de l'union soit d'une confirmation de la durée du sentiment (l'enfant et le mariage venant souvent comme double confirmation), soit encore d'une amélioration de la situation professionnelle de l'un ou des deux partenaires. C'est la cohabitation des étudiants et de certaines franges des classes moyennes.

Ces différents modèles renvoient peut-être moins à des milieux sociaux différents qu'à des diversités de modes d'entrée dans la vie adulte et conjugale. P.A. Audiriac (1986)[25] souligne ainsi qu'en prenant en compte les calendriers différents d'entrée dans la vie conjugale et le fait que la vie hors mariage n'est souvent qu'un passage dans le temps biographique des individus, on voit s'estomper les différences entre les classes sociales. La fréquence de la vie en couple, marié ou non, est relativement la même pour les femmes cadres supérieurs à l'âge de 25 ans (46 %), appartenant aux professions intermédiaires à 24 ans (50 %), employées de 22 ans (46 %), ouvrières à 21 ans (44 %). Pour chacun de ces groupes, le taux de cohabitation est de près de 30 %. Ce qui oppose les jeunes des différents milieux sociaux paraît donc être moins la plus ou moins grande propension à vivre ensemble hors des liens institutionnels que leurs rythmes différents d'entrée dans la vie conjugale et le fait que, selon les groupes sociaux, on vit plus ou moins souvent en couple (exemple : les femmes cadres supérieurs restent plus célibataires que les autres groupes).

La question que posent alors plusieurs sociologues tels que Hervé Lebras (1983)[26] et Olivier Galland (1984, 1985)[27] est bien celle-ci : la cohabitation est-elle un nouveau comportement ou une dernière étape accordée et que s'accordent les jeunes avant de se lancer dans l'âge adulte? Cette nouvelle étape qui se situe à des moments différents, selon l'appartenance sociale et de sexe, constitue une sorte de fiançailles ou de mariage à l'essai qui n'est pas sans rappeler des formes anciennes fortement combattues en leur temps par l'Eglise. Olivier Galland (1985)[28] esquisse le cadre d'une problématique qui viserait à proposer l'entrée dans la vie adulte comme un objet en soi. Cet objet se définirait en tant qu'étude de l'intervention des moments de passage professionnels, familiaux et matrimoniaux d'un statut d'âge, l'adolescence, à un autre, l'âge adulte.

Olivier Galland pose l'existence d'une période intermédiaire qui s'intercalerait entre l'adolescence et l'âge adulte et qu'on pourrait appeler la *post-adolescence* (H. Lebras, 1983)[29]. Cette période aurait tendance aujourd'hui à se prolonger vu la transformation de l'insertion sociale et professionnelle des jeunes hommes et des jeunes femmes, encore que les rythmes sociaux des hommes et des femmes soient très différents.

Dans cette perspective, on évite de traiter la jeunesse comme une catégorie en soi, pourvue de qualités spécifiques qui ne tiendraient pas aux conditions sociales des acteurs concernés mais qui seraient liées aux privilèges de l'«âge», biologique ou psychologique. (P. Humblet, M. Diament, E.A. Sand, 1986)[30]. Force est cependant de constater que l'allongement de la période de formation, l'ajustement de plus en plus malaisé des compétences scolaires et des compétences professionnelles, le chômage de courte et de longue durée sont autant d'indicateurs du retard que prennent les jeunes à l'accès à l'indépendance économique. Indétermination professionnelle et indétermination matrimoniale ne caractérisent-elles pas ensemble cette période de jeunesse prolongée où se recherchent à tâtons, par essais et erreurs, une insertion et une identité sociale? La prolongation de la phase de transition entre deux temps de la vie appelle sans doute l'élaboration de stratégies de report pour échapper au «déclassement». Les transformations socio-économiques ne touchent cependant pas tous les jeunes de la même façon et, dans cette mesure, on va voir se diversifier les stratégies de conversion et les modes d'entrée dans la vie conjugale.

C'est dans la bourgeoisie et particulièrement parmi les étudiants que l'extension de la cohabitation a été la plus visible, précédée dans la génération de l'après-guerre d'une fréquence accrue des couples d'étudiants mariés. Du fait du desserrement des codes sociaux et moraux, le mariage est désormais, dans les classes bourgeoises et avec l'accord des parents (Fr. de Singly, 1986)[31], repoussé jusqu'à l'installation professionnelle du jeune homme. Cette solution rencontre peut-être d'autant plus l'agrément des familles qu'elle préservera «l'ordre des événements» de vie qui veut que l'installation professionnelle précède toujours le mariage et la paternité (H. Lebras, 1983)[32]. Elle évitera aussi des engagements matrimoniaux prématurés et à haut risque de divorce. Dans les classes plus populaires, les difficultés d'insertion sur le marché du travail tendent également à ajourner le mariage et se traduiront soit par une prolongation de la vie de famille, soit par une période de cohabitation. C. Gokalp (1981)[33], dans son étude sur les jeunes de 18 à 25 ans, indique que les trois quarts des jeunes ouvriers actifs âgés de 18 à 24 ans habitent encore chez leurs parents alors que ce n'est le cas que de moins de la moitié des enfants de cadres moyens et d'environ 38 % des enfants actifs de cadres supérieurs. La situation de cohabitation est également plus répandue parmi les chômeurs ou ceux qui travaillent comme intérimaires que chez ceux qui ont un emploi stable. La situation des jeunes filles en cette matière se présente assez différemment de celle des garçons (C. Gokalp, 1981)[34]. Si le départ des jeunes filles de leur famille d'origine est toujours plus précoce que celui des garçons, cette tendance est nettement plus marquée chez les jeunes femmes originaires des couches moyennes salariées que chez les jeunes femmes d'origine ouvrière. Ces dernières quittent plus tard la famille mais se marient aussi plus précocement et plus massivement que les jeunes femmes des autres classes sociales, alors que les femmes originaires des classes moyennes partent plus tôt du domicile familial mais se marient moins, et plus tard (L. Roussel, 1975)[35].

Ce qui émerge de tous ces chiffres, c'est que, dans les milieux populaires plus que dans la bourgeoisie, parmi les jeunes hommes plus que parmi les jeunes filles, la cohabitation traduit une phase de transition, une parenthèse avant le mariage et la fondation d'une famille. Dans les jeunes générations, on voit donc se profiler, en termes de calendriers, des transformations dues :

1° à la poursuite de la tendance à l'allongement de la période de scolarité et de formation ;

2° à l'irruption d'une période de tâtonnements et d'ajustements entre la sortie de l'école et l'insertion stable sur le marché du travail (dans les milieux populaires et la petite bourgeoisie) ;

3° à une tendance (récente) à rester plus longtemps dans la famille d'origine, ce qui se répercutera très probablement sur l'âge de la formation d'une famille d'orientation.

Pour utile que soit cette approche d'un mode d'entrée dans la vie adulte socialement diversifié, l'explication de la cohabitation par l'effet de modifications de calendriers n'est pas vraiment convaincante. En effet, les événements qui jalonnent le temps des insertions ne concernent pas tous les jeunes au même titre. Il y a des différences selon les sexes et les milieux sociaux. Le mariage n'a pas en effet la même valeur sociale pour tout le monde et n'offre pas la même utilité pour les filles que pour les garçons. Parmi les transformations, ce sont certainement celles qui ont affecté la position sociale des jeunes femmes qui ont contribué le plus profondément à bouleverser les formes de passage à l'âge adulte : par leur accès plus massif au système d'enseignement et au marché du travail, elles ont pu infléchir les rôles sociaux dévolus aux sexes. On verra plus loin en quoi la cohabitation ouvre l'éventail des possibles au féminin et peut s'analyser dans la problématique des rapports de sexe. De plus, l'approche de la cohabitation par la problématique de l'entrée dans la vie adulte néglige un certain nombre de modifications liées aux attitudes, aux représentations, aux valeurs sociétales. Dans la jeune génération, on assiste non seulement à un étirement de la période d'adolescence mais aussi à une disjonction entre certains attributs d'accès à l'âge adulte et d'autres. Certains s'acquièrent plus précocement comme la majorité civile, l'exercice d'une sexualité adulte complète ou l'accès à la consommation alors que d'autres au contraire sont retardés, voire même confisqués, tels que l'indépendance économique. Dans ce mouvement paradoxal, les coupures rituelles tendent à perdre leur valeur de marquage du temps sans que d'autres les remplacent. Notre époque voit ses rituels et ses rites de passage traditionnels désacralisés, l'union libre et la banalisation du mariage y puisent tout leur sens.

4. Cohabitation et réussite sociale

a) Qui vit avec qui et comment?

On a appris, grâce aux études portant sur le choix du conjoint, que l'attachement aux principes de la réussite sociale conduit en général à l'homogamie intragénérationnelle, c'est-à-dire à la recherche par les deux conjoints d'atouts et de capitaux dont ils vont tenter d'aménager l'équivalence. La question que l'on se pose ici est la suivante : les couples en union libre ressemblent-ils aux couples mariés? L'homogamie y est-elle aussi forte ou, au contraire, l'union libre permet-elle la transgression plus aisée des règles d'échange et de transmission sociale?

Selon les données fournies par P.A. Audirac (1982)[36], il apparaît à première vue que les unions libres sont aussi endogames que les mariages. Ceci dit, on constate quelques différences en observant la position des femmes. Si l'on considère en effet les cadres moyens en agglomération parisienne (P.A. Audirac, 1982)[37], la proportion des femmes qui ont un conjoint étudiant est quatre fois plus élevée que chez les gens mariés. De manière générale, la mobilité sociale ascendante est plus fréquente pour le groupe des femmes mariées que pour celui des femmes cohabitantes, comme nous le montre le tableau suivant (Fr. de Singly, 1986 : 204)[38].

Mobilité sociale par la cohabitation et par le mariage, approchée par la valorisation matrimoniale de la femme cadre moyen

	Par le mariage	Par la cohabitation	Ratio
Mobilité ascendante	21,5	13,5	0,63
Immobilité	33,0	33,0	1,00
Mobilité	13,5	16,0	1,18
Mobilité descendante	18,5	29,5	1,59
Autre	13,5	8,0	

Exploitation secondaire de P.A. Audirac (1982), in Fr. de Singly, 1986.

Plus le déplacement dans l'espace social est défavorable aux intérêts de la femme et plus le poids des cohabitantes est important comparativement au poids des femmes mariées : 21 % des femmes cadres moyens et mariées, 12 % des femmes cadres moyens et cohabitantes vivent avec des cadres supérieurs. 18 % des premières et 26 % des secondes vivent avec un ouvrier.

Dans les données recueillies pour la Belgique (B. Bawin-Legros, M. Sommer, 1986)[39], on a pu constater cette même tendance des femmes à cohabiter «en dessous» de leur milieu d'appartenance. Le tableau suivant nous montre la *répartition des cohabitants selon la profession actuelle de la femme et de l'homme*.

Répartition des cohabitants selon la catégorie socio-professionnelle

	Hommes	Femmes
Inactifs	32,9	28,0
Agriculteurs	0,0	0,0
Commerçants	10,9	6,0
Professions libérales	1,2	2,4
Cadres supérieurs et professions intellectuelles	8,5	9,7
Professions intermédiaires	18,2	19,5
Employés	19,5	7,3
Ouvriers qualifiés	0,0	9,7
Ouvriers non qualifiés	8,5	4,8
Sans réponse	0,3	12,0
	100,0	100,0

Ce tableau met en évidence une légère supériorité sociale des femmes cohabitantes dans les catégories des cadres moyens, supérieurs et des professions libérales.

L'originalité de ces mouvements sociaux à l'occasion de la mise en place des ménages cohabitants ne renvoie pas à une inégalité des déterminismes sociaux selon la forme de l'alliance mais à une stratégie des femmes qui monnayent leurs ressources et leurs acquis scolaires ailleurs que dans l'alliance.

Des études américaines (P.C. Glick, G.B. Spanier, 1980)[40] et françaises (Fr. de Singly, 1984; F. Battagliola, 1984)[41] semblent indiquer par ailleurs l'existence d'une renégociation des rôles sexuels par la cohabitation. Cette transformation est repérable non seulement par la «transgression» qu'opèrent plus volontiers certaines femmes, bien dotées scolairement, au niveau du choix du partenaire, mais surtout dans les modalités de la réalisation des travaux domestiques. En effet, par rapport aux individus mariés, les cohabitants ont une répartition des tâches domestiques plus souple et plus indifférenciée selon les sexes. L'étude de P.C. Glick et G.B. Spanier (1980)[42] portant sur l'ensemble des ménages américains révèle que la forme non traditionnelle de la division du travail entre les sexes, appréciée par l'existence de l'activité professionnelle de la femme, caractérise davantage les couples cohabitants que les couples mariés. De plus, la presque totalité des femmes célibataires âgées de plus de 34 ans qui vivent en cohabitation ont une activité professionnelle alors que moins de la moitié des femmes mariées du même âge exercent une activité rémunérée.

Il semble donc que la cohabitation soit liée à une innovation en matière de rapports de sexe dans la mesure où les ressources de la femme seront valorisées sur le marché du travail comme celles de l'homme. Ceci apparaît de manière d'autant plus importante qu'il n'y a pas de passé matrimonial (un mariage qui l'aurait précédé) pour l'un et l'autre des cohabitants. Le refus du mariage-institution (L. Roussel, 1980)[43] délimite donc des conceptions différentes des possibilités de rentabilisation des ressources des femmes. La non-inscription institutionnelle s'accompagne du rejet de l'enfermement dans des rôles traditionnels attribués à chaque sexe. Le mariage est vécu comme un piège sentimental mais aussi comme un piège sexuel qui rigidifie tout le fonctionnement de la vie conjugale.

Dans le cadre de cette «nouvelle doctrine matrimoniale», les identités sexuelles sont définies par l'importance donnée à l'autonomie personnelle, ce qui implique une lutte, une négociation permanente contre le monopole de la fonction instrumentale. Les femmes diplômées de l'enseignement supérieur ou appartenant aux classes supérieures forment le groupe des partisanes les plus convaincues de l'abolition des frontières classiques entre les sexes. Elles montrent ainsi que, pour elles, l'accès aux diplômes est indissociable d'une utilisation non domestique des richesses acquises. La cohabitation dans certaines classes peut donc être analysée en termes de stratégies féminines visant à différer, à déplacer, voire à ajourner définitivement la position dans la sphère domestique qu'allouent le mariage et la maternité (F. Battagliola, 1983)[44]. Quand cette cohabitation prend la forme d'une mobilité descendante, elle témoigne encore davantage de la volonté des femmes à monnayer ailleurs que dans le ménage leurs ressources scolaires et professionnelles. Leur projet de vie s'apparente alors à celui des femmes célibataires (L. Roussel, 1975)[45].

b) Cohabitation et fécondité : le temps de la fertilité

Si l'on accepte l'idée que la finalité d'un couple est le « bonheur » et que ce bonheur passe par la venue d'un enfant, il est certain que la cohabitation n'est pas le meilleur moyen de l'assurer, étant donné que les unions s'accompagnent généralement d'une baisse de la fécondité ou, en tout cas, d'un bouleversement dans le calendrier de la première naissance (E. Sullerot, 1984)[46].

Bien que les comportements réglant la fécondité possèdent leur logique propre, difficilement explicable par un ou deux facteurs, on peut sans grand risque d'erreur soutenir que très peu de femmes souhaitent rester infécondes. La prolifération des techniques de procréation médicalisée sont la preuve qu'il est tout aussi difficile de renoncer à l'enfant que de faire le troisième ou le quatrième, nécessaire aux remplacements des générations[47]. Enfant de l'essai et de la preuve, le premier enfant relève d'une sorte d'évidence physiologique et psychologique ; il rompt la stricte conjugalité et donne une existence sociale au couple en le transformant en famille. Il marque également la transition entre deux familles, celle où l'on était soi-même enfant et celle où l'on devient parent. De la sorte peut émerger une qualité fusionnelle de la relation établie avec celui par qui la parentalité arrive, grâce à qui se rejouent les relations précoces et les conflits œdipiens, se règlent les comptes fraternels, se construisent les générations. Cette capacité à « devenir parents » donne à l'enfant une formidable puissance imaginaire. Certains y excellent, donnant à leur mère la « dignité maternelle » (S. Lebovici, 1985)[48] : ce sont les enfants parfaits. D'autres échouent et cet échec inaugure parfois une spirale transactionnelle dangereuse dans la mesure où parents et enfants s'éprouveront réciproquement comme destructeurs. Mais généralement l'idéalisation prend le dessus. Nous sommes tous de bons parents parce que nous avons élevé un enfant et d'autant meilleurs qu'il est lui-même réussi.

Bien que le désir de grossesse, de maternité, de parentalité soit très fort et socialement répandu, la décision n'est pas toujours facile à prendre. Pour le couple en effet, la différence entre la vie avec ou sans enfant reste difficile à imaginer; les conditions d'existence, sociales, économiques ou conjugales, ne facilitent pas la venue d'un enfant, fût-il le premier. Je n'ai pas l'intention de reprendre ici les composantes sociales et culturelles du désir d'enfant, ni les théories sur la fécondité socialement différenciée. Mon propos est de montrer que *l'union libre*, parce qu'elle pose le problème de l'enfant et de son arrivée comme un choix assumé, permet de reconsidérer des catégories de pensée, inhabituelles dans nos références et qui concerne notamment le temps de la fertilité.

– Le calendrier des naissances est socialement construit pour les couples mariés. Nous savons par les études de G. Desplanques et de J.C. Deville (1977)[49] que ce calendrier a tendance, pour les jeunes générations, à se modifier dans la mesure où moins d'enfants naissent entre 9 et 18 mois de mariage et où les femmes dotées scolairement inclinent à repousser la venue du premier enfant ou préfèrent se lancer dans des maternités dites «tardives» (C. Valabregue, C. Berger-Forestier et A. Langevin, 1982)[50].

– Selon une enquête réalisée à Liège (F. Pissart, M. Poncelet, M. Voisin, 1987)[51] auprès de femmes chômeuses de longue durée, il ne semble pas y avoir de lien entre le chômage et le retard dans la maternité puisque, par le mécanisme des stratégies de compensation, il apparaît que, pour plus d'une mère sur deux, chômeuse de longue durée et âgée de moins de 25 ans, la première naissance est intervenue moins de quatre ans après avoir quitté l'école. Parmi ces naissances, une sur deux a eu lieu un an après la fin de la scolarité. La précocité de la première naissance après la fin de la scolarité est liée au mariage précoce (9 sur 10) et à la mise en place de stratégies de lutte contre le déclassement. Chez les jeunes femmes chômeuses, sans insertion professionnelle et sociale, la maternité reste le dernier moyen d'acquisition d'un statut social. Le paradoxe de cette situation est que les chances objectives d'un retour éventuel à la vie professionnelle se réduisent au fil des naissances; les jeunes femmes cependant considèrent la grossesse comme souhaitable dans la mesure où elle apporte un revenu supplémentaire (allocations) et justifie une pause dans la recherche d'un emploi. L'enfant a pour ces femmes un rôle de substitution qui structure le temps.

Tout autre est la situation des femmes engagées dans la vie professionnelle, dans la vie de couple sans mariage et qui retardent l'avènement de la famille parce que celle-ci inaugurerait une phase de vie qui ne correspondrait pas à leurs stratégies momentanées de carrière ou de vie conjugale. On a pu observer (B. Bawin-Legros, M. Sommer, 1986)[52] que la cohabitation était majoritairement vécue sans enfant (53,6 %) et qu'elle l'était d'autant plus que le statut professionnel de la femme était élevé. On rejoint ici ce qui a été dit plus tôt sur le rôle des femmes scolairement dotées dans l'innovation de comportements familiaux.

Le recul de l'âge de la venue du premier enfant jusqu'à trente, trente-cinq voire quarante ans (par exemple, Christine Ockrent) est une façon d'éclairer le « temps de la maternité » et de montrer à quel point ce temps est socialement construit. La déconstruction du temps de la fertilité a été facilitée par le primat de responsabilités contraceptives données aux femmes. Il revient à Annette Langevin (1981)[53] d'avoir, parmi les premiers, mis le doigt sur le temps dévolu à la fécondité, non pas uniquement comme un temps biologique mais encore comme un temps qui a enfermé les femmes dans l'idée qu'elles devaient procréer dans une tranche d'âge relativement courte (20-30 ans), sous peine de mettre au monde des enfants anormaux. « L'âge du temps de la maternité, écrit Annette Langevin (1984)[54], est profondément intériorisé par les femmes : à tel âge, il est temps... à tel âge, il est trop tard,... » L'âge, ainsi nommé, l'est en référence à la fois au physiologique, au symbolique et au légal (le mariage). Les images stéréotypées du comportement normal de la femme face à l'idée de maternité se conjuguent dans une même unité : l'âge. Mais l'âge est une mesure qui ne prend son sens qu'en fonction du sexe de la personne concernée et de son appartenance de classe. L'assignation sociale des femmes au mariage et à la fonction maternelle sous-entend leur prise en charge conjugale et maternante dans la sphère de la reproduction au détriment de la production. Les âges au masculin dérivent du champ socio-professionnel alors que l'âge au féminin prend sa source dans le bio-social, c'est-à-dire dans le marché matrimonial et la maternité.

En faisant éclater par la cohabitation les règles du marché matrimonial et les lois de l'âge au féminin, certaines femmes transgressent les règles de l'éducation féminine qui veut que le destin matrimonial l'emporte sur tout autre. Elles déconstruisent la notion d'«âge idéal» et bousculent toutes les barrières de compétence. Les femmes qui mettent des enfants au monde après trente ans affichent ostensiblement leur vie sexuelle, passé la trentaine voire la quarantaine. Leur grossesse est à l'image de leur vie : active. Il faut bien sûr se méfier des catégories globalisantes car les mères «tardives» n'ont pas toutes une vie clémente et épanouie. Ce qu'Annette Langevin (1984)[55] souligne, c'est l'intérêt de briser des carcans comme celui du mariage précoce, ou de l'enfant avant 25 ans. Il faut prendre conscience de la pluralité des déterminants dans les événements démographiques et de l'intériorisation d'un conformisme social en matière de conjugalité et de fécondité. Il n'y a pas d'«âge modèle» du bon comportement matrimonial ou du bon comportement de fécondité. Il y a des processus d'unification relative par des instances de contrôle social dont le plus important est le corps médical ; des modèles familiaux se transmettent et sont présentés comme des règles de «bonne conduite». Faire référence aux comportements de sa propre famille, c'est faire référence au groupe social d'appartenance, aux contraintes et aux ressources de ce groupe, à la tradition que cette famille entretient avec des groupes plus larges. Des lignées de comportements sont peut-être en fait des fixations sur des rites jugés immuables. Les innovations dans les comportements matrimoniaux auront aidé la mise à jour d'images et de représentations qui nous servent de guides et auxquelles chaque groupe social reste attaché. A partir des changements dans les mœurs, observés ces vingt dernières années, la décision individuelle a été fortement valorisée. Elle ne doit cependant pas nous faire oublier que des pressions et des contraintes exercées sur les individus continuent à imprimer à la fois la forme du lien conjugal et son moment.

2. FAMILLES MONOPARENTALES

2.1. Le besoin de nommer

Alors que les sociologues anglo-saxons et de l'Europe du Nord se penchaient depuis près de dix ans sur les conséquences économiques et psychosociologiques des divorces, leurs effets sur les enfants et le parent qui en a la charge (F. Deven, 1986)[56], les Français inventèrent en 1975 le terme de familles monoparentales (de l'anglais, «one parent families») pour désigner la situation d'une femme seule ayant charge d'un ou de plusieurs enfants. Ils reconnaissaient, par là, l'accroissement important du nombre de divorcés en même temps qu'ils créaient un besoin, celui de nommer un phénomène ancien pour pouvoir le regarder autrement. Mots nouveaux ou formes nouvelles? La question est d'importance. Durant les années 1950-1960, il y avait en France, comme partout ailleurs, un nombre relativement considérable de pères ou de mères vivant seuls avec un ou plusieurs enfants. On les appelait pudiquement «parents isolés», «femmes seules chefs de famille» ou même «mères seules en difficultés» en raison d'une volonté philosophique et morale de marginaliser le problème et de ne pas le confondre avec les vraies familles. D'où vint donc ce besoin de nommer qui apparut si tard dans la langue française et dans le champ des sciences humaines? L'utilisation de termes nouveaux présente un caractère de modernité et de scientificité qui permet certes d'estomper des connotations anciennes. On peut toutefois se demander, avec Nadine Lefaucheur (1986), si le récent succès du concept de familles monoparentales ne tient pas davantage à ce que «le télescopage des thèmes de (nouveau) modèle familial et de la (nouvelle) pauvreté lui permit d'offrir asile aux représentations les plus conflictuelles de la condition féminine» (1986 : 180)[57]. Perçue comme professionnellement active et socialement autonome, la mère seule «volontaire» qui a refusé le mariage ou pris l'initiative du divorce s'est érigée, à l'image de l'homme, en chef de famille. Elle devient aussi la figure emblématique de la «nouvelle condition féminine», tout à la fois l'auteur et le produit de l'éclatement de la famille traditionnelle, de l'apparition de «nouveaux modèles familiaux» et de l'inéluctable multiplication des familles monoparentales. Mais la nouvelle pauvreté dans laquelle cette situation risque de la faire basculer est là pour rappeler aux femmes le prix qu'il leur faudra payer pour leur audace et leurs prétentions.

Mais avant d'en arriver là, il a fallu accomplir tout un chemin qui va du sentiment misérabiliste à l'éternité sociale des destins, du rejet à l'aide sociale technocratisée. En effet, les femmes chefs de ménage étaient de tout temps soit des veuves, soit des mères célibataires. Les unes recevaient rang de dignité et les autres, de stigmatisation. «Les regards de la dignité et de l'indignité féminine ont longtemps voilé l'œil de la société d'une taie, l'empêchant d'embrasser dans un même regard celle que la douleur hissait, près de la religieuse, au sommet de la hiérarchie de la dignité, et celle qui disputait à la prostituée les derniers barreaux de l'échelle de l'indignité. Ce que la veuve éplorée et la mère éhontée avaient de commun était ainsi à proprement parler rendu invisible» (Lefaucheur N., 1986 : 176)[58]. Entre ces deux extrêmes, il ne pouvait être question d'accorder un statut de familles à part entière à celles qui étaient privées d'un de leurs parents. La femme isolée se cachait derrière un époux absent qui n'était ni un divorcé, ni un séducteur volage mais un mari « disparu » ou quelqu'un qui avait dû émigrer pour subvenir aux besoins de sa famille. Cette position singulière et originale face à un problème de société important ménageait, semble-t-il, les sensibilités diverses et empêchait l'instauration d'une réflexion sociale. C'est dans le champ associatif qui réunira les « veuves de guerre » et les « veuves civiles » (Syndicat National des Femmes Chefs de Famille) qu'apparurent les premiers efforts de réflexion et l'ébauche d'une conscientisation d'un problème psychosocial.

L'explication du mot nouveau par la seule prise de conscience de l'explosion numérique des familles désormais baptisées monoparentales ne convainc pas Nadine Lefaucheur qui invoque le besoin du mot par la nécessité d'un regard posé sur les familles : ce regard vient du champ d'action sociale toujours à la recherche de populations cibles, c'est aussi l'œil des pédo-psychiatres qui imputent à peu près tous les troubles pouvant affecter l'enfant à des « désordres familiaux » (un père ou une mère absent). Mais c'est sans doute la discordance croissante dans l'ensemble des sociétés occidentales entre les situations familiales légales et les situations familiales réelles qui va conduire les spécialistes des sciences humaines à focaliser leur attention sur la recherche de similitudes des conditions de vie des parents seuls et des problèmes qu'ils auront à affronter quels que soient leur situation matrimoniale (veuf, divorcé, célibataire), leur insertion sociale, leur cycle de vie et leur sexe.

Si les évolutions qui ont touché la famille et ses représentations ont permis de rassembler en une catégorie unique l'isolement parental de la veuve, du veuf, de la divorcée ou de la mère célibataire, c'est que l'accroissement du nombre de divorces, de naissances hors mariage et des ménages de fait avaient rendu ce regroupement inévitable et le besoin de concepts nouveaux irrésistible. Il fallait en effet permettre, sans trop de stigmatisation sociale, de rendre compte de l'ébranlement familial que les courbes statistiques semblaient traduire.

L'importance consentie aux typologies et modèles familiaux traduisit en même temps la perception de l'éclatement d'un type unique de famille et la nécessité de repenser les modalités particulières de l'organisation de la vie privée, que ce soit en matière de rôles conjugaux, domestiques, professionnels, ou qu'il s'agisse de la place accordée ou dévolue aux enfants. La situation monoparentale sortit alors tout naturellement du registre de la déviance pour entrer dans la variance des formes familiales. Quittant le champ de la démographie et de l'action sociale, les familles monoparentales entrèrent dans celui de la sociologie de la famille et furent prises d'assaut par tous les spécialistes, technocrates branchés, professionnels de la relation (assistants sociaux, psychologues, psychiatres). Ce terme s'est non seulement donné à dire, à chiffrer mais a été aussi conceptualisé; il s'est inscrit dans différents champs d'action porteurs déjà de toute une sédimentation. C'est ainsi qu'aujourd'hui les familles monoparentales sont analysées :

1° dans la problématique de l'inadaptation, héritée du thème de la dissociation familiale et enrichie de toute la littérature sur la reproduction psycho-sociale des structures pathogènes (les enfants de divorcés divorçant eux-mêmes, les enfants illégitimes se perpétuent).

2° sous l'étiquette de «groupes à risques» que la fréquence des abandons et des placements d'enfants illégitimes fait peser sur le développement psycho-affectif de l'enfant (enfants battus, maltraités).

3° à travers l'image de la pauvreté, traditionnellement associée à celle de la veuve et de l'orphelin ainsi qu'au thème de la nouvelle pauvreté. Cette conjonction de deux types de pauvreté fait que toutes les actions menées aujourd'hui contre la pauvreté comportent un volet obligatoire en direction des familles monoparentales.

C'est ainsi qu'est né en France un mot nouveau, commode et encombrant, qui facilite la réconciliation de ceux qui veulent croire que les mots nouveaux désignent toujours des choses que l'on observe pour la première fois et de ceux qui tentent d'infléchir l'effet de l'originalité des formes en réfléchissant l'éternité sociale des destins.

2.2. Ampleur et diversité du phénomène

La première difficulté, lorsqu'il s'agit de chiffrer les familles monoparentales, réside dans la définition même de ce mode de configuration familiale. En fait, bien que les études sur le sujet abondent, il n'existe aucune définition acceptée sur le plan international. En France, en Belgique, en Grande-Bretagne, aux Pays-Bas, on travaille à partir de situations établies *de facto*. Bien qu'il ne faille pas s'appesantir sur les enjeux que posent les définitions, il est intéressant de constater à quel point quelques définitions révèlent d'emblée les problèmes posés tant sur le plan statistique que sur celui des filières institutionnelles vers lesquelles risquent d'être orientés les individus impliqués dans des situations concrètes de besoin.

La famille monoparentale «se compose d'un parent qui, sans conjoint ni cohabitant mais peut-être avec d'autres personnes (par exemple, ses propres parents), vit au moins avec un enfant à charge et non marié» (H. Friis, L. Lauritsen, S. Scheuer, 1982 : 2-3)[59].

Il y a «famille monoparentale quand l'enfant ou les enfants vivent au foyer d'un seul de leurs parents, que l'autre soit décédé ou, cas le plus fréquent, que l'autre parent vive ailleurs, seul ou avec une autre personne» (E. Sullerot, 1984 : 56)[60].

L'expression «famille monoparentale est utilisée pour désigner l'ensemble des ménages composés d'au moins une personne ne vivant pas avec un conjoint, quels que soient le sexe et le statut de cette personne, et d'un ou de plusieurs enfants à sa charge» (N. Lefaucheur, 1986 : 173)[61].

Deux questions fondamentales alimentent les controverses :

1° Outre le parent et son (ou ses) enfant(s), quelles autres personnes peuvent être incluses dans une famille monoparentale ?

2° Quel type d'enfant définit une famille monoparentale ?

La première question pose évidemment le problème de l'unité de référence : faut-il prendre en compte les ménages ou plutôt les noyaux familiaux ? Le choix n'est pas sans conséquences au niveau de la mesure du phénomène car un ménage ne peut être assimilé à une famille[62].

La deuxième question renvoie au problème des enfants dits à charge. Un enfant à charge implique que le parent seul assume la responsabilité de sa subsistance et de son éducation. Cependant, les critères définissant cette situation ne font pas l'unanimité : pour les uns, l'âge de l'enfant est le critère déterminant et pour d'autres, c'est le fait que l'enfant soit marié ou non qui marquera la différence.

En fait, opter pour une définition particulière, c'est d'abord faire un choix statistique mais c'est aussi tenir compte de toutes les variables qui entrent dans la construction d'une définition, notamment pour ce qui concerne les familles monoparentales, la *fluidité* ou le caractère transitoire de la situation. Selon une étude de l'O.C.D.E., «le nombre de familles qui ont été ou seront monoparentales représente un pourcentage bien plus élevé de l'ensemble des familles que celui qui est recensé actuellement. Il s'agit souvent d'une phase de transition qui est suivie par le mariage ou le remariage ou encore, à plus long terme, par le passage des enfants à l'âge adulte. Dans certains pays, il est possible qu'une famille sur deux soit exposée au risque d'être monoparentale» (1982)[63]. Comme le souligne Nadine Lefaucheur, nous ne disposons pas de données longitudinales permettant d'estimer l'étendue, la fréquence et la durée des séquences de vie dans les familles monoparentales. Si le risque de rupture des situations conjugales, légalisées ou non, est accru, il semble bien aussi que les mères célibataires, divorcées ou veuves soient moins que par le passé condamnées à demeurer sans conjoint» (1979)[64]. D'autre part, le terme «famille» lui-même est remis en question. Evelyne Sullerot (1984)[65] propose de parler de foyer monoparental, signifiant par là que le mot famille ne peut s'appliquer à des morceaux éclatés du noyau familial. Evelyne Sullerot adopte un point de vue étroit qui fonde la famille davantage sur la parenté biologique et l'existence de liens juridiques que sur la vie quotidienne, les relations sexuelles et affectives.

Quelle que soit l'unité de référence (ménage ou noyau familial) et la définition adoptée, on observe dans tous les cas un *accroissement* des familles monoparentales dans les sociétés occidentales. Cette hausse n'est cependant pas aussi spectaculaire qu'on aurait pu le présager. En Belgique, la proportion de *ménages* formés d'un parent seul avec enfant(s) était en 1961 de 5,32 %, en 1970 de 5,16 % et en 1980 de 5,51 %. Si l'on considère parmi les ménages monoparentaux ceux composés d'autres personnes, ces chiffres s'élèvent respectivement à 6,51 %, 6,64 % et 7,05 % du total des ménages (F. Pissart, B. Bawin-Legros, 1986)[66]. Si l'on prend comme unité de référence le *noyau familial* (c'est-à-dire le nombre de foyers composés d'un parent seul avec enfants), le pourcentage est passé de 1970 à 1980 de 8,82 % à 9,66 % de l'ensemble des noyaux familiaux. Lorsque l'on se base sur l'ensemble des familles, on constate que la monoparentalité est passée, pour la même période (1970-1980) de 13,70 % à 14,75 % des familles.

Cette stabilité apparente masque en réalité des changements profonds survenus ces dix dernières années, notamment au niveau du statut matrimonial des parents seuls. Les veufs ou veuves qui représentaient 64 % de l'ensemble des familles monoparentales en 1961, n'en constituent plus que 47 % en 1981. Inversement, la proportion de parents seuls divorcés ou légalement séparés a fait plus que doubler, passant de 8 % en 1961 à 20 % en 1981. Enfin, la proportion de célibataires diminue sensiblement étant donné l'évolution de la nature de la parenté célibataire qui va dans le sens d'une parenté à deux. Rien ne permet cependant de confirmer cette hypothèse. En 1980 et en Belgique, quatre parents seuls sur cinq étaient des femmes. Cette proportion fut constatée déjà dix ans plus tôt. La dernière décennie n'a donc pas vu un bouleversement de la proportion des familles monoparentales selon le sexe du parent (F. Pissart, B. Bawin-Legros, 1986)[67]. Les mêmes tendances s'observent pour la France où l'on enregistre depuis 1975 un accroissement de 35,4 % des foyers monoparentaux, par rapport à l'ensemble des familles (D. Le Gall, Cl. Martin, 1987)[68], avec une forte proportion de foyers ayant à leur tête une femme : 85,5 % de foyers monoparentaux féminins pour 14,5 % de foyers monoparentaux masculins. Cette inégale proportion entre hommes et femmes explique pour partie, voire pour beaucoup, que la monoparentalité soit considérée dans le secteur social comme un problème féminin. D. Le Gall et Cl. Martin (1986)[69] observent une hausse du nombre de pères divorcés avec enfants (suite à l'assouplissement de la procédure en divorce de 1975), hausse qui ne vient cependant pas compenser la diminution des pères seuls et veufs.

Pour d'autres pays d'Europe, et bien qu'il faille prendre les pourcentages avec beaucoup de précautions, Nadine Lefaucheur (1987)[70] dresse le tableau suivant des foyers monoparentaux.

Foyers monoparentaux en Europe
(en % du total des noyaux familiaux)

	1960	1970	1980 1985
R.D. allemande	10,5	8,7	11,4
Pays-Bas	9,9	8,9	9,9
Hongrie	13,1	10,5	14,9
France	9,7	9,3	10,2
Grande-Bretagne	5,7	7,6	13,2

Considérée sur une moyenne période, l'évolution de la proportion de foyers monoparentaux n'a rien d'apocalyptique et se présente comme une ondulation plus ou moins ample. Est-ce à dire que rien ne change? Certes non! Le «creux» des années 1970 que l'on constate dans la plupart des pays industrialisés semble même marquer une transition historique entre une longue période de mortalité élevée où les foyers monoparentaux résultent avant tout de veuvage et une nouvelle période où, à la suite de l'allongement de la durée moyenne de la vie et des changements dans les mœurs et dans les législations, ces foyers résultent davantage de la séparation et du divorce. Il n'est cependant pas certain que la proportion d'enfants vivant avec un seul de leurs parents soit plus élevée aujourd'hui qu'hier, étant donné le caractère souvent temporaire de la monoparentalité.

La diversité des formes de monoparentalité dépend, comme on peut le voir, d'une part des situations matrimoniales antérieures et d'autres part des circonstances qui sont à la base de cette configuration familiale. Inspirée de la typologie de J. Trost (1980)[71], le tableau suivant fournit un aperçu synthétique des situations possibles, tout en ne prétendant pas à l'exhaustivité. Il n'inclut pas en effet les parents célibataires n'ayant jamais cohabité avec le père ou la mère biologique de leur enfant, ni les cas d'adoption par un parent seul.

Typologie des familles monoparentales

Situation antérieure	Garde des enfants	Circonstances fondant la monoparentalité			
		Mort du père	Mort de la mère	Séparation de fait	Séparation de droit	Divorce
Mariage	Mère		X			
	Père	X				
Cohabitation	Mère		X	X	X	X
	Père	X		X	X	X

A ces différentes sortes de familles correspondent des situations juridiques aux conséquences économiques et sociales parfois très contrastées : la mort du conjoint n'entraînant pas les mêmes créances que le divorce ou la séparation. Il est difficile d'imaginer que les mêmes processus de paupérisation relative, de stigmatisation et de marginalisation s'appliqueront de façon identique et avec la même intensité à toutes les situations. Il faudra, pour chaque cas, envisager la position sociale, l'âge et le statut matrimonial du parent seul pour évaluer ses chances de survie économique en tant que parent seul. D'autre part, il convient aussi de tenir compte de la probabilité objective que chacun a de vivre avec un nouveau conjoint, de même qu'il faudra prendre en considération la position sociale, l'âge de l'ancien conjoint ou partenaire. Devront aussi être appréciés le nombre d'enfants à charge, l'ancienneté de la situation monoparentale et la place qu'elle occupe dans le cycle de vie. Il est évidemment très différent de se retrouver seul(e) avec un enfant de vingt ans ou avec trois enfants âgés de six à douze ans. Le rassemblement de situations particulièrement hétérogènes en une seule catégorie, celle des «familles monoparentales», s'il a le mérite de mettre l'accent sur des processus de marginalisation sociale, participe aussi de toute une philosophie qui consiste à regrouper pour mieux désigner.

2.3. Familles monoparentales et nouvelle pauvreté

L'installation dans la crise économique va donner à la pauvreté de nouvelles dimensions parce que vont être frappées de pauvreté des populations qui, jusque-là, semblaient préservées. Dans le discours du sens commun, deux expressions sont de plus en plus utilisées : celle de «nouvelle pauvreté» et celle de «précarité». L'opposition entre nouvelle pauvreté et pauvreté traditionnelle charrie avec elle toute une série d'images : pour certains, les nouveaux pauvres sont désignés comme des victimes et pour d'autres, ils sont perçus comme des «consommateurs endettés», des «familles à problèmes». A l'inverse, la pauvreté traditionnelle désigne tour à tour les pauvres «incurables», dans une connotation largement négative, ou les «vrais» pauvres, ceux qui cumulent tous les handicaps, dans une perspective plus positive. Cette volonté de distinguer les bons et les mauvais pauvres, les responsables et les victimes ne date pas d'hier ; on retrouve ces catégories tout au long de l'histoire de la bienfaisance (M.H. Dacos-Burgues, 1982)[72]. L'idée de *nouvelle pauvreté* suggère très généralement celle d'une conjonction entre des phénomènes économiques liés à la crise et des phénomènes socio-culturels de la société des années de croissance. Les nouveaux pauvres regroupent des populations fragiles particulièrement consommatrices (des endettés), c'est-à-dire très sensibles au modèle culturel de la période d'expansion économique et d'une nouvelle promotion individuelle (A. Lion, P. Maclouf, 1982)[73]. Dans le même sens, celui d'une conjonction entre phénomènes économiques et culturels, l'idée de la nouvelle pauvreté renvoie également à celle de désordre, désordre familial ou situations perturbées, modèles issus eux aussi des années glorieuses et de triomphalisme familial. Les médias renvoient ainsi régulièrement des foyers monoparentaux, groupe à risques par excellence, l'image d'une famille pauvre et assistée.

Si un grand nombre d'études, y compris européennes, se consacrent aux familles monoparentales comprises comme groupe à risques (risque de précarité ou de pauvreté), il apparaît clairement que la diversité des situations rencontrées (N. Lefaucheur, 1987)[74] ne peut faire passer l'idée que ces familles constituent un groupe homogène au niveau des risques encourus. On ne peut comparer une femme avocate divorcée de 35 ans avec un enfant à charge et une épouse d'ouvrier, inactive, abandonnée par son mari et laissée seule avec trois enfants en bas âge. Les facteurs de risque découlent principalement de la situation professionnelle du parent seul qui détermine non seulement son niveau de revenu mais aussi sa vulnérabilité sur le marché de l'emploi (en termes de fragilité, de mouvance, d'usure physiologique, etc.). Trois traits caractérisent aujourd'hui précarité et marché de l'emploi.

1° La dualité du marché de l'emploi fait coexister d'un côté, des travailleurs bien rémunérés jouissant d'une stabilité professionnelle, de conditions de travail bien réglementées,... et d'un autre côté, des travailleurs occupant des emplois instables moins bien rétribués. Cette dualité n'est pas nouvelle mais est liée à la dynamique de croissance. Il apparaît cependant de plus en plus clairement qu'elle n'oppose pas la grande et la petite entreprise, le secteur public et le secteur privé mais qu'elle les traverse de part en part.

2° Les restructurations de l'appareil productif, les nouvelles formes d'organisation du travail créent une hiérarchisation accrue des professions. La précarité, en termes de revenus et de stabilité d'emploi, n'est plus aussi figée mais touche de nouvelles catégories sociales.

3° On voit apparaître une multitude de statuts précaires, touchant des individus actifs mais également inactifs. La particularité de ces statuts est d'être souples, de suivre les fluctuations de l'emploi, d'exister aujourd'hui avec la possibilité de disparaître demain.

Dans ce cadre économique global, tout événement perturbant la dynamique familiale va s'inscrire différemment dans le tissu social selon les milieux et suivant qu'il touche ou non une femme. Ces dernières sont, comme on le sait, plus fragilisées que les hommes sur le marché de l'emploi. Il y a donc lieu pour mesurer les risques de précarisation de distinguer tout événement selon le contexte plus ou moins favorable dans lequel il se produit. La pauvreté ne surviendrait dès lors que dans des circonstances particulièrement contraires. Ainsi, à la mort de son mari, toute femme connaîtra une diminution de ses revenus mais cet événement ne sera pas à l'origine d'une situation de pauvreté si le décès est couvert par une assurance-vie, si la femme exerce une activité professionnelle, si elle dispose d'un niveau de formation suffisamment élevé, d'un réseau de relations lui permettant de faire face. A l'inverse, si elle se trouve sans ressources, sans profession, sans qualification, elle sera davantage prédisposée à se retrouver confrontée à de probables difficultés économiques.

De la même manière que l'on relativise tout événement, il conviendra de relativiser les caractéristiques individuelles des personnes concernées. Le fait d'être une femme seule avec des enfants n'est pas en soi une cause de pauvreté, sauf si cet état de solitude vient renforcer des handicaps plus profonds tendant à exclure ou à inférioriser celles qui présentent sur le marché du travail des faiblesses certaines. A ce propos, les études menées sur les familles monoparentales en France, en Grande-Bretagne, en Allemagne ont confronté l'image de la femme pauvre et assistée telle qu'elle est véhiculée par l'idéologie dominante aux données statistiques de ces différents pays. Les documents préparatoires au Colloque de l'Institut d'Etudes de l'Enfant et de la Famille, qui eut lieu à Paris en 1985, tirent de l'analyse des données françaises et internationales des conclusions intéressantes, mettant l'accent sur l'importance du travail professionnel de la femme, sur sa discontinuité et sur la diversité des situations observées parmi les familles monoparentales elles-mêmes. Ainsi, Nadine Lefaucheur (1987)[75] observe que les enfants vivant en situation de famille monoparentale ont, en moyenne, des conditions et un niveau de vie inférieurs à ceux que connaissent les enfants qui vivent dans des foyers biparentaux. De même, parmi les enfants dont la mère exerce une activité professionnelle, ceux qui vivent avec une mère seule ont le niveau de vie le plus bas. Mais le revenu par unité de consommation des foyers où vivent ces enfants est supérieur à celui des familles à deux parents dont la femme est professionnellement inactive. Par ailleurs, parmi les familles monoparentales, les mères célibataires sont, en fonction des moyennes observées, celles qui ont le niveau de vie le plus bas. Lorsque l'on examine les données par tranche d'âge, on observe que les mères célibataires actuellement âgées de 30 à 45 ans, bénéficient des niveaux de vie les plus élevés au sein de la catégorie des foyers monoparentaux. Pourquoi? Il semble que c'est dans cette tranche d'âge que l'on trouve le plus souvent des femmes cadres ou exerçant une profession intellectuelle. Celles-ci ont choisi d'élever un enfant toute seule. Cette génération, celle de mai 1968, a cherché à développer de nouveaux modèles sexuels et familiaux en même temps qu'elle s'ancrait dans la carrière professionnelle. La discontinuité dans les carrières constitue en effet un facteur généralement reconnu d'appauvrissement. Selon une étude récente menée pour la C.E.E. (H. Peemans-Poullet, 1984)[76], il ressort que les femmes n'ayant pas interrompu leur carrière professionnelle bénéficieraient de salaires de 20 % supérieurs à ceux des femmes qui ont eu une activité professionnelle discontinue.

En résumé, on dira que la séparation, le divorce, le veuvage, tout en constituant des éléments d'appauvrissement, ne sont pas eux-mêmes la cause première de la pauvreté. Ils vont souvent jouer un rôle de révélateur de disparités d'ordre social, sexuel, culturel marquant chacun des conjoints et que le mariage avait contribué à dissimuler.

C'est à partir de l'évaluation des ressources différentielles des époux qu'un divorce ou un veuvage fragilisera peu ou fortement la vie de la femme.

Si la femme exerce une activité professionnelle salariée, elle bénéficiera à part entière de droits au revenu et à la sécurité sociale. Dans ce cas, il n'y a pas lieu de craindre pour les femmes par rapport aux hommes une plus grande propension à basculer dans la pauvreté. Par contre, pour celle qui bénéficierait de droits dérivés à la sécurité sociale, c'est-à-dire de droits à des prestations sur base d'un lien de dépendance réelle ou présumée (parenté ou alliance), du fait du travail du mari ou du cohabitant, ces droits resteront ouverts tant que la femme se situera dans le lien de dépendance juridique (le mariage), de fait (le concubinage) ou économique (l'absence de revenus du travail) (X. De Beys, 1987)[77]. La rupture de l'un de ces liens de dépendance sera inévitablement suivie d'une interruption des droits à la sécurité sociale. Dès lors, pour les femmes sans revenus propres, sans droit à la sécurité sociale, le recours à l'aide sociale comme palliatif de la pauvreté sera plus fréquent. Une étude danoise réalisée pour la C.E.E. (1984)[78] et une étude belge (P. Vendramin, A. Garcia, 1987)[79] confirment ces hypothèses. Les résultats de l'étude danoise révèlent que 40 % des mères isolées reçoivent une aide sociale régulière et que 50 % vivent en dessous du seuil de pauvreté fixé pour la C.E.E. Les données belges indiquent que 32 % des femmes bénéficiant de l'aide sociale sont divorcées, 34 % séparées, tandis que 5,8 % sont veuves. Des résultats similaires apparaissent dans d'autres études effectuées dans le cadre d'une approche de la nouvelle pauvreté en Europe (G. Room, 1987)[80].

Il est toutefois utile de faire preuve d'une certaine méfiance à l'égard de cette opération de regroupement misérabiliste de situations éparses par le biais des familles monoparentales. Braquer ainsi le projecteur dans leur direction permet non seulement d'offrir asile aux représentations les plus commodes de la condition féminine, mais empêche surtout de voir la diversité des familles biparentales et en particulier de distinguer parmi elles celles qui contiennent d'anciens noyaux monoparentaux. D'autre part, pareille attitude ne permet pas de considérer les parents non gardiens vivant seuls comme appartenant à une famille.

Opposer situations monoparentales et biparentales, plutôt que les considérer dans leur succession éventuelle, gomme les interrelations entre phases mono, biparentales, et pluriparentales de la vie des individus et des familles. De même est oblitérée la relation qui persiste entre la famille du parent gardien et celle du parent non gardien. Mettre l'accent sur l'isolement du chef de ménage, c'est se détourner du réseau de parenté de la plupart des enfants qui ont vécu dans un ménage monoparental (A. Pitrou, 1987)[81]. De même, pointer la marginalisation du chef de ménage, c'est contribuer à occulter les rapports de sexe qui régissent la production et l'éducation des enfants avant, pendant et après les éventuelles périodes monoparentales de la vie des individus, c'est distraire l'attention des chercheurs et des praticiens des formes que prennent ces rapports de sexe et leur évolution. C'est aussi peut-être et surtout gommer les moments charnières dans la vie de tous les individus.

2.4. Et les enfants?

Les enfants de familles monoparentales ont progressivement focalisé l'attention des psychologues et suscité un foisonnement impressionnant d'études sur les troubles engendrés par cette situation (V. Packard, 1984; M. Simeon, 1985; C. Ollivier, 1986; E.A. Sand, 1986)[82]. On retrouve d'ailleurs une convergence entre ces études et celles sur les enfants de divorcés. Non seulement la monoparentalité susciterait chez l'enfant un sentiment d'abandon et de culpabilité mais entraverait sérieusement les processus identificatoires. En outre, elle nuirait à l'apprentissage des rôles sociaux, à la possibilité de nouer des relations amicales, sociales ou amoureuses. L'absence du père en particulier (la situation la plus fréquente) risquerait d'entraîner un «syndrome de carence d'autorité» caractérisé par :

– la faiblesse et l'inconsistance d'une personnalité en quelque sorte mal rassemblée;
– l'esseulement affectif, accompagné d'une incapacité aux attachements durables;
– le sentiment d'insécurité;
– la mauvaise structuration du schéma de l'horizon temporel.

A partir de là, les risques de «désocialisation», de «réification du milieu social» et d'«intolérance à la frustration» seraient grands. Les psychologues évoquent parallèlement les troubles liés à l'absence de la mère et distinguent les problèmes rencontrés par les enfants du veuvage, du divorce et du célibat.

Largement diffusée, cette pathologisation des enfants de familles monoparentales est critiquée par certains sociologues : «Du groupe des pairs qui remarquent l'‹anomalie›, à l'environnement familial et social qui le souligne, à l'institution scolaire qui le repère pour en faire *la* cause d'éventuelles difficultés, la chaîne est longue des ‹étiquetages› qui vont effectivement confier à ‹l'enfant du divorce› un ‹statut particulier» (J. Commaille, 1979 : 92)[83]. D'autres sociologues adoptent des positions plus mitigées en reconnaissant par exemple le rôle joué par les perturbations familiales dans certaines conditions qui sont précisées. A. Babu (1979)[84] note qu'on a déjà étudié le développement scolaire des enfants divorcés par rapport à un échantillon témoin d'enfants de familles unies sans qu'on ait pu déceler de différences significatives. Les conditions de vie matérielles et culturelles de l'enfant restent déterminantes et les perturbations familiales ne jouent un rôle que dans la mesure où elles contribuent à accentuer les effets de ces conditions. De plus, comme l'écrit Nadine Lefaucheur (1987)[85], il existe des enfants qui n'ont, légalement et socialement, pour toute famille que le parent et éventuellement les frères et sœurs avec le(s)quel(s) ils vivent. Mais cette situation a tendance à devenir de plus en plus minoritaire dans la mesure où se substitue au veuvage ou à la naissance extra-conjugale la séparation des parents comme origine de la situation monoparentale. Dès lors, les enfants qui vivent dans un foyer monoparental ont de plus en plus souvent deux parents vivants et donc au moins potentiellement deux foyers et une famille qu'il serait plus juste d'appeler bifocale que monoparentale. Paradoxalement, les enfants qui ont fait l'expérience des situations monoparentales sont peut-être ceux qui auront connu le plus grand réseau familial, légal ou non, par le nombre de beaux-pères, de belles-mères, de beaux-grands-parents, de demi-frères, etc. et par conséquent ces enfants seront ceux qui, loin de n'avoir pas de modèles d'identification, en auront le plus.

Plus intéressante, à mon point de vue, est l'approche des thérapeutes familiaux qui considèrent la famille comme un système, c'est-à-dire comme un ensemble de parties ordonnées entrant en interaction les unes avec les autres. Ces thérapeutes rendent compte du pouvoir particulier que peut acquérir un enfant quand il prend dans une famille la place d'un adulte disparu ou absent. Le vide laissé par l'absence d'un père crée pour l'enfant une force d'appel qui le sollicite à venir combler l'espace laissé libre près de la mère. En prenant la place du père, l'enfant jouera auprès de la mère des rôles dévolus normalement au père, tel celui de confident, de soutien, de protecteur. Les thérapeutes familiaux constatent alors fréquemment que le jeune sujet est amené à protéger sa mère contre des sentiments dépressifs, ce qui lui confère un pouvoir, un ascendant considérable au sein de la dynamique familiale. Si l'enfant menace de ne plus jouer ce rôle auprès de la mère, s'il laisse craindre de ne plus répondre à l'appel qui lui est lancé de prendre la place restée vide par le père, il ébranle le sous-système que constitue la cellule conjugale et risque de le rompre. Ce pouvoir de l'enfant ne s'exerce pas impunément pour lui car lorsqu'il se laisse attribuer un rôle d'adulte, c'est tout son développement affectif autant que psycho-social qui risque d'en souffrir. Il arrive que la mère ait tellement besoin de son enfant qu'elle l'encourage à ne pas dépenser son énergie d'investissement dans le milieu de ses pairs ou dans le milieu scolaire. C'est le cas de cette mère qui proclamait à qui voulait l'entendre : « Mes enfants sont tout pour moi, mon soutien, surtout quand ils sont bébés et que je peux les serrer contre moi ». Son fils de trois ans, dernier-né, refusait de parler car chaque mot qu'il pouvait prononcer faisait trembler sa mère qui craignait de perdre son dernier « bébé ».

Dans ce processus de pouvoir paradoxal, l'enfant devient le *patient désigné*. Il colmate les brèches du système familial, il camoufle les points de tension. Il possède théoriquement le pouvoir sur le parent déficient ou déprimé, mais par la pression qu'il fait peser sur le parent pour qu'il ne change pas son comportement, le système peut très bien avoir, finalement, raison de lui. Il est donc essentiel de distinguer ici la réalité *structurale* de la famille, réalité des places qui constitue ce que nous pourrions appeler l'architecture de la famille, de la réalité (subjective) des *individus*. Les places se définissent par des rôles et des relations qui se distinguent en fonction de la différence des sexes et de celle des générations (réalité objective). Cette distinction entre deux types de réalité, relationnelle familiale, d'une part, et psychique individuelle, d'autre part, est fondamentale sur le plan épistémologique. Elle constitue la charnière entre des niveaux d'analyse différents : le niveau de la réalité sociale et le niveau de la réalité psychique. Appartenir à un foyer monoparental signifie donc généralement que l'on puisse faire l'objet d'un certain nombre d'analyses relevant de champs de réalités situés à des paliers différents de compréhension. On peut étudier les effets économiques et sociaux de la situation monoparentale, la dynamique familiale particulière, les conséquences objectives et subjectives sur l'individu sans que ces analyses s'excluent l'une l'autre, sans qu'elles n'épuisent l'hétérogénéité des situations possibles.

3. FAMILLES RECONSTITUEES

Chaque fois que s'est posée la question d'un changement dans l'évolution d'un comportement familial, il est devenu habituel pour les sociologues européens de se tourner vers la sociologie américaine dans le but évident d'y trouver des modèles de référence. Tout se passe comme si les Américains possédaient en bien des matières dix ou quinze années d'avance sur l'Europe et particulièrement sur cette partie de l'Europe qui travaille en langue française. Est-il évident que, dans la cascade et l'enchaînement des modifications qui ont frappé les configurations familiales, ce soient les remariages qui aient en dernier lieu éveillé l'attention des sociologues européens? Ou faut-il interpréter l'indifférence des sociologues français pour ce problème comme l'indicateur d'une volonté manifeste de laisser aux familles reconstituées une invisibilité qui permet d'assurer la « paix des familles » ? Toujours est-il qu'il a fallu attendre 1987 pour voir apparaître en langue française un numéro d'une revue spécialisée — la revue *Dialogue* (1987)[86], spécifiquement consacrée à l'étude des remariages après divorce. Ce sont bien sûr les sociologues qui s'intéressent particulièrement à l'après-divorce, au problème de l'attribution de la garde des enfants, aux foyers monoparentaux (N. Lefaucheur, I. Thery, ...) qui envahissent ce nouveau champ d'études sociologiquement prometteur. Un thème chasse l'autre. On peut prendre le pari que ce nouveau domaine de recherches sera rapidement saturé.

« Le remariage, écrit I. Thery (1987), en devenant pour l'essentiel un remariage après divorce, a acquis dans les représentations sociales un statut tout à fait ambigu : d'un côté, il participe du divorce lui-même, s'inscrit parmi les conséquences malheureuses de la désunion et les remariés n'échappent pas à la stigmatisation qui s'exerce envers les divorcés en général, mais de l'autre côté, le mariage est valorisé en ce qu'il réintègre le divorce à une forme de normalité conjugale et familiale, au point que le remariage peut apparaître comme l'indicateur d'une bonne adaptation, d'une maîtrise de la situation créée par le divorce » (I. Thery, 1987 : 125)[87]. C'est un peu dans les mêmes termes que Louis Roussel (1981)[88] parle du remariage quand il avance l'idée que des taux élevés de remariages peuvent s'interpréter comme un indicateur de la stabilité du système matrimonial global. Si l'on se remarie, c'est qu'il est normal pour un adulte d'être dans un état « d'individu marié ».

Pour expliquer le silence des sociologues français sur le problème du remariage et de ses conséquences (l'apparition de beaux-parents et de beaux-enfants), Irène Thery (1987)[89] invoque le problème de la dénomination. Car si les Anglo-Saxons ont pu progressivement problématiser leur objet, c'est que le langage usuel anglais dispose d'un terme spécifique (« step family ») pour désigner la famille qui inclut un beau-parent pour l'enfant alors que la langue française s'obstine à ne pas nommer cette entité familiale et la banalise en utilisant un terme comme «belle-famille» qui possède, dans le langage commun, une signification sociale différente. En les appelant «familles reconstituées», la langue française tombe dans le piège de la connotation du langage car le mot «reconstitué» sous-tend l'image d'une infériorité liée à la situation de reconstruction, de recollage d'une entité antérieure qui aurait été brisée. Les récits des pédopsychiatres sur les enfants du divorce maintiennent cette ambiguïté ou plutôt cette ambivalence en posant le problème des relations entre beaux-parents et beaux-enfants dans des termes sinon pathologiques, du moins de moindre mal. Ils inscrivent la problématique des recompositions familiales en relation directe avec celle relative aux «décompositions», aux «dissociations» (N. Lefaucheur, 1987)[90].

Mon objectif n'est pas de m'attarder ici sur l'historique de l'idéologie qui sous-tend les discours ou l'absence de discours en langue française sur les remariages après divorce, moins encore de tenter en quelques pages de dresser l'inventaire des nombreuses études anglo-saxonnes qui traitent de ce problème (I. Thery, 1987)[91]. Il reste que l'on peut s'étonner de ce silence quand, à terme, l'une des conséquences les plus fondamentales de l'augmentation continue de la divortialité depuis vingt ans et de la précocité croissante des ruptures a été la banalisation de l'expérience d'un «beau-parent» ou d'un «bel-enfant». A des degrés variables, tous les parents de sang et d'alliance expérimentent les effets indirects de la dissociation et de la recomposition familiale. Qui d'entre nous ne connaît — s'il n'est pas lui-même impliqué — au moins une famille dans laquelle une partie, voire la totalité des enfants n'est pas issue du couple actuel?

C'est évidemment par le biais du remariage, évalué quantitativement que la majorité des travaux sociologiques, aux Etats-Unis comme en Europe, ont abordé le problème de la famille avec beau-parent. Au fil des ans cependant, l'usage d'une catégorie apparemment aussi claire a cessé d'aller de soi, du fait même de la transformation du phénomène de la deuxième union.

S'interroger sur le remariage, c'est d'emblée poser deux types de questions :

1° Le remariage est-il important? Présente-t-il, en termes d'homogamie, des différences sensibles par rapport à la première union? L'étude du remariage après divorce présage-t-elle de l'avenir du système matrimonial global?

2° La complexité accrue du réseau de parenté et l'absence de modèle de référence institutionnalisé se traduisent-elles par des difficultés psycho-sociologiques précises? En d'autres termes, existe-t-il une pathologie des beaux-enfants et des beaux-parents?

La première série de questions renvoie tout naturellement à la socio-démographique du remariage, tandis que la seconde réfléchit le problème de ses conséquences sur le plan des relations interindividuelles.

1. Socio-démographie du remariage

Si le remariage après veuvage avait force de règle dans l'Europe de l'Ancien Régime, on ne peut en dire autant des remariages après divorce, encore que ceux-ci aient manifesté une importance non négligeable dans l'ensemble des pays européens comme en Amérique du Nord. En termes d'intensité des remariages après divorce, on peut, *grosso modo*, distinguer deux époques contemporaines qui correspondent l'une aux années cinquante-soixante, l'autre à la décennie soixante-dix-quatre-vingt.

Dans la première période, qui s'étale de 1955 à 1970, la fréquence du remariage présente dans la plupart des pays de l'Europe de l'Ouest ainsi qu'aux Etats-Unis, une relative stabilité. Bien que des différences entre pays restent sensibles, on peut affirmer que la grande majorité des divorcés, hommes ou femmes, se remarient (L. Roussel, 1981)[92]. Dès 1960, aux Etats-Unis, dans un mariage sur huit, le nouvel époux est un divorcé (P. Glick, A. Norton, 1977)[93]. Pour les pays d'Europe, la plupart des indices synthétiques de remariage se regroupaient entre 600 et 700 remariages pour 1.000 femmes divorcées. En Angleterre, le remariage atteignait 80 % (L. Roussel, 1981)[94]. En Belgique, le taux de remariage était, en 1960, de 72 % pour les hommes et de 74 % pour les femmes (K. Matthys, 1986)[95].

Depuis dix-quinze ans (durant la deuxième époque), il ressort de l'analyse des données statistiques disponibles que l'augmentation du nombre de remariages tient davantage à la plus grande fréquence des divorces qu'au nombre de remariages lui-même. En France comme en Belgique, les remariages des divorcés représentent, en 1982, 12 % de l'ensemble des mariages annuels alors que les remariages de veufs ne représentent plus que 2 à 3 % de l'ensemble de ces mêmes mariages (INSEE, France, 1983 et INS, Belgique, 1985). Alors qu'on était en droit de penser que le remariage des divorcés avait une fonction régulatrice évidente par rapport au divorce croissant (l'état normal des gens serait d'être marié), on découvre que la poussée des remariages depuis dix ans s'est produite en dépit d'une forte baisse de la probabilité pour un divorcé de se remarier et n'est imputable qu'à l'augmentation du nombre de personnes remariables. En fait, la fréquence relative des remariages a baissé. Cette tendance s'observe globalement dans toute l'Europe (P. Festy, 1985)[96], en France (L. Roussel, 1981)[97] et en Belgique (K. Matthys, 1986)[98]. Cette baisse s'est particulièrement aggravée depuis 1975, date pivot s'il en est, puisqu'elle voit en même temps baisser le nombre des remariages et, parallèlement, augmenter celui des unions libres (E. Sullerot, 1984)[99]. L'indicateur du moment est celui que les démographes désignent par «la somme des remariages réduits des divorcés» ou, en d'autres termes, le pourcentage obtenu en rapportant les remariages des femmes divorcées, remariées une année donnée, à la moyenne des divorces de la même année et des six années précédentes. On obtient de la sorte le tableau évolutif suivant (L. Roussel, 1981 : 780)[100].

Somme des mariages réduits des divorcés

Pays	1960	1965	1970	1975	1978
R.F. Allemagne	72	79	71	61	61
Grande-Bretagne	72	81	82	68	61
Belgique	73	65	64	62	54
Danemark	62	57	58	52	47
France	62	56	53	53	50
Pays-Bas	71	64	57	43	35
Suède	55	54	38	44	40
Suisse	63	62	58	44	40
Canada	80	83	87	64	—

S'il est vrai, comme l'écrit Louis Roussel (1981)[101] que des taux de remariages élevés peuvent s'interpréter comme un indicateur de stabilité du système matrimonial global, n'est-il pas logique de conclure symétriquement que la baisse actuelle de ces taux révèle un symptôme de dysfonctionnement tout aussi important? Si la divortialité continue à augmenter et si les remariages deviennent plus rares, cela veut-il dire que de plus en plus de personnes vivront «hors mariage», soit en couple, soit seules? Louis Roussel invite les sociologues à cultiver une interprétation prudente des statistiques. Les indices ne sont que des indicateurs du moment : ils intègrent à la fois des changements d'intensité et des modifications de calendrier. Une brusque chute de ces indices pourrait donc signifier seulement que l'intervalle moyen entre divorces et remariages s'est allongé. Si c'est le cas, les divorcés finiront quand même par se remarier mais plus tardivement. Cette hypothèse paraît d'autant plus plausible que les données d'enquête sur les remariages semblent indiquer que la majorité de ceux-ci sont précédés d'une période de cohabitation. Telle est d'ailleurs l'interprétation que proposent, pour les Etats-Unis, P.C. Glick et A. Norton lorsqu'ils écrivent que la récente tendance du retard à l'âge au mariage, comme la baisse apparente des taux de remariage, traduisent la sagesse plus grande avec laquelle on s'engage aussi bien dans un premier que dans un second mariage (1980) [102]. Dans cette conjecture, la baisse du taux de remariages serait davantage l'indice de la bonne santé de l'institution matrimoniale que le symptôme de sa crise. Le mariage pourrait être envisagé avec plus de gravité et, pour cette raison, on s'y engagerait plus tard et plus prudemment. Malheureusement pour les chauds partisans de l'institution, l'hypothèse d'une désaffectation durable à l'égard du mariage paraît tout aussi crédible et ce qui se développe par le biais d'une diminution du remariage des divorcés pourrait bien exprimer le refus, par une fraction de plus en plus grande de divorcés, du côté rituel et institutionnel du modèle conjugal occidental. Les données statistiques annonceraient dès lors un éventuel effondrement du système matrimonial lui-même. Louis Roussel (1981) [103] opte pour une position modérée qui est de ne pas trancher définitivement entre ces deux interprétations, car les évolutions observées sont trop récentes et varient sensiblement de pays à pays. De plus, pour les divorcés des deux sexes, la prise en compte de calculs économiques dans le choix d'un statut paraît tout aussi importante que la sélection du conjoint lui-même. Quand on aime... on compte. Dans bien des cas, il s'avère que l'opportunité économique est devenue pour les divorcés plus déterminante que la légalisation de l'union.

Cette remarque conduit tout naturellement à s'interroger sur la ressemblance sociale, économique, culturelle des deux mariages, le premier et le second. La problématique de l'homogamie dans le remariage est posée de manière explicite par de nombreux auteurs. Il importe d'emblée de signaler que hommes et femmes, veufs ou divorcés, n'ont pas les mêmes fortunes sur le marché de la deuxième chance matrimoniale. Les hommes se remarient plus fréquemment que les femmes, quel que soit leur âge au moment du divorce et quelle que soit leur position sociale (M. Sommer, B. Bawin-Legros, 1987) [104]. Même si l'effet de l'âge joue contre le remariage pareillement pour les deux sexes, cet effet est bien plus accentué pour les femmes que pour les hommes. Une femme qui divorce après cinquante-cinq ans a deux fois moins de chances qu'un homme qui divorce au même âge de connaître une nouvelle vie de couple. Lorsque la rupture est plus précoce, les différences sont moins importantes : 93,9 % des hommes et 85,1 % des femmes divorcés avant vingt-cinq ans se remarient (M. Jaspard, M. Massari, 1987)[105]. Conséquence complexe des rapports sociaux entre les sexes, produit à la fois de la forte dépréciation des valeurs féminines avec l'âge sur le marché matrimonial et sexuel, du handicap que constitue la garde des enfants par leur mère, de la difficulté enfin vécue par de nombreux hommes à vivre seuls, cette inégalité entre les sexes face au remariage contribue fortement à différencier les itinéraires familiaux des hommes et des femmes à une époque où les ruptures d'union liées au divorce se font plus nombreuses. Ceci étant dit, il convient de souligner que l'âge culturel et marchand des hommes et des femmes va jouer dans le sens d'une hétérogamie accentuée. Les données anglaise (R. Leete, S. Anthony, 1977)[106] et française (L. Roussel, 1981)[107] indiquent que la seconde femme est fréquemment beaucoup plus jeune que son époux. En France, parmi les hommes divorcés qui se remarient après quarante-cinq ans, la majorité épouserait des femmes d'au moins dix ans leur cadette. En matière d'âge, la règle homogamique est donc moins rigoureusement appliquée pour le remariage que pour le premier mariage et jouerait très sensiblement à l'avantage des hommes. Encore qu'il faille distinguer de quels avantages il s'agit : être plus jeune signifie avoir momentanément moins de ressources matérielles et culturelles, mais cette situation n'est pas destinée à perdurer. Peut-on pousser davantage la comparaison des deux mariages dans une problématique d'homogamie et s'interroger sur les ressemblances économiques et sociales des époux qui se remarient? Cette question n'est pas indépendante de celle de l'hétérogamie des âges. Elle nous renvoie en outre à la dynamique des ressources individuelles dans le mariage, l'après-mariage et le remariage. Il ne paraît pas très judicieux de comparer des statuts sociaux de conjoints qui se remarient car se pose d'emblée le problème du moment de la référence. Les statuts sociaux des époux se sont déjà modifiés durant la première vie conjugale. Les ressources de l'un ou de l'autre des époux ont pu subir le contrecoup du divorce et de l'après-divorce. Par conséquent, quelle sera la base de comparaison? J'accréditerai la thèse de François de Singly (1987)[108] selon laquelle l'homogamie sociale n'est pas un invariant au cours d'une même vie. Le rapport des forces au sein du couple est également objet de révision et de négociation permanente. Entre le moment du premier mariage et celui du deuxième, l'égalité ou l'inégalité des ressources de départ entre les conjoints a pu se maintenir, se renforcer ou s'affaiblir suivant la dynamique familiale de la première union, celle du divorce et de l'après-divorce. Le divorce appauvrit, mais il n'appauvrit pas tout le monde de la même manière, les hommes différemment des femmes. Dans quelle situation se retrouveront les ex-conjoints au moment d'un éventuel deuxième mariage ? La question a relativement peu d'intérêt si l'on ne s'écarte pas de la problématique de la vie familiale conçue comme une dynamique où les ressources ne sont pas données une fois pour toutes. De plus, des éléments d'ordre morphologique (par exemple, le fait pour un conjoint d'avoir des enfants et pour l'autre, de ne pas en avoir ou pas encore) rendent toutes les situations bien singulières et l'approche des itinéraires familiaux par la problématique de l'homogamie sociale inadéquate. Dans le but de classer l'ensemble des configurations de remariages, Louis Roussel (1981)[109] a tenté d'établir une typologie des ménages recomposés à partir des critères d'âge des conjoints, de leur statut matrimonial antérieur, des enfants déjà là et encore à venir. Comme toutes les typologies, celle-ci a l'intérêt de regrouper en cinq types concrets les diverses morphologies des structures familiales recomposées. L'intérêt de cette typologie s'arrête là car l'accréditer serait induire l'idée qu'il deviendrait possible de prévoir des comportements spécifiques à partir d'une structure particulière, celle-ci étant recomposée. Or, comme j'ai pu l'écrire dans le premier chapitre, les typologies de configuration familiale ne servent qu'à classer. Dans le cas concret des remariages, il me paraît très dangereux sur le plan normatif de tenter d'établir des typologies dans la mesure où l'on risquerait bien de prédire l'occurrence de tensions ou de conflits plus ou moins précis en fonction d'une structure familiale déterminée. Par exemple, le fait d'épouser une femme ayant déjà des enfants et pouvant physiologiquement en avoir encore fait naître une configuration conjugale particulière. On ne peut cependant pas prédire que cette structure aura plus ou moins de chances de réussir qu'une autre. Si on la compare avec une autre, on sera cependant tenté de cultiver ce type de raisonnement et d'entretenir par là les stéréotypes qui circulent à propos des familles reconstituées et de leur moindre chance de réussite. Cette observation m'amène directement à considérer la seconde série de questions relatives aux éventuelles difficultés nées de la présence de parents et de fratries composés.

2. *Beaux-parents et nouvelles fratries*

Il est important de souligner de suite le fait que pour un enfant, vivre avec un beau-parent n'a pas tout à fait le caractère récent et nouveau qu'on lui attribue. A l'inverse, si l'on s'inscrit dans la longue durée, ce serait plutôt le fait de vivre jusqu'à l'âge adulte avec ses deux parents naturels, et ce de façon largement dominante, qui serait marqué du sceau de la nouveauté.

L'évolution tant du remariage lui-même que des représentations négatives qui l'accompagnent est perceptible dans les recherches sur la famille avec beau-parent. Ceci nous rappelle à quel point les sciences humaines ne se développent pas en dehors du contexte social et culturel qu'elles tentent d'analyser. Ainsi, les premières études sur les relations entre beaux-parents et beaux-enfants qui voient le jour aux Etats-Unis dans les années quarante sont le fait de psychanalystes : E.P. Heilpern (1943)[110] et H. Deutsch (1949)[111]. Ces psychanalystes sont les héritiers d'une tradition inaugurée en Allemagne et en Autriche dans les années 1927-1933 et qui a vu se multiplier les analyses des troubles pyschologiques des beaux-enfants à partir de la présentation de cas cliniques (I. Thery, 1987 : 125)[112]. Tous ces travaux prennent pour acquis que le remariage constitue une situation traumatique et pathogène pour l'enfant. En sociologie, c'est à partir de la délinquance que sera abordée la «belle-famille», celle-ci étant incluse dans des situations familiales «anormales» favorisant l'inadaptation sociale. C'est ainsi qu'au lendemain de la deuxième guerre mondiale va se développer tout un courant de recherches sur les remariages avec enfants d'une précédente union. Ces recherches ne considèrent comme nouvelle union que l'union légitime, amalgamant les remariages issus de divorces et de veuvages, admettant enfin *a priori* qu'il s'agit de formes familiales déviantes. N. Lefaucheur (1987)[113] et I. Thery (1987)[114] retracent chacune à leur manière le chemin parcouru depuis l'époque de la problématique des carences affectives, des pathologies, de la délinquance et de la pauvreté jusque aujourd'hui où les recompositions familiales n'apparaissent plus comme essentiellement liées aux classes pauvres et éminemment suspectes.

Comprendre sociologiquement la famille issue d'une seconde union ne doit pas équivaloir à montrer sa spécificité, son anomie (A. Cherlin, 1978)[115], l'histoire interminable du spectre de l'ex-époux, la menace de Cendrillon ou de Blanche-Neige, mais c'est d'abord souligner à quel point il s'agit d'une forme d'architecture familiale dépendante. Les caractéristiques de la première union, la mise en scène du conflit conjugal, les modes de régulation de la dissociation familiale sont partie prenante de la configuration que prend la famille sans cependant en déterminer le déroulement. La présence d'un nouveau conjoint ou compagnon va modifier le système de relations familiales établi antérieurement, le transformer sans nécessairement détruire la structure des individus qui s'y trouvent. Ce que Irène Thery (1987)[116] souligne comme fondamental et profondément novateur, c'est le fait d'identifier la famille composée dans un système global de relations que celle-ci met en action (entre les parents et les enfants, les parents et les grands-parents, les enfants entre eux). Les études antérieures avaient pratiquement toujours focalisé leur attention sur la relation de l'enfant avec son nouveau parent gardien.

Deux caractéristiques de la famille composée méritent, selon I. Thery (1987)[117], d'être examinées.

1° Son caractère protéiforme, c'est-à-dire que la famille composée est, par définition, à géométrie variable. Maintenir de manière explicite des seuils de passage d'une géométrie à une autre pour rendre compte de la dynamique d'un processus continu de changement, équivaudrait à accepter la référence à une entité familiale transcendante qui serait la famille conjugale.

2° Son caractère multidimensionnel : la famille reconstituée compose, ce qui implique qu'il doit être possible et nécessaire d'en voir et d'en examiner les divers éléments. Ces éléments sont distincts pour chacun des individus qui en sont aussi partie prenante. Faute de faire cette distinction, le risque est grand de fondre dans une seule « grande famille » aussi bien les relations directes qu'indirectes, effaçant ce qui fait la spécificité même de la famille composée.

Pour parler plus concrètement, il n'y a pas lieu de distinguer deux modes d'alliance, ou de filiation, l'un qui serait plus traditionnel et qui viserait à mettre le primat sur le lien biologique (le père reste le père, la mère reste la mère), et un autre qui considérerait qu'il n'y a de conjugalité et de parentalité que dans l'actualité des relations nées de la vie partagée sous un même toit. Il convient en revanche de valoriser à la fois dans les relations actuelles (parents-enfants, enfants-enfants) les relations primaires qui ont structuré l'enfant, lui ont donné un nom et les relations secondaires qui seront autant de nouveaux supports d'identification. C'est peut-être par l'approche clinique des nouvelles fratries que l'on pourra sans doute le mieux comprendre les enjeux relationnels et structurels qui naissent dans les familles composées. La fratrie est, par définition, un lieu où les jalousies, les rivalités, les alliances et les complicités se donnent à vivre sans trop de culpabilité. Entre frères et sœurs se tissent des relations affectives marquées à tout moment d'une violence pulsionnelle dérivée de la relation parent-enfant, celle-ci étant vécue sur le mode des rapports d'autorité. Les tensions dont l'extériorisation est rendue difficile par la différence de génération trouvent dans l'espace de la fratrie un lieu privilégié pour une expression moins contrôlée et plus aisée des affects. Il est vraisemblable que dans les foyers où des fratries sont composées, ce phénomène d'expression pulsionnelle sera d'autant plus vif que les tensions, nées de séparations antérieures, amplifient les phénomènes de turbulence. Cela est d'autant plus vrai que chaque enfant est contraint d'accepter un ou plusieurs étrangers «comme si» ils faisaient désormais partie avec lui d'un nouveau système familial. Cette contrainte prend sa source dans l'exercice de la sexualité des adultes. Elle renvoie donc l'enfant à sa propre impuissance. Se pose alors pour l'enfant le problème de la fidélité éventuelle à un premier système familial. Investir affectivement les nouveaux venus comme s'ils étaient des frères, des sœurs peut prendre alors le sens d'une trahison par rapport à une fratrie de sang réelle ou imaginaire. Les fratries imposées par le remariage de divorcés favorisent à la fois des sentiments de jalousie et, paradoxalement, des sentiments de loyauté. Les nouvelles fratries comme les nouvelles parentés offrent, par la présence d'autres personnes, des sources d'identification et de gratification plus nombreuses.

Les enjeux définis par I. Thery (1987) au niveau de conceptions différentes de la filiation déterminent en réalité deux niveaux d'analyse différents. La parenté biologique reste la structure, c'est par elle que s'investit le principe paternel ou maternel. La parenté sociale de convivialité concerne les individus, c'est-à-dire vise les systèmes de relations mutliples qui, sans effacer les premiers liens, viennent s'ajouter, prendre la place de. Dans cette perspective, la problématique des familles composées conduira tout naturellement les sociologues à s'interroger à nouveau sur l'«objet» famille! Qu'est-ce que la famille? Est-ce avant tout une unité construite sur des rapports d'alliance et de parenté ou plutôt un groupe social fondé sur des relations inter-personnelles d'affinité, relations qui se donnent à vivre sur le mode dynamique de l'échange, de la négociation et du conflit?

NOTES ET BIBLIOGRAPHIE

[1] ROUSSEL L., «La cohabitation juvénile en France» in *Population*, 1978, n° 1, pp. 15-42.
[2] ROUSSEL L., BOURGUIGNON O., *Générations nouvelles et mariage traditionnel*, Paris, PUF, cahiers de l'INED, 1978, n° 86.
[3] Institut National de Statistique, *Statistiques Démographiques*, Bruxelles, Ministère des Affaires Economiques, 1986.
[4] FILIPPI J.F., «Davantage de naissances surviennent hors mariage» in *Sud Information Economique*, 1985, 1er trimestre, n° 61.
[5] TROST J., *Unmarried Cohabitation*, International Library Västeras, 1979.
[6] ROUSSEL L., BOURGUIGNON O., *op. cit.*, 1978.
[7] SULLEROT E., *Pour le meilleur et sans le pire*, *op. cit.*, 1984.
[8] SULLEROT E., *op. cit.*, 1984, p. 49.
[9] ROUSSEL L., *op. cit.*, 1978.
[10] DEVILLE J.C., NAULLEAU E., «Les nouveaux enfants naturels et leurs parents» in *Economie et Statistique*, 1982, n° 145, pp. 61-81.
[11] LORIAUX M., REMY D., GARSOU M., *Enquêts sur le citoyen et la population*, Centre de Démographie de l'Université Catholique de Louvain, 1981.
[12] AUDIRAC P.A., «La cohabitation : un million de couples non mariés» in *Economie et Stastistique*, 1986, n° 185, pp. 13-33.
[13] BAWIN-LEGROS B., SOMMER M., *Modes de vie des familles en Belgique francophone*, *op. cit.*, 1986.
[14] ROUSSEL L., «Le remariage des divorcés» in *Population*, 1981, n° 4-5, pp. 765-790.
[15] FESTY P., «Cohabitation et cohabitants : enquêtes et indices», communication faite au colloque de l'AIDELF *Les familles d'aujourd'hui*, Genève, 17-20 septembre 1984, 15 pages.
[16] ROUSSEL L., *op. cit.*, 1978.
[17] SINGLY Fr. de, «Le mariage informel», in *Recherches Sociologiques*, Université Catholique de Louvain, 1981, XXII, 1, pp. 61-90.
[18] LEBRAS H., «L'interminable adolescence ou les ruses de la famille» in *Le débat*, 1983, n° 25, pp. 116-125.
[19] SENNETT R., *Les tyrannies de l'intimité*, Paris, Seuil, 1979.
[20] SINGLY Fr. de, *op. cit.*, 1981.
[21] SINGLY Fr. de, *op. cit.*, 1981, p. 77.
[22] SENNETT R., *op. cit.*, 1979, p. 249.
[23] CHALVON-DEMERSAY S., *Concubin, concubine*, Paris, Seuil, 1983, pp. 100-101.
[24] NEYRAND G., «De la cohabitation juvénile aux unions informelles» in *La Famille Instable*, éd. Eres, vol. 22, 1986, n° 1, pp. 39-49.
[25] AUDIRAC P.A., *op. cit.*, 1986.
[26] LEBRAS H., *op. cit.*, 1983.
[27] GALLAND O., «Précarité et entrées dans la vie» in *Revue Française de Sociologie*, 1984, XXV, pp. 41-66. — GALLAND O., «Formes et transformations de l'entrée dans la vie adulte» in *Sociologie du Travail*, 1985, n° 1, pp. 32-53.
[28] GALLAND O., *op. cit.*, 1985.
[29] LEBRAS H., *op. cit.*, 1983.
[30] HUMBLET P., DIAMENT M., SAND E.A., *La situation sociale des adolescents*, Bruxelles, Ed. Labor, Dossiers du Centre d'Etude de la Population et de la Famille, 1986.
[31] SINGLY Fr. de, «La cohabitation : un compromis entre générations et entre sexes» in *Familles d'aujourd'hui*, actes du colloque de l'AIDELF, Genève, 1984, Paris, INED, 1986, n° 2, pp. 195-204.

[32] LEBRAS H., *op. cit.*, 1983.
[33] GOKALP C., *Quand vient l'âge des choix. Enquête auprès des jeunes de 18 à 25 ans : emploi, résidence, mariage*, Paris, INED, 1981, n° 95.
[34] GOKALP C., *op. cit.*, 1981.
[35] ROUSSEL L., *Le mariage dans la société française*, Paris, PUF, 1975.
[36] AUDIRAC P.A., «Cohabitation et mariage : qui vit avec qui?», in *Economie et Statistique*, 1982, n° 145, pp. 41-60.
[37] AUDIRAC P.A., *op. cit.*, 1982.
[38] SINGLY Fr. de, *op. cit.*, 1986, p. 204.
[39] BAWIN-LEGROS B., SOMMER M., *Modes de vie des familles en Belgique francophone*, *op. cit.*, 1986.
[40] GLICK P.C., SPANIER G.B., «Married and unmarried cohabitation in the United States» in *Journal of Marriage and the Family*, 1980, vol. 42, n° 1, pp. 19-30.
[41] SINGLY Fr. de, «Accumulation et partage des ressources conjugales» in *Sociologie du Travail*, 1984, n° 3, pp. 326-383. — BATTAGLIOLA F., «Mariage, cohabitation et stratégies féminines», communication au colloque «*L'autonomie sociale aujourd'hui*», Grenoble, 1983.
[42] GLICK P.C., SPANIER G.B., *op. cit.*, 1980.
[43] ROUSSEL L., «Mariages et divorces, contribution à une analyse systématique des modèles matrimoniaux», *op. cit.*, 1980.
[44] BATTAGLIOLA F., *op. cit.*', 1983.
[45] ROUSSEL L., *op. cit.*, 1975.
[46] SULLEROT E., *op. cit.*, 1984.
[47] Sur les modèles parentaux dans les familles où l'on a eu recours aux nouvelles techniques de procréation, on consultera l'article suivant : Van Haecht A., «Modèles parentaux et valeurs familiales autour des nouvelles techniques de procréation» in actes du colloque «*Familles et Medias*», Bruxelles, 1987, pp. 117-122.
[48] LEBOVICI S., «Parentalités : le point de vue d'un psychanalyste» in *Les Cahiers de Bobigny*, 1985, n° 31, pp. 41-47.
[49] DESPLANQUES G., DEVILLE J.C., «Fécondité et milieu social : les différences demeurent» in *Economie et Statistique*, 1979, n° 111, pp. 27-35.
[50] VALABREQUE C., BERGER-FORESTIER C., LANGEVIN A., *Ces maternités que l'on dit tardives*, Paris, Laffont, 1982.
[51] PISSART F., PONCELET M., VOISIN M., *Enquête nationale sur les chômeurs de longue durée*, étude réalisée pour le Ministère de l'Emploi et du Travail, 1987, Université de Liège (rapport ronéotypé).
[52] BAWIN-LEGROS B., SOMMER M., *op. cit.*, 1986.
[53] LANGEVIN A., «Planification des naissances : de l'idée de nombre à l'idée de moment» in *Dialogue*, Les cycles de la vie familiale, 1981, pp. 11-23.
[54] LANGEVIN A., «Régulation sociale du temps fertile des femmes» in *Le sexe du travail* (éd.), PU Grenoble, 1984, pp. 97-112.
[55] LANGEVIN A., *op. cit.*, 1984.
[56] DEVEN F., «A review of trends in the research on one-parent families» in *One parent families in Europe*, Deven F., et Cliquet R.L., (éd.), The Hague, Brussels, NIDI, CGBS, 1986, pp. 13-28.
[57] LEFAUCHEUR N., «Les familles monoparentales : des chiffres et des mots pour le dire, formes nouvelles ou mots nouveaux» in *Familles d'aujourd'hui*, actes du colloque de l'AIDELF, Genève, 1984, Paris, INED, 1986, pp. 173-182.
[58] LEFAUCHEUR N., *op. cit.*, 1986, p. 176.
[59] FRIIS H., LAURITSEN L., SCHEUER S., *Les familles monoparentales dans la C.E.E.*, rapport pour la Commission des Communautés Européennes, doc. V/2541/1/82, Copenhague, 1982.

[60] SULLEROT E., *Pour le meilleur et sans le pire*, Paris, Fayard, 1984.
[61] LEFAUCHEUR N., *op. cit.*, 1984, p. 173.
[62] Selon l'Institut National de Statistique (1981), le *ménage* est constitué soit par une personne vivant seule, soit par la réunion de deux ou plusieurs personnes qui, unies ou non par des liens de famille, vivent habituellement en commun. Un *noyau familial* est formé par un couple marié avec ou sans enfants non mariés, ou par un père ou une mère avec un ou plusieurs enfants non mariés.
[63] Cette étude est citée par Friis H. *et al.*, *op. cit.*, 1982.
[64] LEFAUCHEUR N., «Qui sont-elles?», in *Informations Sociales*, 1979, 6/7, pp. 4-19.
[65] SULLEROT E., *op. cit.*, 1984.
[66] PISSART F., BAWIN-LEGROS B., *Les familles en situation monoparentale*, rapport pour mission d'étude préparatoire à la XXe session de la Conférence des ministres européens chargés des affaires familiales, Université de Liège, 1986 (rapport ronéotypé)
[67] PISSART F., BAWIN-LGROS B., *op. cit.*, 1986.
[68] LE GALL D., MARTIN Cl., *Les familles monoparentales*, Evolution et traitement social, Paris, Ed. ESF, 1987.
[69] LE GALL D., MARTIN Cl., «L'évolution des foyers monoparentaux : le point aujourd'hui» in *La Famille Instable*, Actions et Recherches sociales, Ed. ERES, pp. 29-38.
[70] LEFAUCHEUR N., «Les familles monoparentales n'existent pas : je les ai rencontrées» in *Les Cahiers Médico-Sociaux*, Genève, 1987, n° 2, pp. 81-86.
[71] TROST J., «The Concept of One-Parent Family» in *Journal of Comparative Family Studies*, 1980, vol. II-1, pp. 129-138.
[72] DACOS-BURGUES M.H., «Des gens comme nous autres» in *Cahiers du JEB*, Bruxelles, 1982.
[73] LION A., MACLOUF P., *L'insécurité sociale*, Paris, Editions Ouvrières, 1982.
[74] LEFAUCHEUR N., *op. cit.*, 1987.
[75] LEFAUCHEUR N., *Les familles monoparentales : une catégorie spécifique?*, Association Marie Lambert, Plan Construction, Marché 1987, n° 81/611643.
[76] PEEMANS-POULLET H., *Partage des responsabilités professionnelles, familiales et sociales*, CEE, document CB 42-84-072 FRC, Luxembourg, 1984.
[77] DE BEYS X., «Comment améliorer l'accès des femmes à une sécurité sociale normale», conférence aux Equipes d'Entraide *«La pauvreté touche-t-elle plus les femmes?»*, Namur, novembre 1987.
[78] Les familles monoparentales et la pauvreté dans la C.E.E., Cophenhague, 1982.
[79] VENDRAMIN P., GARCIA A., *Profil socio-économique des ayants droit au minimex*, étude financée et publiée par le Secrétariat d'Etat à l'Environnement et à l'Emancipation Sociale, Bruxelles, 1987.
[80] ROOM G., *New Poverty in the European Community*, document interne CEE, 1987.
[81] PITROU A., «Dépérissement des solidarités familiales?», *op. cit.*, 1987.
[82] PACKARD V., *Nos enfants en danger*, Paris, Calman-Levy, 1984. — SIMEON M., «La famille monoparentale» in *Revue d'Action Sociale*, 1985, n° 6, pp. 1-20. — OLLIVIER C., «Parent seul, parent différent», in *Le Groupe Familial*, 1986, n° 110, pp. 63-66. — SAND E.A., «The changing family models. Effects of changes on the child.» in *One-Parent Families in Europe*, Deven F. et Cliquet R.L. (éd.), The Hague, Bruxelles, NIDI, CGBS, 1986, pp. 111-124.
[83] COMMAILLE J., «Les enfants du divorce», in *Informations Sociales*, 1979, n° 6-7, pp. 90-96.
[84] BABU A., «Pères divorcés, pères retrouvés» in *L'Ecole des parents*, 1985, n° 5, pp. 26-32.
[85] LEFAUCHEUR N., *op. cit.*, 1987.

[86] *Dialogue*, recherches cliniques et sociologiques sur le couple et la famille, «Les beaux-enfants, remariages et recompositions familiales», 1987, n° 97.
[87] THERY I., «Remariages et familles composées : des évidences aux incertitudes» in *L'Année Sociologique*, 1987, n° 37, pp. 119-152.
[88] ROUSSEL L., «Le remariage des divorcés» in *Population*, 1981, vol. 36, n° 4-5, pp. 765-790.
[89] THERY I., *op. cit.*, 1987.
[90] LEFAUCHEUR N., «Quand leur situation était inférieure à celle de l'orphelin» in *Dialogue*, 1987, n° 97, pp. 104-119.
[91] THERY I., *op. cit.*, 1987.
[92] ROUSSEL L., *op. cit.*, 1981.
[93] GLICK P., NORTON A.J., «Marrying, divorcing and living together today» in *Population Bulletin*, 1977, vol. 32, n° 5.
[94] ROUSSEL L., *op. cit.*, 1981.
[95] MATTHYS K., *Hertrouw in Belgie*, Sociologische Onderzoek Institut, KUL, Leuven, 1986.
[96] FETY P., *Le divorce, la séparation judiciaire et le remariage : évolution récente dans les Etats membres du Conseil de l'Europe*, Strasbourg, Conseil de l'Europe, 1985, n° 17.
[97] ROUSSEL L., *op. cit.*, 1981.
[98] MATTHYS K., *op. cit.*, 1986.
[99] SULLEROT E., *op. cit.*, 1984.
[100] ROUSSEL L., *op. cit.*, 1981 : 781.
[101] ROUSSEL L., *op. cit.*, 1981.
[102] GLICK P.C., «Remarriage, some recent changes and variations» in *Journal of Family Issues*, 1980, vol. 1, n° 4, pp. 455-478.
[103] ROUSSEL L., *op. cit.*, 1981.
[104] SOMMER M., BAWIN-LEGROS B., *Ruptures et réorganisations familiales*, *op. cit.*, 1987.
[105] JASPARD M., MASSARI M., «Age et rapports de sexe», table ronde internationale, *Rapports sociaux de sexe*, APRE, Paris, novembre 1987.
[106] LEETE R., ANTHONY S., article cité par Roussel L., *op. cit.*, 1981.
[107] ROUSSEL L., *op. cit.*, 1981.
[108] de SINGLY Fr., «Théorie critique de l'homogamie», *op. cit.*, 1987.
[109] ROUSSEL L., *op. cit.*, 1981.
[110] HEILPERN E.P., «Psychological Problems of Stepchildren» in *Psychoanalytical Review*, 1943, vol. 30, pp. 163-196.
[111] DEUTSCH H., *La psychologie des femmes*, traduit de l'anglais *The Psychology of Women*, Paris, PUF, 1949.
[112] THERY I., *op. cit.*, 1987.
[113] LEFAUCHEUR N., *op. cit.*, 1987.
[114] THERY I., *op. cit.*, 1987. — THERY I., «Les beaux-enfants au risque de la recherche : l'exemple des Etats-Unis» in *Dialogue*, 1987, n° 97, pp. 87-97.
[115] CHERLIN A., «Le remariage comme institution incomplète», traduit de l'anglais «Remarriage as an Incomplete Institution» (1978) in *Dialogue*, 1987, vol. 97, pp. 50-64.
[116] THERY I., *op. cit.*, *L'Année Sociologique*, 1987.
[117] THERY I., *op. cit.*, 1987.

En guise de note finale

On peut faire d'un livre au moins deux lectures différentes. La première, que j'appellerai sympathique et bienveillante, consiste à apprécier la quantité de travail fourni par l'auteur. La seconde viserait davantage à repérer ce qui manque, ce qui est mal formulé voire même ce qui est par trop «emprunté». L'auteur peut, de son côté, conclure son ouvrage comme il l'entend soit en le résumant, soit en rappelant au lecteur son caractère savant par un discours relativement crispé à tendance moralisatrice. Le thème de la famille inspire cette deuxième manière de procéder. Pour ma part, je souhaiterais prévenir le lecteur de ce que cet ouvrage n'est pas. Ce n'est ni un manuel de sociologie de la famille, ni un inventaire de tout ce qui a pu être écrit dans le monde ces dernières années à propos des comportements familiaux. Il s'agit, plus modestement, de rassembler une série d'idées qui circulent dans la littérature sociologique, surtout de langue française, sur l'objet famille en veillant à garder à l'esprit que toute production à prétention sociologique implique une certaine démarche de rupture avec le sens commun, d'une part, et avec d'autres disciplines des sciences humaines, d'autre part. Au lecteur qui me reprocherait de ne pas trouver trace d'une sociologie de la famille italienne, allemande ou scandinave, je répondrai que la production de n'importe quelle écriture est le résultat d'une sélection qui s'opère tant au niveau mental qu'au niveau des lectures et des rencontres. D'une certaine façon, le choix des auteurs de référence s'impose par le regard, forcément limité, que l'on souhaite poser sur son objet. Au lecteur qui s'inquiéterait également de ne pas trouver suffisamment d'informations empiriques, je dirai que les faits ne sont rien sans l'explication qui leur donne sens. Se subordonner aux faits équivaut souvent à confondre l'analyse sociale et l'analyse sociologique, préférer l'aval à l'amont, la technique de mesure à la démarche de questionnement. Si je n'ai pas parlé plus explicitement de fécondité, de niveaux de vie des familles, de partage des tâches domestiques, ce n'est pas que ces sujets manquent d'intérêt mais c'est qu'il faut faire des choix parmi les chemins à emprunter à travers une discipline, certains étant plus intéressants que d'autres, moins parcourus ou plus broussailleux. Ce que je propose s'apparente à une grille de questionnement et de compréhension moins des comportements familiaux eux-mêmes dont on parle beaucoup, parfois à tort, souvent sans sérénité que des représentations qu'on s'en fait, y compris dans la littérature sociologique. Cette grille s'articule autour de deux axes : d'une part, le système des rapports sociaux qui mettent en place ces comportements familiaux et, d'autre part, le système des relations sociales qui les mettent en scène.

Si je me risquais à une analogie facile, je dirais que la famille ressemble à cette maison dont les fondements seraient tant idéologiques que matériels, dont l'architecture et l'ossature auraient été conçues sur des rapports d'inégalités, inégalités de classe, de sexe, de génération, mais dont l'aménagement intérieur reviendrait aux habitants eux-mêmes. Apportant toutes leurs ressources, ils construisent un projet, celui de transformer cette maison en foyer. La maison initiale subit les avatars du temps. Certains pans de mur s'effondrent, d'autres sont reconstruits. La maison peut prendre quelques étages, des annexes qui lui donnent un caractère moins homogène mais toujours aussi sécurisant pour ceux qui veulent l'habiter. Dans cette maison brille un feu, témoin et symbole de l'intimité, cette impalpable chaleur qui façonne nos mœurs au plus profond de nous et que Philippe Ariès avait su reconnaître et nommer : le sentiment de la famille !

> *Pas un seul amour qui soit simple mécanisme corporel, qui ne prouve même et surtout s'il s'attache follement à son sujet, notre pouvoir de nous mettre en question, de nous vouer absolument, notre signification métaphysique.*
> Merleau-Ponty

ANNEXE

Pays	Indices de fécondité (enfants par femme)		Taux de natalité (pour 1.000 hab.)	
	1981	1985	1981	1985
R.F. Allemagne	1,44	1,27	10,1	9,6
Belgique	1,66	1,49	12,6	11,6
Danemark	1,44	1,45	10,4	10,6
Espagne	1,99	1,71 (d)	14,1	12,5 (d)
France	1,97	1,82	14,9	13,9
Grèce	2,10	1,82 (e)	14,4	12,7 (e)
Irlande	3,00	2,54 (e)	21,0	18,1 (e)
Italie	1,57	1,42	11,1	10,3
Luxembourg	1,58	1,48 (d)	12,0	11,5 (e)
Pays-Bas	1,56	1,50	12,5	12,3
Portugal	2,09 (b)	1,89 (e)	16,3 (b)	12,8
Royaume-Uni	1,84	1,78 (f)	13,1	13,2
Autriche	1,71	1,46	12,4	11,5
Finlande	1,65	1,65	13,2	12,9
Norvège	1,70	1,68	12,4	12,4
Suède	1,63	1,73	11,3	11,8
Suisse	1,54	1,51	11,6	11,5
Bulgarie	2,04 (b)	1,99 (e)	14,1	13,6 (e)
Hongrie	1,88	1,83	13,3	12,2
Pologne	2,22	2,31	18,9	18,2
R.D. allemande	1,94 (b)	1,74 (e)	14,2	13,7 (e)
Roumanie	2,43 (b)	2,00 (d)	17,0	14,3 (d)
Tchécoslovaquie	2,10	2,07	15,5	14,5
U.R.S.S.	2,25	2,41 (e)	18,5	19,6 (e)
Yougoslavie	2,06	2,13 (c)	16,7	16,4 (e)
Canada	1,76 (a)	1,67 (e)	15,3	14,9
Etats-Unis	1,87	1,82 (e)	15,9	15,7
Japon	1,74 (a)	1,77 (c)	13,1	12,5 (e)
Australie	1,91 (b)	1,95	15,8	15,7
Nouvelle-Zélande	2,04	1,94 (c)	16,0	15,8 (d)

(a) 1979
(b) 1980
(c) 1982
(d) 1983
(e) 1984
(f) Angleterre et Galles
Extrait de MONNIER A., *Population*, 1983, n° 4-5, pp. 827-839 ; *Population*, INED, 1986, pp. 823-846.

Bibliographie

ALMODOVAR J.P., «L'enfant enjeu de savoirs» in *Dialogue*, 1984, n° 86, pp. 59-67.
A.P.R.E., Atelier Production Reproduction, Collectif, C.N.R.S., PITREM, 1985-1986, n°s 1 à 6.
ARIÈS Ph., *L'enfant et la vie familiale sous l'Ancien Régime*, Paris, Seuil, 1973.
AUDIRAC P.A., «Cohabitation et mariage : qui vit avec qui?» in *Economie et Statistique*, 1982, n° 145, pp. 41-60.
AUDIRAC P.A., «La cohabitation : un million de couples non mariés» in *Economie et Statistique*, 1986, n° 185, pp. 13-33.
BABU A., «Pères divorcés, pères retrouvés» in *L'Ecole des Parents*, 1985, n° 5, pp. 26-32.
BADINTER E., *L'amour en plus*, Paris, Flammarion, 1980.
BALANDIER G., *Sociologie des Brazzavilles noires*, Paris, Armand Colin, 1955.
BARRÈRE-MAURRISSON M.A., «Le cycle de vie familiale. Méthodologie et champ d'utilisation» in *Le Sexe du Travail* (collectif), Grenoble, Presses Universitaires de Grenoble, 1984, pp. 29-44.
BARRÈRE-MAURRISSON M.A., «Structures économiques et structures familiales : émergence et construction d'une relation» in *Année Sociologique*, 1987, n° 37, pp. 67-91.
BARTHELEMY M., MUXEL A. et PERCHERON A., «Si je vous dis : Famille» in *Revue Française de Sociologie*, 1986, XXVII, pp. 697-718.
BARUFFOL E., *La famille et la structure de ses représentations*, thèse de doctorat en psychologie, Université Catholique de Louvain, Louvain, 1985 (non publié).
BASTARD B. et CARDIA-VONÈCHE L., «Du coût du divorce au prix du mariage», communication présentée à la réunion du Comité de Recherche de Sociologie du Droit à l'A.I.S., Antwerpen, 1983, 20 pages.
BASTARD B. et CARDIA-VONÈCHE L., *Le divorce à Genève : une étude sociologique de la pratique judiciaire*, Université de Genève, 1985 (ronéotypé).
BASTARD B., CARDIA-VONÈCHE L. et PERRIN J.F., *Pratiques judiciaires du divorce*, Lausanne, Editions Réalités Sociales, 1987.

BATTAGLIOLA F., «Mariage, cohabitation et stratégies féminines», communication au colloque *L'autonomie sociale aujourd'hui*, Grenoble, 1983.
BATTAGLIOLA F., «Séquence de la vie familiale, évolution des rapports familiaux», in travaux du colloque *Temps et durée dans la vie familiale*, Paris, Institut de l'Enfance et de la Famille, 16-17 décembre 1987.
BAWIN-LEGROS B., et SOMMER M., *Recherche sur les besoins des parents en matière de garde d'enfants de moins de 7 ans*, étude demandée par l'O.N.E., Communauté Française de Belgique, Université de Liège, 1985 (rapport ronéotypé).
BAWIN-LEGROS B. et SOMMER M., *Modes de vie des familles en Belgique francophone en 1985*, étude réalisée pour le Ministère des Affaires Sociales de la Communauté Française de Belgique, Université de Liège, 1986 (rapport ronéotypé).
BAWIN-LEGROS B. et SOMMER M., «Famille/familles : difficiles et mouvantes typologies» in *Revue Internationale d'Action Communautaire*, Montréal, 1987, 18/58, pp. 47-56.
BECKER G.S., «An Economic Analysis of Fertility» in *National Bureau of Economic Research*, 1960, pp. 204-260.
BECKER G.S., «A Theory of the Allocation of Time» in *The Economics of Women and Work*, Amsden Al. (éd.), New York, Pinguin Books, 1980, pp. 52-81.
BERGER P. et KELLNER H., «Marriage and the Construction of Reality» in *Sociology of the Family*, M. Andersen (éd.), Pinguin Books, 1971, pp. 302-324.
BERGER P. et LUCKMANN Th., *La construction sociale de la réalité*, Paris, Méridiens, Klincksieck, 1986 (traduit de l'anglais, *The Social Construction of Reality*, 1re édit., 1966).
BERTAUX D., «L'approche biographique : sa validité méthodologique, ses potentialités» in *Cahiers Internationaux de Sociologie*, vol. LXIX, 1980, pp. 197-225.
BERTAUX D. et BERTAUX-WIAME I., «Mémoire autobiographique et mémoire collective», communication présentée au colloque de l'Ecomusée du Creuzot sur la *Mémoire Collective*, 1980.
BERTAUX D., «Vie quotidienne ou modes de vie» in *Revue Suisse de Sociologie*, vol. 1, 1983, pp. 67-84.
BERTAUX D., «Fonctions diverses des récits de vie dans le processus de recherche», in *Les récits de vie : théorie, méthode et trajectoires-types*, Danielle Desmarais et Paul Grell (éd.), Montréal, Editions Saint-Martin, 1986, pp. 22-34.
BERTAUX-WIAME I., «Le projet familial» in *Histoires de vie, histoires de familles, trajectoires sociales*, annales de Vaucresson, CRIV, 1987, n° 26, pp. 61-74.
BLOOD R.O. et WOLFE D.H., *Husbands and Wives : the Dynamics of Married Living*, New York, Free Press, 1960.
BOIGEOL A. et COMMAILLE J., «Divorce, milieu social et situation de la femme» in *Economie et Statistique*, 1974, n° 2, pp. 3-21.
BOUDON R., *La crise de la sociologie*, Paris, Genève, Droz, 1971.
BOURDIEU P., «Les stratégies matrimoniales dans le système de reproduction» in *Annales E.S.C.*, 1972, n° 27 (4-5), pp. 1105-1125.
BOURGUIGNON O., «L'expérience du divorce parental : une enquête auprès d'adolescents» in *Du divorce et des enfants*, Paris, P.U.F., I.N.E.D, 1985, n° 11, pp. 159-247.
BRODEUR Cl., *Portraits de famille. Une typologie structurelle du discours familial*, Montréal, Editions France-Amérique, 1982.
BURGUIÈRE A., «La famille réduite : une réalité ancienne et planétaire» in *Annales E.S.C.*, 1969, n° 6.
CAILLE A., «La sociologie de l'Intérêt est-elle intéressante?» in *Sociologie du Travail*, 1981, n° 3, pp. 257-273.

CHAHNAZARIAN A., «Conséquences socio-émotionnelles pour les enfants de divorcés aux U.S.A.» in *Familles d'aujourd'hui*, actes du colloque de l'A.I.D.E.L.F., septembre 1984, Paris, I.N.E.D., 1986, n° 2, pp. 559-566.
CHALVON-DEMERSAY S., *Concubin, concubine*, Paris, Seuil, 1983.
CHAUDRON M., «Sur les trajectoires sociales des femmes et des hommes. Stratégies familiales de reproduction et trajectoires individuelles» in *Le Sexe du Travail* (collectif), Grenoble, Presses Universitaires de Grenoble, 1984, pp. 17-28.
CHAUVIÈRE M., «L'introuvable intérêt de l'enfant» in *Le droit face aux politiques familiales*, Paris, Université de Paris VII, 1982 (rapport ronéotypé).
CHERLIN A., «Le remariage comme institution incomplète» (traduit de l'anglais «Remarriage as an Incomplete Institution», 1978), in *Dialogue*, 1987, vol. 97, pp. 50-64.
Collectif, *La loi et le nombre. Le divorce en Europe Occidentale*, Genève, CRID-CETEL, Paris, I.N.E.D., 1983.
COMMAILLE J., «Vers une nouvelle définition du divorce», actes du IXe Congrès Mondial de Sociologie, Upsala, 1979 (17 pages).
COMMAILLE J., «Les enfants du divorce» in *Informations Sociales*, 1979, n° 6-7, pp. 90-96.
COMMAILLE J., «Contribution à une problématique pour une recherche internationale sur les enfants de familles dissociées», actes VI du colloque *Recherches sur le divorce*, Paris, 1974.
COMMAILLE J., *Famille sans justice*, Paris, Le Centurion, 1982.
COMMAILLE J., «D'une approche socio-légale du divorce à une sociologie des régulations sociales appliquées à la famille», séminaire *Social Change and Family Policies*, Melbourne, 1984 (36 pages).
COMMAILLE J., «D'une sociologie de la famille à une sociologie du droit. D'une sociologie du droit à une sociologie des régulations sociales» in *Sociologie et Sociétés*, Montréal, 1986, vol. XVIII, n° 1, pp. 113-128.
COMBES D. et HAICAULT M., «Production et reproduction, rapports sociaux de sexe et de classes» in *Le Sexe du Travail* (collectif), Grenoble, Presses Universitaires de Grenoble, 1984, pp. 155-174.
COPPER D., *Mort de la famille*, Paris, Points (éd.), 1972.
COURSON J.P., «Les ménages n'auront plus de chef» in *Economie et Statistique*, 1982, n° 149, pp. 47-56.
DACOS-BURGUES M.H., «Des gens comme nous autres» in *Cahiers du J.E.B.*, Bruxelles, 1982.
DAUNE-RICHARD A.M., *Rapports intra-familiaux et rapports sociaux de sexe*, cahiers de l'A.P.R.E., Paris, C.N.R.S., PRITEM, mai 1986, n° 5.
DAUNE-RICHARD A.M. et DEVREUX A.M., «A propos des rapports sociaux de sexe. Parcours épistémologiques» in *La reproduction des rapports de sexe*, Paris, C.N.R.S., ATP, 1986.
DE BEYS X., «Comment améliorer l'accès des femmes à une sécurité sociale normale», conférence aux Equipes d'Entraide *La pauvreté touche-t-elle plus les femmes?*, Namur, novembre 1987.
DE COSTER M., *L'analogie en sciences humaines*, Paris, P.U.F., 1978.
DE COSTER M., *Introduction à la sociologie*, Bruxelles, Editions de Boeck, 1987.
DELOOZ P., «Les valeurs dans la famille» in *L'univers des Belges*, Rezsohazy R. et Kerkhofs J. (éd.), Louvain-la-Neuve, C.I.A.C.O., 1984, pp. 117-130.
DELPHY Ch., «Mariage et divorce : l'impasse à double face» in *Les femmes s'entêtent*, Paris, Gallimard, 1975, p. 128-145.
DELPHY Ch., «Les femmes dans les études de stratification» in *Femmes, sexisme et société*, Editions Albin Michel, Paris, P.U.F., 1977, pp. 25-38.

DESPLANQUES G. et DEVILLE J.C., «Fécondité et milieu social : les différences demeurent» in *Economie et Statistique*, 1979, n° 111, pp. 27-35.

DESROSIÈRES A., «Marché matrimonial et structures des classes sociales» in *Actes de la Recherche en Sciences Sociales*, 1978, n° 21, pp. 97-107.

DEUTSCH H., *La psychologie des femmes*, traduit de l'anglais *The Psychology of Women*, Paris, P.U.F., 1979.

DEVEN F., «A review of Trends in the Research of One-Parent Families» in *One-Parent Families in Europe*, Deven F. et Cliquet R.L. (éd.), The Hague, Bruxelles, NIDI-CGBS, 1986, pp. 13-28.

DEVILLE J.C., «De l'enfance à la constitution d'une famille» in *Données Sociales*, 1981.

DEVILLE J.C. et NAULLEAU E., «Les nouveaux enfants naturels et leurs parents» in *Economie et Statistique*, 1982, n° 145, pp. 61-81.

DONZELOT J., *La police des familles*, Paris, Editions de Minuit, 1977.

DUMONT L., *Homo hierarchicus*, Paris, Gallimard, collection Tel, 1979.

DURKHEIM E., «La famille conjugale» in *Année Sociologique*, 1892, pp. 35-49.

DURKHEIM E., *Les règles de la méthode sociologique*, 1895, Paris, P.U.F. (édition de 1963).

DURKHEIM E., *Leçons de sociologie*, Paris, P.U.F. (édition de 1964).

ENGELS F., *L'origine de la famille, de la propriété privée et de l'Etat*, Paris, Editions Sociales (édition de 1974).

FERRAND M., «Modèles familiaux et rapports sociaux de sexe» in *Cahiers de l'APRE*, C.N.R.S., PITREM, 1986, n° 5, pp. 33-38.

FESTY P., «Evolution contemporaine du mode de formation des familles en Europe Occidentale» in *Population et Prospectives*, Fondation Roi Baudouin, 1983.

FESTY P., *Le divorce, la séparation judiciaire et le remariage : évolution récente dans les Etats membres du Conseil de l'Europe*, Strasbourg, Conseil de l'Europe, 1985, n° 17.

FILIPPI J.F., «Davantage de naissances surviennent hors mariage» in *Sud Information Economique*, 1985, 1er trimestre, n° 61.

FLANDRIN J.L., *Famille, parenté, maison, sexualité dans l'ancienne société*, Paris, Hachette, 1976.

FOUCAULT M., *La volonté de savoir*, Paris, Gallimard, 1976.

FRIEDAN B., *La femme mystifiée*, Paris, Gonthier, 1964.

FRIIS H., LAURITSEN L. et SCHEUER S., *Les familles monoparentales dans la C.E.E.*, rapport pour la Commission des Communautés Européennes, doc. V/2541/1/82, Copenhague, 1982.

GALLAND O., «Précarité et entrée dans la vie» in *Revue Française de Sociologie*, 1984, XXV, pp. 41-66.

GALLAND O., «Formes et transformations de l'entrée dans la vie adulte» in *Sociologie du Travail*, 1985, n° 1, pp. 32-53.

GIRARD A., «Sociologie du mariage» in *Encyclopedia Universalis*, Paris, 1974.

GIRARD A., *Le choix du conjoint*, Paris, I.N.E.D., 1re édition 1964, 3e édition 1981.

GLICK P.C. et NORTON A.J., «Marrying, Divorcing and Living Together Today» in *Population Bulletin*, 1977, vol. 32, n° 5.

GLICK P.C. et SPANIER G.B., «Married and Unmarried Cohabitation in the United States» in *Journal of Marriage and the Family*, 1980, vol. 42, n° 1, pp. 19-30.

GLICK P.C., «Remarriage, Some Recent Changes and Variations» in *Journal of Family Issues*, 1980, n° 4, pp. 455-478.

GODARD F. et CULTURELLO P., *Familles mobilisées. Accession à la propriété du logement et notion d'effort des ménages*, Ed. du Plan de Construction, Ministère de l'Urbanisme et du Logement, Université de Nice, Paris, 1982.

GOFFMAN E., *La mise en scène de la vie quotidienne*, Paris, Editions de Minuit, tomes 1 et 2, 1973.
GOFFMAN E., *Les rites d'interaction*, Paris, Editions de Minuit, 1974.
GOKALP C., «Le réseau familial» in *Population*, 1978, n° 33-6, pp. 1077-1094.
GOKALP C., *Quand vient l'âge des choix. Enquête auprès des jeunes de 18 à 25 ans : emploi, résidence, mariage*, Paris, I.N.E.D., 1981, n° 95.
GUILLAUME J.F. et BAWIN-LEGROS B., *La problématique socio-économique des créances alimentaires en Belgique*, étude financée et publiée par le Secrétariat d'Etat à l'Environnement et à l'Emancipation Sociale, Bruxelles, octobre 1987.
GUILLAUME J.F., MADDENS K., BAWIN-LEGROS B. et VAN HOUTTE J., «La problématique socio-économique des créances alimentaires en Belgique. Analyse du déroulement judiciaire de l'obligation alimentaire après divorce» in *Revue Belge de Sécurité Sociale* (à paraître), 1988, 27 pages.
GUIRALD P., *La sémantique*, Paris, P.U.F., Que sais-je? 1966.
HEILPERN E.P., «Psychological Problems of Stepchildren» in *Psychoanalytical Review*, 1943, vol. 30, pp. 163-196.
HERLA G., «Partage des responsabilités familiales» in *Cahiers de Psychologie Sociale*, Liège, 1987, n° 35, pp. 9-50.
HOULE G., «Histoires et récits de vie : la redécouverte obligée du sens commun» in *Les récits de vie : théorie, méthode et trajectoires types*, Danielle Desmarets et Paul Grell (éd.), Montréal, Editions Saint-Martin, 1986, pp. 35-51.
HUET M., «La progression de l'activité féminine est-elle irréversible?» in *Economie et Statistique*, 1982, n° 145, pp. 3-17.
HUMBLET P., DIAMENT M. et SAND E.A., *La situation sociale des adolescents*, Bruxelles, Editions Labor, dossiers du Centre d'Etude de la Population et de la Famille, 1986.
Institut National de Statistique, Ministère des Affaires Economiques, Bruxelles.
JASPARD M. et MASSARI M., «Age et rapports de sexe», table ronde internationale *Rapports sociaux de sexe*, A.P.R.E., Paris, novembre 1987.
JAVEAU Cl., «Le paradigme de l'acteur et la sociologie de la vie quotidienne : Elargissement du champ sociologique ou rétrécissement du troisième état Comtien» in *Micro et macro-sociologie du quotidien*, actes des journées d'études de Bruxelles (12-15 mai 1981), Claude Javeau (éd.), Bruxelles, Editions de l'Institut de Sociologie, 1983, pp. 6-16.
JAVEAU Cl., *Leçons de sociologie*, Paris, Méridiens, Klincksieck, 1986.
KAUFMANN J.C., «La formation de l'intimité domestique» in *La famille instable*, revue internationale des Sciences et Pratiques sociales, Paris, Editions E.R.E.S., 1986, n° 1 (mars), pp. 11-19.
KAUFMANN J.C., *La chaleur du foyer. Analyse du repli domestique*, Paris, Méridien, Klincksieck, 1988.
KELLERHALS J., PERRIN J.F., STEINAVER G., VONÈCHE L. et WIRTH G., *Mariages au quotidien*, Lausanne, Favre, 1982.
KELLERHALS J. et TROUTOT P.Y., «Divorce et modèles matrimoniaux. Quelques figures pour une analyse des règles de l'échange» in *Revue Française de Sociologie*, 1982, XXIII, pp. 195-222.
KELLERHALS J., TROUTOT P.Y. et LAZEGA E., *Micro-sociologie de la famille*, Paris, P.U.F., Que sais-je?, 1984.
KELLERHALS J., LANGUIN N., PERIN J.P. et WIRTH G., «Statut social, projet familial et divorce» in *Population*, 1985, n° 6, pp. 811-825.
KELLERHALS J. et TROUTOT P.Y., «Une construction interactive de types familiaux : essai de combinaison des méthodes quantitatives et qualitatives» in *Colloque de la Chaire Quételet*, 1985, Louvain-la-Neuve, 1985 (27 pages).

KELLERHALS J., «Le lien social : le problème des types d'interaction dans les groupes» in *Bulletin de l'A.I.S.L.F.*, Genève, 1987, n° 4, pp. 59-77.
KELLERHALS J. et TROUTOT P.Y., «Milieu social et types de famille. Une approche interactive» in *Histoires de vie, histoires de familles, trajectoires sociales*, annales de Vaucresson, C.R.I.V., 1987, n° 26, pp. 91-108.
KENDE P., «Les biens et les services autoproduits dans la consommation des ménages français» in *Les femmes dans la société marchande*, Editions Albin Michel, Paris, P.U.F., 1978, pp. 225-244.
KERGOAT D., *Les ouvrières*, Paris, Sycomore, 1982.
KERGOAT D., «Plaidoyer pour une sociologie des rapports sociaux. De l'analyse critique des catégories dominantes à la mise en place d'une nouvelle conceptualisation», in *Le Sexe du Travail* (collectif), Grenoble, Presses Universitaires de Grenoble, 1984, pp. 207-220.
KRIEF I., «Les styles de vie : pour une réinterprétation de la notion de tendance», in *Consommation*, 1981, n° 4, pp. 63-72.
LALIVE d'EPINAY Ch., *Vieillesses. Situations, itinéraires et modes de vie des personnes âgées aujourd'hui*, Saint-Saphorin, Suisse, Geory, 1983.
LAMBRECHTS E. et HENRYON C., *Le mariage en Belgique*, Université Catholique de Louvain, 1968.
LANGEVIN A., «Planification des naissances : de l'idée de nombre à l'idée de moment» in *Dialogue*, 1981, n° 72, pp. 11-24.
LANGEVIN A., «Régulation sociale du temps fertile des femmes» in *Le Sexe du Travail* (collectif), Grenoble, Presses Universitaires de Grenoble, 1984, pp. 97-112.
LANGEVIN A., «Socialisation sexuée des parcours de vie : approche comparative entre frère et sœur. Question de méthode» in *Cahiers de l'A.P.R.E.*, Paris, C.N.R.S., PITREM, 1985, n° 2, pp. 45-62.
LANGEVIN A., «La synchronisation des temps sociaux», communication au colloque *Temps et dynamique familiale*, Liège, 1987 (à paraître, Presses Universitaires de Liège, 1988).
LASLETT P., *Un monde que nous avons perdu : famille, communauté et structure sociale dans l'Angleterre préindustrielle*, Paris, Flammarion, 1969.
LASLETT P., «La famille et le ménage : approches historiques» in *Annales E.S.C.*, numéro spécial Famille et Société, 1972, n° 45, pp. 847-870.
LAZARSFELD P. et BOUDON R., *Vocabulaire des sciences sociales*, Paris, Mouton, 1965.
LEBOVICI S., «Parentalité : le point de vue d'un psychanalyste» in *Les Cahiers de Bobigny*, 1985, n° 31, pp. 41-47.
LEBRAS H., «L'interminable adolescence ou les ruses de la famille» in *Le débat*, 1983, n° 25, pp. 116-125.
LEFAUCHEUR N., «Qui sont-elles?» in *Informations Sociales*, 1979, 6/7, pp. 4-19.
LEFAUCHEUR N., «De la diffusion (et) des (nouveaux) modèles familiaux et sexuels» in *Recherches Economiques et Sociales*, 1982, n° 2, pp. 41-60.
LEFAUCHEUR N., «Les conditions et niveaux de vie des enfants de parents séparés» in actes du colloque *Les enfants et leurs parents séparés*, Paris, 1985.
LEFAUCHEUR N., «Les familles monoparentales : des chiffres et des mots pour le dire; formes nouvelles ou mots nouveaux» in *Familles d'aujourd'hui*, actes du colloque de l'A.I.D.E.L.F., Genève, 1984, Paris, I.N.E.D., 1986, pp. 173-182.
LEFAUCHEUR N., «Les familles monoparentales n'existent pas : je les ai rencontrées» in *Les Cahiers Médico-Sociaux*, Genève, 1987, n° 2, pp. 81-82.
LEFAUCHEUR N., *Les familles monoparentales : une catégorie spécifique?*, association Marie Lambert, Plan Construction, Marché 1987, n° 81/611643.

LEFAUCHEUR N., « Quand leur situation était inférieure à celle de l'orphelin » in *Dialogue*, 1987, pp. 104-119.
LE GALL D. et MARTIN Cl., « L'évolution des foyers monoparentaux : le point aujourd'hui » in *La famille instable*, Edition E.R.E.S., 1986, pp. 29-38.
LE GALL D. et MARTIN Cl. *Les familles monoparentales*, Paris, ed. E.S.F., 1987.
LENOIR R., « L'invention du troisième âge » in *Actes de la recherche en sciences sociales*, 1979, n°s 26-27, pp. 57-82.
LE PLAY F., *L'organisation de la famille*, Paris, Tegui, 1871.
LÉVINAS E., *Ethique et infini*, Paris, Fayard, 1982.
LÉVI-STRAUSS Cl., *La pensée sauvage*, Paris, Agora, Plon, 1962.
LÉVI-STRAUSS Cl., Préface à l'*Histoire de la famille*, éditée par A. Burguière *et al.*, Paris, Armand Colin, 1986, tome 1, pp. 9-14.
LION A. et MACLOUF P., *L'insécurité sociale*, Paris, Editions Ouvrières, 1982.
LIPOVETSKY G., *L'ère du vide*, Paris, Gallimard, 1983.
LITWAK E., « Occupational Mobility and Extended Family Cohesion » in *American Sociological Review*, 1960, n° 25, pp. 9-21.
LITWAK E. et SZELENY I., « Primary Group Structures and their Functions : Kin, Neighbours and Friends », in *American Sociological Review*, 1969, n° 34, pp. 465-481.
LORIAUX M., REMY D. et GARSOU M., *Enquête sur le citoyen et la population*, Centre de Démographie de l'Université Catholique de Louvain, 1981.
MARSHALL A., *Principles of Economics* (1920), Londres, Macmillan, 3e édition, 1966.
MATTHYS K., *Hertrouw in Belgie*, Sociologische Onderzoek Instituut, Katholieke Universiteit Leuven, Leuven, 1986.
MENAHEM G., « Les mutations de la famille et les modes de reproduction de la force de travail » in *L'homme et la société*, 1979, n°s 53-54, pp. 63-101.
MICHEL A., « Rôles masculins et féminins dans la famille. Un examen de la théorie classique » in *Informations sur les sciences sociales*, 1971, vol. 10.
MICHEL A., *Sociologie de la famille et du mariage*, Paris, P.U.F., 1972.
MICHEL A., *Activité professionnelle de la femme et vie conjugale*, Paris, C.N.R.S., 1974.
MICHEL A. (éd.), *Les femmes dans la société marchande*, Paris, P.U.F., 1978.
MILLETT K., *La politique du mâle*, Paris, Stock, 1970.
MONNIER A., « La conjoncture démographique : l'Europe et les pays développés d'outre-mer » in *Population*, 1983, n°s 4-5, pp. 827-840.
MORGAN L.H., *Ancient Society or Researches in the Lines of Human Progress form Savagery through Barbarism to Civilization*, London, Macmillan, 1877.
MOUNT F., *La famille subversive*, Bruxelles, Pierre Mardaga, 1982.
NEYRAND G., « De la cohabitation juvénile aux unions informelles » in *La famille instable*, Editions E.R.E.S., 1986, vol. 22, n° 1, pp. 39-49.
OLLIVIER C., « Parent seul, parent différent » in *Le groupe familial*, 1986, n° 110, pp. 63-66.
OLSON D.H. et MILLER B.C. (éd.), *Family Studies*, Review Yearbook, 1984, vol 2.
PACKARD V., *Nos enfants en danger*, Paris, Calman-Levy, 1984.
PARSONS T. et BALES R., *Family. Socialization and Interaction Process*, Glencoe, Free Press, 1955.
PEEMANS-POULLET H., *Partage des responsabilités professionnelles, familiales et sociales*, C.E.E., document CB 42-84.072 FRC, Luxembourg, 1984.
PISSART F., BAWIN-LEGROS B., *Les familles en situation monoparentale*, rapport pour mission d'étude préparatoire à la XXe session de la Conférence des Ministres Européens chargés des Affaires Familiales, Université de Liège, 1986 (rapport ronéotypé).
PISSART F., PONCELET M. et VOISIN M., *Enquête nationale sur les chômeurs de longue durée*, étude réalisée pour le Ministère de l'Emploi et du Travail, Université de Liège, 1987 (rapport ronéotypé).

PITROU A., *Vivre sans famille ? Les solidarités familiales dans le monde d'aujourd'hui*, Toulouse, Privat, 1978.
PITROU A. et al., *Trajectoires professionnelles et familiales*, Paris, C.N.R.S., 1983.
PITROU A., «Dépérissement des solidarités familiales» in *Année Sociologique*, 1987, vol. 37, pp. 207-223.
PITROU A., «La notion de projet familial : conditions de vie et stratégies familiales à court et long terme», communication au colloque *Temps et dynamique familiale*, Liège, 1987 (à paraître, actes du colloque, Presses Universitaires, Liège, 1988).
RAPOPORT R. et R., *Une famille, deux carrières* (traduit de l'anglais *The Dual Career Family*), Paris, Denoël, 1973.
REMY J., «La dichotomie privé/public dans l'usage courant. Fonction et genèse» in *Recherches Sociologiques*, 1973, n° 3, pp. 10-38.
ROOM G., *New Poverty in the European Community*, document interne, C.E.E., 1987.
ROUSSE H. et ROY C., «Activités ménagères et cycles de vie» in *Economie et Statistique*, 1981, n° 131, pp. 59-67.
ROUSSEL L., *Le mariage dans la société française*, Paris, I.N.E.D., 1975.
ROUSSEL L., «La cohabitation juvénile en France» in *Population*, 1978, n° 1, pp. 15-42.
ROUSSEL L., «Mariages et divorces. Contribution à une analyse systématique des modèles matrimoniaux» in *Population*, 1980, n° 6, pp. 1025-1039.
ROUSSEL L., «Le remariage des divorcés» in *Population*, 1981, n°s 4-5, pp. 765-790.
ROUSSEL L., «Du pluralisme des modèles familiaux dans les sociétés post-industrielles» in *Familles d'aujourd'hui*, actes du colloque de l'A.I.D.E.L.F., Genève, 1984, Paris, I.N.E.D., 1986, pp. 143-152.
ROUSSEL L., préface à *Du divorce et des enfants*, Paris, P.U.F., I.N.E.D., 1985, n° 111, p. 1-10.
ROUSSEL L., «Données démographiques et structures familiales» in *Année Sociologique*, 1987, vol. 37, pp. 45-91.
ROUSSEL L. et BOURGUIGNON O., *Générations nouvelles et mariage traditionnel*, Paris, P.U.F., I.N.E.D., 1978, n° 86.
SAINT-EXUPERY A. de, *Le Petit Prince*, Paris, Gallimard, 1952.
SAND E.A., «The Changing Family Models. Effects of Changes on the Child» in *One-parent Families in Europe*, Deven F. et Cliquet R.L. (éd.), The Hague, Bruxelles, NIDI, CGBS, 1986, pp. 111-124.
SARDON J.P., «Evolution de la nuptialité et de la divortialité en Europe depuis la fin des années 60» in *Familles d'aujourd'hui*, actes du colloque de l'A.I.D.E.L.F., Genève, 1984, Paris, I.N.E.D., 1986, pp. 15-30.
SARDON J.P., «Evolution de la nuptialité et de la divortialité en Europe depuis la fin des années 60» in *Population*, 1986, n° 3, pp. 463-481.
SEGALEN M., *Sociologie de la famille*, Paris, Armand Colin, 1981.
SHORTER E., *Naissance de la famille moderne*, Paris, Seuil, 1977.
SIMEON M., «La famille monoparentale» in *Revue d'action sociale*, 1985, n° 6, pp. 1-20.
SINGLY Fr. de, «Mobilité féminine par le mariage et dot scolaire» in *Economie et Statistique*, 1977, n° 91, pp. 33-44.
SINGLY Fr. de, «Le mariage informel» in *Recherches Sociologiques*, Université Catholique de Louvain, 1981, XXII, n° 1, pp. 61-90.
SINGLY Fr. de, «Accumulation et partage des ressources conjugales» in *Sociologie du Travail*, 1984, n° 3, pp. 326-383.
SINGLY Fr. de, «Les manœuvres de séduction» in *Revue Française de Sociologie*, 1984, XXV, pp. 523-529.
SINGLY Fr. de, *Fortune et infortune de la femme mariée*, Paris, P.U.F., 1986.

SINGLY Fr. de, «Le sexe des capitaux» in *Les Cahiers de l'A.P.R.E.*, Paris, C.N.R.S., PITREM, 1986, n° 5, pp. 15-24.
SINGLY Fr. de, «Théorie critique de l'homogamie» in *Année Sociologique*, 1987, vol. 37, pp. 181-205.
SOLE J., *L'amour en Occident à l'époque moderne*, Paris, Albin Michel, 1976.
SOMMER M. et BAWIN-LEGROS B., *Ruptures et réorganisations familiales*, recherche réalisée pour le Ministère des Affaires Sociales, Communauté Française de Belgique, Liège, 1987 (rapport ronéotypé).
SULLEROT E., *Pour le meilleur et sans le pire*, Paris, Fayard, 1984.
SUSSMAN M. et BURCHINAL L., «Kin-Family Network» in *Marriage and Family Living*, 1962, n° 24, pp. 231-240.
THELOT Cl., *Tel père, tel fils*, Paris, Dunod, 1982.
THERY I., «La référence à l'intérêt de l'enfant» in *Du divorce et des enfants*, Paris, P.U.F., I.N.E.D., 1985, n° 111, pp. 33-114.
THERY I., «Divorce, enfants, stabilité : le nouveau désordre familial» in *La famille instable*, Paris, Editions ERES, 1986, n° 1, vol. 22, pp. 53-60.
THERY I., «Remariages et familles composées : des évidences aux incertitudes» in *Année Sociologique*, 1987, n° 37, pp. 119-152.
THERY I., «Les beaux-enfants au risque de la recherche : l'exemple des Etats-Unis» in *Dialogue*, 1987, n° 97, pp. 87-97.
TOCQUEVILLE A. de, *La démocratie en Amérique*, Paris, Editions Garnier, Flammarion (édition de 1981).
TOUZARD H., *Enquête psycho-sociologique sur les rôles conjugaux et la structure familiale*, Paris, C.N.R.S., 1967.
TROST J., *Unmarried Cohabitation*, International Library, Västeras, 1979.
TROST J., «The Concept of One-Parent Family» in *Journal of Comparative Family Studies*, 1980, vol. II-1, pp. 129-138.
TROST J., «Divorce and its Consequences for Children», in XIXth International CFR Seminar on *Divorce and Remarriage*, Katholieke Universiteit Leuven, Leuven, 1981.
VALABREQUE C., BERGER-FORESTIER C. et LANGEVIN A., *Ces maternités que l'on dit tardives*, Paris, Laffont, 1982.
VANDELAC L., BELISLE D., GAUTHIER A. et PINARD Y., *Du travail et de l'amour*, Montréal, Editions Saint-Martin, 1985.
VAN HAECHT A., «Modèles parentaux et valeurs familiales autour des nouvelles techniques de procréation» in actes du colloque de la Ligue des Familles, *Les médias sont-ils l'esprit de famille?*, mars 1987, Bruxelles, 1988, pp. 117-122.
VAN HOUTTE J., «Pour une sociologie des institutions du droit de la famille» in *Revue de l'Institut de Sociologie*, Université Libre de Bruxelles, 1985, n°s 1-2, pp. 147-173.
VENDRAMIN P. et GARCIA A., *Profil socio-économique des ayants droit au minimex*, étude financée et publiée par le Secrétariat d'Etat à l'Environnement et à l'Emancipation Sociale, Bruxelles, juin 1987.
VERHAEGEN L., *Les Psychiatries. Médecines de pointe ou d'assistance*, Cabay, Louvain-la-Neuve, 1985.
VIEUJEAN E., *Les personnes*, notes de cours mises à jour en 1984, Université de Liège, Faculté de Droit, d'Economie et de Sciences Sociales.
VILLAC M., «Les structures familiales se transforment profondément» in *Economie et Statistique*, 1983, n° 152, pp. 39-53.
VILLAC M., «Structures familiales et milieux sociaux» in *Economie et Statistique*, 1984, pp. 135-152.
YOUNG M. et WILLMOTT P., *Symetrical Family. A study of Work in the London Region*, London, Routledge and Kegan, 1973.

Table des matières

Préface 7
Introduction 11
CHAPITRE I. FONCTIONS ET STRUCTURES FAMILIALES :
THEORIE, MODELES ET TYPOLOGIE 19
1. Famille multiple et conjugale : pour une définition sociologique 19
2. Les tentations théoriques : la famille parsonnienne et après... 27
   a) Théories des fonctions de la famille 29
   b) Théorie de la structure de la famille 31
   c) Une théorie des rôles masculins et féminins 35
3. Modèles et typologies familiales 40
   1) Modèles familiaux : intérêts et limites 40
      a) du point de vue morphologique 42
      b) du point de vue des rôles sexuels 43
      c) du point de vue des représentations de la famille 44
   2) Typologies familiales : difficiles et mouvantes 47
      a) Pluralité des typologies 48
         1° Typologie de Roussel 51
         2° Le «qui sommes-nous?» de Kellerhals 52
      b) Mouvantes et difficiles typologies 55
4. Pour l'étude de la dynamique familiale 56
   1) Paradigme de l'acteur et sociologie de la vie quotidienne 57
   2) Histoires de vie, trajectoires sociales et projets familiaux 61
   3) Temps et dynamique familiale 64

CHAPITRE II. DU MARIAGE 73
Questions au mariage 73
1. Socio-démographie du mariage 76
2. Le mariage comme système de rapports sociaux 82
   1) Choix du conjoint — Homogamie 84
      a) Homogamie, stratégies matrimoniales et rapports de classe 86
      b) Hypergamie des femmes : le sexe des capitaux et les rapports de sexe . 88
   2) Répartition des tâches et autorité 91
      a) Analyse en termes de rapports sociaux : des ressources 91
      b) Analyse en termes d'inégalités sexuelles : le sexe du travail 94
3. Le mariage comme système de relations sociales 101
4. Quelques images du mariage 106

CHAPITRE III. AU DIVORCE 117
Présentation d'une analyse possible 117
1. Analyse sociale du divorce 119
   1) Ampleur du phénomène 119
   2) Socio-démographie du divorce 122
   3) Divorce et partie demanderesse 125
   4) Divorces et classes sociales 126
      a) Idées reçues 126
      b) Nouvelles données 127
2. Analyse sociologique du divorce 130
   1) Evolution dans l'approche du divorce 130
      a) Critique d'une conception normalisante et privatisée 131
      b) Critique d'une conception univoque et homogénéisante 134
   2) Mariages et divorces : une même problématique 136
   3) De l'intérêt de l'enfant aux types concrets de garde 139
   4) Divorce et systèmes de régulation 144
      a) La garde des enfants 145
      b) La pension alimentaire 146

CHAPITRE IV. NOUVELLES FORMES DE CONJUGALITE
ET DE PARENTALITE 153
1. Cohabitation, unions libres et ménages de fait 153
   1) Problèmes sémantiques 153
   2) Types de cohabitation et comment les chiffrer 155
      a) Les séquences temporelles 155
      b) La classification par types sociaux et familiaux 157
   3) Essais d'explication du phénomène 159
      a) Interprétation globalisante 159
      b) Interprétation diversifiée 160
   4) Cohabitation et réussite sociale 164
      a) Qui vit avec qui et comment ? 164
      b) Cohabitation et fécondité : le temps de la fertilité 167

2. Familles monoparentales	170
1) Le besoin de nommer	170
2) Ampleur et diversité du phénomène	173
3) Familles monoparentales et nouvelle pauvreté	178
4) ... et les enfants ?	182
3. Familles reconstituées	184
1) Démographie du remariage	187
2) Beaux-parents et nouvelles fratries	191
En guise de note finale	199
Annexe	201
Bibliographie	202
Table des matières	211

CHEZ LE MEME EDITEUR

PSYCHOLOGIE ET SCIENCES HUMAINES
collection publiée sous la direction de MARC RICHELLE

1 Dr Paul Chauchard: LA MAITRISE DE SOI, 9ᵉ éd.
5 François Duyckaerts: LA FORMATION DU LIEN SEXUEL, 9ᵉ éd.
7 Paul-A. Osterrieth: FAIRE DES ADULTES, 16ᵉ éd.
9 Daniel Widlöcher: L'INTERPRETATION DES DESSINS D'ENFANTS, 9ᵉ éd.
11 Berthe Reymond-Rivier: LE DEVELOPPEMENT SOCIAL DE L'ENFANT
    ET DE L'ADOLESCENT, 9ᵉ éd.
12 Maurice Dongier: NEVROSES ET TROUBLES PSYCHOSOMATIQUES, 7ᵉ éd.
15 Roger Mucchielli: INTRODUCTION A LA PSYCHOLOGIE STRUCTURALE, 3ᵉ éd.
16 Claude Köhler: JEUNES DEFICIENTS MENTAUX, 4ᵉ éd.
21 Dr P. Geissmann et Dr R. Durand: LES METHODES DE RELAXATION, 4ᵉ éd.
22 H. T. Klinkhamer-Steketée: PSYCHOTHERAPIE PAR LE JEU, 3ᵉ éd.
23 Louis Corman: L'EXAMEN PSYCHOLOGIQUE D'UN ENFANT, 3ᵉ éd.
24 Marc Richelle: POURQUOI LES PSYCHOLOGUES?, 6ᵉ éd.
25 Lucien Israel: LE MEDECIN FACE AU MALADE, 5ᵉ éd.
26 Francine Robaye-Geelen: L'ENFANT AU CERVEAU BLESSE, 2ᵉ éd.
27 B.F. Skinner: LA REVOLUTION SCIENTIFIQUE DE L'ENSEIGNEMENT, 3ᵉ éd.
28 Colette Durieu: LA REEDUCATION DES APHASIQUES
29 J.C. Ruwet: ETHOLOGIE: BIOLOGIE DU COMPORTEMENT, 3ᵉ éd.
30 Eugénie De Keyser: ART ET MESURE DE L'ESPACE
32 Ernest Natalis: CARREFOURS PSYCHOPEDAGOGIQUES
33 E. Hartmann: BIOLOGIE DU REVE
34 Georges Bastin: DICTIONNAIRE DE LA PSYCHOLOGIE SEXUELLE
35 Louis Corman: PSYCHO-PATHOLOGIE DE LA RIVALITE FRATERNELLE
36 Dr G. Varenne: L'ABUS DES DROGUES
37 Christian Debuyst, Julienne Joos: L'ENFANT ET L'ADOLESCENT VOLEURS
38 B.-F. Skinner: L'ANALYSE EXPERIMENTALE DU COMPORTEMENT, 2ᵉ éd.
39 D.J. West: HOMOSEXUALITE
40 R. Droz et M. Rahmy: LIRE PIAGET, 3ᵉ éd.
41 José M.R. Delgado: LE CONDITIONNEMENT DU CERVEAU
    ET LA LIBERTE DE L'ESPRIT
42 Denis Szabo, Denis Gagné, Alice Parizeau: L'ADOLESCENT ET LA SOCIETE, 2ᵉ éd.
43 Pierre Oléron: LANGAGE ET DEVELOPPEMENT MENTAL, 2ᵉ éd.
44 Roger Mucchielli: ANALYSE EXISTENTIELLE
    ET PSYCHOTHERAPIE PHENOMENO-STRUCTURALE
45 Gertrud L. Wyatt: LA RELATION MERE-ENFANT ET L'ACQUISITION DU LANGAGE,
    2ᵉ éd.
46 Dr Etienne De Greeff: AMOUR ET CRIMES D'AMOUR
47 Louis Corman: L'EDUCATION ECLAIREE PAR LA PSYCHANALYSE
48 Jean-Claude Benoit et Mario Berta: L'ACTIVATION PSYCHOTHERAPIQUE
49 T. Ayllon et N. Azrin: TRAITEMENT COMPORTEMENTAL
    EN INSTITUTION PSYCHIATRIQUE
50 G. Rucquoy: LA CONSULTATION CONJUGALE
51 R. Titone: LE BILINGUISME PRECOCE
52 G. Kellens: BANQUEROUTE ET BANQUEROUTIERS
53 François Duyckaerts: CONSCIENCE ET PRISE DE CONSCIENCE
54 Jacques Launay, Jacques Levine et Gilbert Maurey: LE REVE EVEILLE-DIRIGE
    ET L'INCONSCIENT
55 Alain Lieury: LA MEMOIRE
56 Louis Corman: NARCISSISME ET FRUSTRATION D'AMOUR
57 E. Hartmann: LES FONCTIONS DU SOMMEIL
58 Jean-Marie Paisse: L'UNIVERS SYMBOLIQUE DE L'ENFANT ARRIERE MENTAL
59 Jacques Van Rillaer: L'AGRESSIVITE HUMAINE
60 Georges Mounin: LINGUISTIQUE ET TRADUCTION
61 Jérôme Kagan: COMPRENDRE L'ENFANT
62 Michael S. Gazzaniga: LE CERVEAU DEDOUBLE
63 Paul Cazayus: L'APHASIE
64 X. Seron, J.L. Lambert, M. Van der Linden: LA MODIFICATION DU COMPORTEMENT
65 W. Huber: INTRODUCTION A LA PSYCHOLOGIE DE LA PERSONNALITE, 2ᵉ éd.
66 Emile Meurice: PSYCHIATRIE ET VIE SOCIALE
67 J. Château, H. Gratiot-Alphandéry, R. Doron et P. Cazayus:
    LES GRANDES PSYCHOLOGIES MODERNES
68 P. Sifneos: PSYCHOTHERAPIE BREVE ET CRISE EMOTIONNELLE
69 Marc Richelle: B.F. SKINNER OU LE PERIL BEHAVIORISTE
70 J.P. Bronckart: THEORIES DU LANGAGE
71 Anika Lemaire: JACQUES LACAN, 2ᵉ éd. *revue et augmentée*

72 J.L. Lambert: INTRODUCTION A L'ARRIERATION MENTALE
73 T.G.R. Bower: DEVELOPPEMENT PSYCHOLOGIQUE DE LA PREMIERE ENFANCE
74 J. Rondal: LANGAGE ET EDUCATION
75 Sheila Kitzinger: PREPARER A L'ACCOUCHEMENT
76 Ovide Fontaine: INTRODUCTION AUX THERAPIES COMPORTEMENTALES
77 Jacques-Philippe Leyens: PSYCHOLOGIE SOCIALE, 2ᵉ éd.
78 Jean Rondal: VOTRE ENFANT APPREND A PARLER
79 Michel Legrand: LE TEST DE SZONDI
80 H.J. Eysenck: LA NEVROSE ET VOUS
81 Albert Demaret: ETHOLOGIE ET PSYCHIATRIE
82 Jean-Luc Lambert et Jean A. Rondal: LE MONGOLISME
83 Albert Bandura: L'APPRENTISSAGE SOCIAL
84 Xavier Seron: APHASIE ET NEUROPSYCHOLOGIE
85 Roger Rondeau: LES GROUPES EN CRISE?
86 J. Danset-Léger: L'ENFANT ET LES IMAGES DE LA LITTERATURE ENFANTINE
87 Herbert S. Terrace: NIM, UN CHIMPANZE QUI A APPRIS LE LANGAGE GESTUEL
88 Roger Gilbert: BON POUR ENSEIGNER?
89 Wing, Cooper et Sartorius: GUIDE POUR UN EXAMEN PSYCHIATRIQUE
90 Jean Costermans: PSYCHOLOGIE DU LANGAGE
91 Françoise Macar: LE TEMPS, PERSPECTIVES PSYCHOPHYSIOLOGIQUES
92 Jacques Van Rillaer: LES ILLUSIONS DE LA PSYCHANALYSE, 2ᵉ éd.
93 Alain Lieury: LES PROCEDES MNEMOTECHNIQUES
94 Georges Thinès: PHENOMENOLOGIE ET SCIENCE DU COMPORTEMENT
95 Rudolph Schaffer: COMPORTEMENT MATERNEL
96 Daniel Stern: MERE ET ENFANT, LES PREMIERES RELATIONS
97 R. Kempe & C. Kempe: L'ENFANCE TORTUREE
98 Jean-Luc Lambert: ENSEIGNEMENT SPECIAL ET HANDICAP MENTAL
99 Jean Morval: INTRODUCTION A LA PSYCHOLOGIE DE L'ENVIRONNEMENT
100 Pierre Oleron et al.: SAVOIRS ET SAVOIR-FAIRE PSYCHOLOGIQUES CHEZ L'ENFANT
101 Bernard I. Murstein: STYLES DE VIE INTIME
102 Rondal/Lambert/Chipman: PSYCHOLINGUISTIQUE ET HANDICAP MENTAL
103 Brédart/Rondall: L'ANALYSE DU LANGAGE CHEZ L'ENFANT
104 David Malan: PSYCHODYNAMIQUE ET PSYCHOTHERAPIE INDIVIDUELLE
105 Philippe Muller: WAGNER PAR SES REVES
106 John Eccles: LE MYSTERE HUMAIN
107 Xavier Seron: REEDUQUER LE CERVEAU
108 Moreau/Richelle: L'ACQUISITION DU LANGAGE
109 Georges Nizard: ANALYSE TRANSACTIONNELLE ET SOIN INFIRMIER
110 Howard Gardner: GRIBOUILLAGES ET DESSINS D'ENFANTS, LEUR SIGNIFICATION
111 Wilson/Otto: LA FEMME MODERNE ET L'ALCOOL
112 Edwards: DESSINER GRACE AU CERVEAU DROIT
113 Rondal: L'INTERACTION ADULTE-ENFANT
114 Blancheteau: L'APPRENTISSAGE CHEZ L'ANIMAL
115 Boutin: FORMATION ET DEVELOPPEMENTS
116 Húsen: L'ECOLE EN QUESTION
117 Ferrero/Besse: L'ENFANT ET SES COMPLEXES
118 R. Bruyer: LE VISAGE ET L'EXPRESSION FACIALE
119 J.P. Leyens: SOMMES-NOUS TOUS DES PSYCHOLOGUES?
120 J. Château: L'INTELLIGENCE OU LES INTELLIGENCES?
121 M. Claes: L'EXPERIENCE ADOLESCENTE
122 J. Hayes et P. Nutman: COMPRENDRE LES CHOMEURS
123 S. Sturdivant: LES FEMMES ET LA PSYCHOTHERAPIE
124 A. Pomerleau et G. Malcuit: L'ENFANT ET SON ENVIRONNEMENT
125 A. Van Hout et X. Seron: L'APHASIE DE L'ENFANT
126 A. Vergote: RELIGION, FOI, INCROYANCE
127 Sivadon/Fernandez-Zoïla: TEMPS DE TRAVAIL, TEMPS DE VIVRE
128 Born: JEUNES DEVIANTS OU DELINQUANTS JUVENILES?
129 Hamers/Blanc: BILINGUALITE ET BILINGUISME
130 Legrand: PSYCHANALYSE, SCIENCE, SOCIETE
131 Le Camus: PRATIQUES PSYCHOMOTRICES
132 Lars Fredén: ASPECTS PSYCHOSOCIAUX DE LA DEPRESSION
133 Mount: LA FAMILLE SUBVERSIVE
134 Magerotte: MANUEL D'EDUCATION COMPORTEMENTALE CLINIQUE
135 Dailly / Moscato: LATERALISATION ET LATERALITE CHEZ L'ENFANT
136 Bonnet / Tamine-Gardes: QUAND L'ENFANT PARLE DU LANGAGE
137 Bruyer: LES SCIENCES HUMAINES ET LES DROITS DE L'HOMME
138 Taulelle: L'ENFANT A LA RENCONTRE DU LANGAGE
139 de Boucaud: PSYCHOLOGIE DE L'ENFANT ASTHMATIQUE
140 Duruz: NARCISSE EN QUETE DE SOI
141 Feyereisen / de Lannoy: PSYCHOLOGIE DU GESTE
142 Florin et Al.: LE LANGAGE A L'ECOLE MATERNELLE
143 Debuyst: MODELE ETHOLOGIQUE ET CRIMINOLOGIE
144 Ashton / Stepney: FUMER
145 Winkel et Al.: L'IMAGE DE LA FEMME DANS LES LIVRES SCOLAIRES

146 Bideaud / Richelle: PSYCHOLOGIE DEVELOPPEMENTALE
147 Schmid-Kitsikis: THEORIE CLINIQUE ET FONCTIONNEMENT MENTAL
148 Guggenbühl / Craig: POUVOIR ET RELATION D'AIDE
149 Rondal: LANGAGE ET COMMUNICATION CHEZ LES HANDICAPES MENTAUX
150 Moscato et Al.: FONCTIONNEMENT COGNITIF ET INDIVIDUALITE
151 Château: L'HUMANISATION OU LES PREMIERS PAS DES VALEURS HUMAINES
152 Avery / Litwack: NEE TROP TOT
153 Rondal: LE DEVELOPPEMENT DU LANGAGE CHEZ L'ENFANT TRISOMIQUE 21
154 Kellens: QU'AS-TU FAIT DE TON FRERE?
155 Rondal / Henrot: LE LANGAGE DES SIGNES
156 Lafontaine: LE PARTI PRIS DES MOTS
157 Bonnet / Hoc / Tiberghien: AUTOMATIQUE, INTELLIGENCE ARTIFICIELLE ET PSYCHOLOGIE
158 Giovannini et al.: PSYCHOLOGIE ET SANTE
159 Wilmotte et al.: LE SUICIDE
160 Giurgea: L'HERITAGE DE PAVLOV
161 Ionescu: MANUEL D'INTERVENTION EN DEFICIENCE MENTALE
163 Pieraut-Le Bonniec: CONNAITRE ET LE DIRE
164 Huber: PSYCHOLOGIE CLINIQUE AUJOURD'HUI
165 Rondal et al.: PROBLEMES DE PSYCHOLINGUISTIQUE
166 Slukin: LE LIEN MATERNEL
167 Baudour: L'AMOUR CONDAMNE
168 Wilwerth: VISAGES DE LA LITTERATURE FEMININE
169 Edwards: VISION, DESSIN, CREATIVITE
170 Lutte: LIBERER L'ADOLESCENCE
171 Defays: L'ESPRIT EN FRICHE
172 Broome Walace: PSYCHOLOGIE ET PROBLEMES GYNECOLOGIQUES
173 Aimard: LES BEBES DE L'HUMOUR
174 Perruchet: LES AUTOMATISMES COGNITIFS

Hors collection

    Paisse: PSYCHOPEDAGOGIE DE LA LUCIDITE
    Paisse: ESSENCE DU PLATONISME
    Collectif: SYSTEME AMDP
    Boulangé/Lambert: LES AUTRES, L'EXPRESSION ARTISTIQUE CHEZ LES HANDICAPES MENTAUX

Manuels et Traités

  2 Thinès: PSYCHOLOGIE DES ANIMAUX
  3 Paulus: LA FONCTION SYMBOLIQUE ET LE LANGAGE
  4 Richelle: L'ACQUISITION DU LANGAGE
  5 Paulus: REFLEXES-EMOTIONS-INSTINCTS
    Droz-Richelle: MANUEL DE PSYCHOLOGIE
    Hurtig-Rondal: MANUEL DE PSYCHOLOGIE DE L'ENFANT (Tome 1)
    Hurtig-Rondal: MANUEL DE PSYCHOLOGIE DE L'ENFANT (Tome 2)
    Hurtig-Rondal: MANUEL DE PSYCHOLOGIE DE L'ENFANT (Tome 3)
    Rondal-Seron: LES TROUBLES DU LANGAGE (DIAGNOSTIC ET REEDUCATION)
    Fontaine/Cottraux/Ladouceur: CLINIQUES DE THERAPIE COMPORTEMENTALE